城市文化评论

COMMENTS ON URBAN CULTURE

第13卷

主　　编 ◎ 田根胜　黄忠顺

特约主编 ◎ 曾　军

副主编 ◎ 阎　江

首都师范大学出版社

CAPITAL NORMAL UNIVERSITY PRESS

图书在版编目(CIP)数据

城市文化评论. 第 13 卷 / 田根胜，黄忠顺主编. —北京：首都
师范大学出版社，2017.10
ISBN 978-7-5656-3920-3

Ⅰ.①城… Ⅱ.①田… ②黄… Ⅲ.①城市文化—中国—文集
Ⅳ.①C912.81-53

中国版本图书馆 CIP 数据核字(2017)第 254982 号

CHENGSHI WENHUA PINGLUN

城市文化评论　第 13 卷

田根胜　黄忠顺　主编

责任编辑　罗　菁
首都师范大学出版社出版发行
地　　址　北京西三环北路 105 号
邮　　编　100048
电　　话　68418523(总编室)　68982468(发行部)
网　　址　http://cnupn.com.edu.cn
印　　刷　北京九州迅驰传媒文化有限公司
经　　销　全国新华书店
版　　次　2017 年 10 月第 1 版
印　　次　2017 年 10 月第 1 次印刷
开　　本　710mm×1000mm　1/16
印　　张　15.25
字　　数　248 千
定　　价　38.00 元

《城市文化评论》
编委会

顾　　　问：成洪波　李　琳

编　　　委：（按姓氏笔画排列）

王德胜　尹　鸿　田根胜　朱栋霖　刘士林　许　明

李忠红　邹晓平　张鸿雁　金元浦　周　宪　周晓虹

饶芃子　高小康　陶东风　黄天骥　黄忠顺　康保成

蒋述卓　程发良　鲁枢元　曾　军　曾繁仁

主　　　编：田根胜　黄忠顺

特 约 主 编：曾　军

副 主 编：阎　江

编辑部主任：许燕转

主办单位：东莞理工学院城市文化研究中心

地址：中国广东省东莞市松山湖大学路 1 号

邮政编码：523808

电话：0769—22861903　0769—22861888

网址：http://www.dgcrdc.cn

邮箱：dgwh2006@163.com　yanj@dgut.edu.cn

目 录

珠三角透视

珠三角新型城镇化的文学想象

柳冬妩

在《乡村与城市》中，雷蒙·威廉斯将英国 19 世纪与 20 世纪的文学史当作一种城乡研究，诠释乡村田园文学模式如何转变为都市文学模式，引出了大量关于文学、政治和历史的非常复杂的问题，这一研究理路对于当下的中国文学研究同样具有启发性。与威廉斯所研究的城乡相比，中国当代的城乡具有更加复杂的文化特征。

随着上亿农民工进入都市打工并且形成大规模的流动，城市空间已经和边远的城镇、农村的空间交错融汇，并且在网络的虚拟空间对照映射下构成了多种空间关系。特别是珠三角地区，前现代、现代与后现代文明以并置状态呈现在我们面前，这使得珠三角的城乡生活与经验非常复杂。珠江三角洲毗邻港澳，包括广州、深圳、佛山、东莞、中山、珠海、江门、肇庆、惠州共九个城市，是中国最早实现新型城镇化的地区。在中国乡村城市化的大背景下，当遭遇现代性冲突时，珠三角新型城镇化所呈现出来的矛盾与张力，在全世界都是独一无二的。在当代珠三角的城乡社会生态中，不同文化群落之间的差异、矛盾和冲突一直是作家写作所关注的突出问题。作家对珠三角新型城镇化的文学想象，引发了我们对城乡中国的现实、困境及心灵需求的真正了解与思考。

一、诗歌：对城中村的现场书写

中国乡土大地的历史悠久与沧桑厚重，一直是诗人写作的源头，田园情结在诗歌里已呼吸了几千年，而散布在中国大地的上百万个自然村落自然就成了几千年农业文明的自然载体。

在中国，谁敢说自己和乡土大地没有任何关联？我们的祖先永远埋在那里，是那里的青山碧水庇佑着他们；我们血液的一部分就来自那里，一些没有名字的村庄、河流与山谷。诗人海男还专门写过一本书，叫作《乡村传——一个国家的乡村史》。但在 20 世纪末期，随着城市的快速崛起，一个国家的乡村史终于被史无前例地改写、刷新或者终结。"打工诗人"绝大部分出身于乡村，乡村事物和乡村经历是一种不可忽略的背景，但当对"打工诗人"的写作进行考察之后，笔者发现对"打工诗人"影响更大的却是乡村的另类——"城中村"。"城中村"与"农民工"，这两个具有中国特色的过渡性称谓，它们之间的内在关联构成了一个时代的宿命。雅斯贝尔斯说"过渡阶段是一个悲剧地带"，"打工诗人"就是悲剧的承担者。城中村是"打工诗人"现在的栖息场，是他们孤寂、焦灼或淡漠的目光一直深切关注的存在之网，也是他们在行为和灵魂搏斗中企图触及和超越的最真实的现实。甚至可以说，中国的变迁实际上就是两个村庄的变迁，中国的冲突就是两类乡村的冲突。两类乡村相互侵蚀，相互吸引，相互抗拒，相互融合，互为表里，"打工诗人"的写作在这两类乡村的广阔背景中凸显出我们民族的命运。他们的写作正如他们自身的命运一样，从一个侧面反映了乡土中国的沧桑变化、痛苦或幸福的经历，这一点使他们与过去的"乡土诗人"截然不同。20 世纪 90 年代前后，人数众多的"乡土诗歌"写作大军，构成了新时期诗坛的一个重要组成部分和一种写作向度。"乡土诗人"和"打工诗人"的人生情结、情怀、情感、思维方式都源于农村，根系土地，但他们之间的差别也是显而易见的。两者都经常在"亲情—乡愁—家园"的环绕里，尽可能地去捕捉古老原型、母题中的亮点，做温馨而质朴的歌吟，或者触摸其他的生存景况，从而不时晃动感悟的触须。"乡土诗人"多是通过追溯、缅怀的方式进入对象，而"打工诗人"则直面都市层层推进、乡村节节败退的景况，在古老与现代的碰撞中，在农业文明蜕变的语境中，来书写心灵遭遇的激烈分化和冲突。例如：新兴乡镇工业污染造成的生态失衡、土地贫瘠和封闭环境中的宿命、后撤的村庄与逼近的都市的"守攻"关系、传统节奏与生命律动加快的冲突、消亡的田园与工业的咄咄逼人，等等，这些都围绕着"打工诗人"的旧创新痛，及时被纳入了他们的视野，增加了他们写作的活力与敏感。这一切集中体现在"打工诗人"对两个乡村的书写上，他们对这两个乡村的书写有着惊人的一致性。

在进入"打工诗人"的"村庄"之前，我们先来看看著名诗人杨克的《在东莞遇见一小块稻田》，有助于我们对"打工诗人"写作背景的洞察。

厂房的脚趾缝/矮脚稻/拼命抱住最后一些土//它的根苗/疲惫地张着//愤怒的手　想从泥水里/抠出鸟声和虫叫/从一片亮汪汪的阳光里/我看见禾叶/耸起的背脊//一株株稻穗在拔节/谷粒灌浆　在夏风中微微笑着/跟我交谈//顿时我从喧嚣浮躁的汪洋大海里/拧干自己/像一件白衬衣//昨天我怎么也没想到/在东莞/我竟然遇见一小块稻田/青黄的稻穗/一直晃在/欣喜和悲痛的瞬间

　　东莞作为在工业时代既让人自豪又让人沮丧的新兴城市，展开的绝大多数都是城市的奢华与繁复：夸张的广告，林立的店铺，长而又长的商业街，艳得像女人嘴唇的霓虹灯光，人群，车流，人声，车声……你好像掉入了一个充满变数的城市魔方里，身不由己地跟着旋转、游走、迷失。从东南西北任何一个方向进入这座城市，扑面而来的都是如水的车流、耸立的楼群、连绵不绝的工业厂房。这个在二十多年前还是一个素有"鱼米之乡"之称的农业县，如今已脱胎换骨，成为国际制造业名城，近千万名来自全国各地的"农民工"躬身其间，为数众多的"打工诗人"在村镇之间流徙和歌吟。在这座日新月异的城市里，每天都有大片的田野被摧毁，每天都有新的工程破土动工。城市快速地伸展着它的触角，水泥发挥着巨大的凝固作用。城市就像一只巨大的恶性肿瘤，它的所到之处，片草不留，从未被硬物伤害过的处女地被大片地吞噬、凝固，"厂房的脚趾缝/矮脚稻/拼命抱住最后一些土"。工业社会，钢铁的"客人"踏碎了田间的小路，人类失去了最后的田园牧歌情调和与大地的联系。诗人写出了对田园和大地的怀思，对精神性和灵魂的关注，对异化的敏感和拒绝。诗人在感受着土地的疼痛："愤怒的手想从泥水里/抠出鸟声和虫叫。"诗人对"一小块稻田"热忱而明显的问候是自然而不可抑制的，对城市迫切而焦急的观照也充满着善意的爱护。稻田是乡村的象征，它代表着土地，代表着一种澎湃的生命和强旺的生机。

　　乡村基建于人们的内心深处，它映射了人类的童年和暮色，是回忆中有星星和月亮的夜空。城市中新建的高档住宅楼，仍愿意以"村""庄""园"等为名。对于一个漂泊在外的人来说，乡村寄托着心中最深厚的情感，也可以认为，乡村是一处隐秘的花园，保存着一切美好的东西。但工业化飓风催生的城市化浪潮，使东莞六百多个行政村几乎看不出乡村的影子，已变成"速成"性质的现代都市的一部分，黄麻岭便是其中最典型的一个村庄代表。城市对农村的步步侵吞，动态的城市文化不断向乡村文化渗透，而静态的乡村文化或趋从，或退缩，或负隅顽抗，农村的退让或臣服势在必行。对置身其中的"打工妹诗人"郑小琼而言，黄麻岭村便是一个无穷无尽的暗示，为她提供了一种巨大的想象力。在"打工诗人"的写作中，我们深入地看到了现代工业文明与传统农业文化的冲突，以及打工一族的心路历程。"打工诗人"以诗的折光，再现和观照了变革时期的乡村生活场景和生命景观，工业革命的生命力在"打工诗歌"中闪烁的火花映现了我们身后漫长的村庄阴影。

> 我愧于提及/它暮色中温暖的楼群/晚风吹过荔枝林/送来的喧哗/夜间的漫游者/街灯下一串一串外乡人的暗影//我在它的街道上行走/喝着它忧郁的月光/饮着它薄薄气息的乡愁和繁华/黄麻岭，一个广东的小小村庄/它经年的繁华和外乡人的美梦//我记住的是它的躯体上的一个小小的五金厂/它盛装我的青春、激情和/来不及倾诉的乡愁
>
> （郑小琼《黄麻岭》）

> 黄麻岭的月亮充满了欲望/走在深夜的小巷/经过欲望灯火　闪亮的发廊/那些命如黄叶的女孩张开血色的嘴唇/吞食这暗夜的清纯/她们年轻的女血换来微薄的纸币/黄麻岭的月亮　向广漠的楼群挥洒着淡淡的色情光线/晚风吹过它皎洁的身子，像在睡眠/五金厂、玻璃厂、制衣厂和一所孤独的学校/在月光中闭门不出……/再走几步便是我的居所/但我始终不知道/我的家在哪一个地方/嘉陵江边的那个小小的村庄　那里的流水/一只漂泊的鞋子或者一个相恋的人的领带/黄麻岭市场的腥味像月光一样袭来/只有那扇窄窄的门还开着/让一溜子属于记忆的月光/走进村口　明白吗/这是黄麻岭　一个开放的小村/它半夜的月光灰蒙蒙/像是还在病中
>
> （郑小琼《月夜黄麻岭》）

今天，中国的城中村，"像是还在病中""让田园味的内心生长着可乐拉罐/塑料泡沫一样的欲望"（郑小琼《打工，一个沧桑的词》）。"城中村"，是欲望的百宝箱、欲望的燃烧炉、欲望的驱动器。这里的生活是鱼龙混杂和泥沙俱下，它是芜

杂的，因而又是浑厚的和多声部的，它是变化着的，因而也充满了种种欲望。郑小琼对黄麻岭的独特书写，触摸到了"城中村"的具象与情景，透露出时代文化精神变化的某些信息。在郑小琼对现实的勾勒描述中，我们所看到的"黄麻岭"，只是我们这个时代的一隅图景，但她所表现的灵魂的具象画面或演绎过程，也许为我们提供了更为详尽细致的把握。她试图通过对黄麻岭的书写，来展示被这个时代的现象与事件处理过的人的心灵——一种普遍的精神状态。在一个烦嚣和灰尘太多的世界里，生命的能量无法得到恰如其分的释放，有关人类命运的种种悲剧便接踵而至。关注心灵的诗人无法拒绝世界的烦嚣，但她又不愿为缤纷的色彩所迷醉。

> 这么多年小酒馆的主人换了三个/但是卖苹果的河南人没有走/只是老了一些，理发店的女人换了无数次/还有同我一起来这里的六个人/一个去了深圳出卖身体/一个在南海开自己的服装店/一个在韶关搞传销/还有一个在流水线上劳作/一个回家嫁了人，最后一个人是我/还在黄麻岭黯淡的路灯下/念着这首诗

（郑小琼《给予》）

我们在这位身处生活底层与深处的"打工妹诗人"的心灵倾诉中，体察到一种与纸醉金迷、莺歌燕舞截然不同的生活内容，她揭露了我们在时代生活中被忽略的部分。只有那些坚定地护卫自己心灵的纯正诗人，最终才会获得缪斯的确认。

在东莞，这座对"打工诗人"而言有许多欢乐也有许多不快的城市里，在中国一切发达地区，工业中心吸引着那些离开了宁静而贫困的来自乡下的人们；新兴城市崛起于那些数十年前还只有牛在吃草的荒野；贫民居住的窝棚围建在大都市的周围。感情上的疏远成了太多太多人的苦恼。也许，因为缺乏与周边环境的亲近和谐，以及在这个世界上找不到家的感觉，因而对于一名打工者、一位流浪者或一名移民，不管我们怎样称呼他，要迫使他与现时社会融为一体看似合理却又非常矛盾。"打工诗人"置身其中的"城中村"越来越开放，但对一个外乡人来说，"城中村"却越来越坚固得像无法进入的堡垒。郑小琼对于这种情境有真切的表现：

黄麻岭，一个南方的村庄/在这里，在你的怀里，我只是一个过路的异乡人/哪怕我给予你以我的青春，梦想和少女光泽的美好的年华/我给自己的只有夜的寂静、守望、等待/点着却又将熄灭的灯盏/我给你肉体的雪和灵魂的雨滴/深夜的睡眠和两点钟月光投影着的眺望/我站在你冬天的风中诵读你的喧哗、暮色的楼群/那个绿色邮筒的欢乐与寂寞/没有谁会在这里记起有一个外乡女子的信件/她的激情　她宿命的低吟/黄麻岭，你一个沿海小小的村庄我给你生命中重要的信件/你却给我一个无法完成的结局/给我疼痛、回忆、一个流浪者的忧伤

（郑小琼《给予》）

　　全诗充满感伤忧郁的情调，从头至尾贯穿着一个孤身的外乡人的形象，它体现了打工一族的根本处境，不仅说明了"打工诗人"作为主体的"人"对"存在"的本真状态的追问，而且也凝聚着打工一族拆除文化壁障以及重新面对世界的心理过程。时代的惊涛骇浪把年轻的女子抛在异地他乡，年轻的心灵遭受着打工生活的胁迫。在五金厂的钢铁声中，郑小琼天天"沉默在淬火的铁片中，默守着时钟走动的声音"，忍受着机器对人的冰冷磨砺。我们在她的诗歌中，看到了她打工这么多年留下的脚印。

　　我写到路灯，它孤独，是啊，它多像一个乡愁病患者/我写到街道，它宽广，灯火辉煌，但是哪里又有我站立的地方/我写到五金厂的炉火，它暗淡的光啊，照亮我苍白的青春/我写到爱情，它甜蜜的味儿，它不知明天会怎样的辛酸/我写到黄麻岭，这个收藏我三年青春的沿海村庄/啊，我最后将写到自己，一个四处奔波的四川女孩/啊，这打工生活——我将要忍受怎样的孤独与命运

（郑小琼《我在黑夜里写下》）

　　月光里楼群、霓虹、犬吠、车辆、荔枝林。以及/相伴三年的五金厂的炉火，一个哑语的拾荒人/孤独而单薄的背影，圆脸细眼的老板/油腻腻的工友手掌（苦涩而微笑的生活）/扳手、线切割机、啤机、电线、铁剪/伫立门口开花的植物，断残的手指//在冰冷的模具上逝去的青春与爱情/偶尔望见大

街上一群背着行李的外乡人/她们来来往往，她们年轻的微笑/多像三年前的自己啊，一双眺望未来的眼睛/我是这样生活在异乡的村庄，只有在深夜/在捆死在开发这棵树上的耕地的荒凉中/传来两三声古典的蛙语与虫鸣，我才发现它们/和自己一样，一年一年地活在不由自主的流浪中

（郑小琼《活在异乡的村庄》）

活在异乡的村庄，活在不自由不自主的流浪中，郑小琼仿佛是被动的，是一个"物"。她无奈于其中，无言于其间。她的诗夜凉如水，舒缓婉约，是回旋的，是伤感的，是激情消退后的茫然。这是郑小琼的个人情绪，但也触动了时代的敏感神经。在郑小琼的诗歌中，她多次写到了荔枝林，荔枝林是属于乡村的，但异乡的乡村已不属于乡村。

黄昏的雨水浇灭了一天的单调和劳累/外面是秋天的荔枝林/是雨水轻轻洗涤过的绿色鸟鸣

（郑小琼《暮色》）

荔枝林、雨水、绿色鸟鸣，这是生存重荷下的一线抖动，是一个村庄的历史原型，是没有被工业化浪潮碾碎的诗情，是诗人乡村之梦的追忆与延伸，品来别有一番滋味。"打工诗人"的忧伤面容被镶嵌在这个风景的深处，像一道令人难以察觉的光线，但她在这优美的情境里得不到精神的理疗，秋天的荔枝林也听懂了她的心语："它们的清澈让我只想流泪/雨水轻诉着外乡人内心的疼痛和乡愁/像残缺的命运，依然在一棵叫奔波的枝上闪烁/一群背着行李的年轻人唱着歌谣在大街上走着。"她，一个五金厂的女工，一个来自内陆的女子，在不属于她的黄麻岭，她的内心充满渴望，却又常常陷入雨水一样的迷茫。

风中的树木、纸片，随风摇晃起伏/它们不由自主的姿势多像我/一个流浪在异乡的人/在生活的风中踉跄/一盏明亮的路灯照着比纸还白的面孔/月光消瘦得如一行单薄的汉字/它今夜会不会温暖我的梦境

（郑小琼《流浪》）

异乡的月亮温暖不了"打工诗人"的梦境，郑小琼不得不在诗中回到那个遥远的父母之乡，在真正的乡间形象与词语中回忆人类美好的生活，以使在现代工业文明中日渐消亡的人类朴素、善良、透明、纯净的自然情感得到苏醒。在《夜》《清晨》《唢呐》《秋草》等诗中，诗人把目光从她置身其中的黄麻岭抽出来，在不知不觉中引入了一个新鲜而亲切的内陆乡村景色，带进"嘉陵江边的那个小小的村庄"。诗人把心灵贴近了诞生和逝去的美好故土，寻找着自己的根系与命脉。她逃离那个村庄，是因为那儿的生活令人难受，她在远方的土地上寻找看不见的幸福。贫穷的故乡，在诗人的描写中比实际要美好得多，因为现在我们永远失去了它。

怎样才能描述一个乡村的夜/二千吨的黑与静覆盖着屋舍田野树木/一滴沾满露水的星辰和三钱重的蛙鸣说破夜的秘密//六月的玉米地里倾泻着喃喃自语的拔节声//一条河流突然停止奔跑/接下来一只惊飞的鹭鸟/突然撒下五千克的尖叫//一个轻如鸿毛的乡夜突然变重了

（郑小琼《夜》）

多么纯正清澈的一种声音，多么鲜活明快的一些意象！这些带有乡村胎记的意象沉淀着诗人的情感和梦幻。这与诗人现在所置身的乡村——"城中村"形成了鲜明的对比。被放逐后的记忆，记忆中的家园被那蛙鸣、鹭叫、拔节声唤醒，如暗夜中的烛光，如漂泊途中的灯火，带来一点慰藉，一种依托。只要回顾一下农业时代的家园格局，我们就会走进一幅光线柔和的风景图。除了带有炊烟的农舍之外，连绵不断的绿色田野和纵横交错的河流，是家园最核心的事物。土与水的混合气味，加上鸟语花香和牧童的悠远笛声，构成了家园之爱的芬芳标记。因着断肠人在天涯的特殊情境和距离感受，故乡，千百年来被情绪化地大大美化，以至像伊甸园般尽善尽美，神圣而永恒。对田园恬淡生活的向往，即意味着对尘世浮华生活的厌弃。对田园文化的孺慕，在古代中国，诗人反抗的是官本位，而在当代，"打工诗人"所规避的却是现代工业文明所分泌的孤独、异化与喧嚣。诗中的乡村不单是乡情的抒写，乡村对她来说可能更多地意味着灵魂的故园和归宿感。正如郑小琼曾写道：

别人的屋檐你必须低着头进去/我常常想起古代那群寄人篱下的诗人的呐喊……/我的血液里注定排斥着这个城市/我的血液还盛装着北方那个村庄/尽管它贫穷而荒凉　尽管它卑微而潦倒/但在我的心中是一座山的重量

（郑小琼《居住》）

诗人带着伤害去爱，在流离失所中不断通过语言去回望那唯一的故乡。但诗人终究不能回到田园牧歌式的中世纪梦境中，那不仅是一个虚幻的世界，更是一个贫乏的世界。

多少年了/我还在怀念那场经年的大雪/飞翔的弥漫在二千里以外的村庄、山冈、河流、树林/以及一个叫永红的小地方/简陋的鸡鸣中/我躺在床上，倾听咳了三十年的父亲/……那一个在雪地里佝偻地担着蔬菜的老人/他必须穿越六里路长的积雪/去一个幸福的镇子　他必须在冻雪中/卖完最后一棵还冻雪的蔬菜……/我看见雪花压着父亲，痛/在心中弥漫，像那年的雪一样扩散

（郑小琼《雪》）

在那个叫永红的小地方，"打工诗人"看到了村庄的灵魂，父亲的灵魂，农民的灵魂，沉闷、清贫、失意、纯朴、缺乏活力，他已经进入暮年，被沉思、回忆和绵长的等待所缠绕，家园已经荒芜，那里的人像梦的影子，消失、重逢、再消失，若即若离。

老家的谷子是发了芽的，老家的老人/总是唉声叹气，在自己养活自己

（马道子《去年九月，回了趟老家》）

还是那几间土坯房，这是我二十年的记忆/紫云英满坡遍野，我的乡村在飘摇中美丽/我的二叔、三伯依旧贫穷，我也无法分解他们口腔里的异味/……送葬的队伍远去了，我泪水里闪烁的不仅仅是一丝惊恐/还有羞惭，还有无边细雨中蚂蚁般的疼痛

（杨晓民《乡关》）

与发达地区的"城中村"相对应的,中国数以十万计的内陆村庄正在蜕变成"空心的村庄",被现代化所遗弃的性质使之忍受着孤寂和无言。中国20世纪80年代以来的现代化进程是一个主动纳入全球化的过程。全球化的一个重要工作就是在确定中心的同时确立边缘,同时划定全球化的边界,以最终确立现代化的等级秩序。中国发达地区的"城中村"在幸运地被纳入全球化并"率先实现社会主义现代化"的同时,广大内陆农村地区,却又不幸落在了全球化的边缘。在全球化内在的"新自由主义"发展逻辑下,它们堕入了更加底层的底层,不仅要承受不平等格局带来的剥削,而且还要承受日渐加剧的内部不平等带来的恶果,它们面对的不仅是"城乡二元"结构的变异,还要面对不平等的分工和分配结构,以及国家内部的地区差异结构。在这种情况下,广大内陆乡村就实实在在地落入"九地之下"了。对于那些养育了自己的村庄,"打工诗人"与它们的现实关系也越来越弱,甚至可以忽略不提。

　　　　门前的路被杂草掩盖/我只能在记忆中分辨出来/一些亲切的门已不存在/剩下的门一直关着/锈迹斑斑的锁/等待偶尔的打开和最终的离去/钥匙锈在千里之外的背包里/藤蔓蜷起衰老的身子/从灰黄的土墙上泛出新绿/稻草在房坡上一天天烂下去/几只麻雀啄食着稀薄的阳光/和自己的词语/跳跃的技艺与众不同/与众不同而显得怪异孤立//背着无处不在的绿色屏障/故乡的村庄像我的血液摇晃不定/我自己早已是瞬间的一瞥/就像这些沉默的树叶/在沉默的小路上,眨眼之间长出/更多沉默的树叶/风轻轻托起枝头的寂静/熟悉的人越来越少/陌生的狗越来越多/我望它们一眼/它们也望我一眼/我真想像狗一样对着村庄狂吠几声/让沉睡的鸟儿一只只苏醒

　　　　　　　　　　　　　　　　　　　　　　　(柳冬妩《空心的村庄》)

　　这是笔者2001年秋天回到故乡皖西那个叫会馆村的村子所看到的真实场景。面对被工业社会和城市化进程所遗弃的乡间景色,"我"像一个旅游者一样回到故乡,但注定又像一个旅游者一样匆匆离开。对很多人来说,"乡村"这个词语已经死亡。"我只是担心在衰弱的暮年/找不到返回故乡的路程"(宋晓贤《诗》)。诗人的担心并不显得多余。在过去的时代里,乡村具有诗意的、浪漫的以及现实的特

征。但现在，不管是发达地区的"城中村"，还是内陆的"空心村"，它们都失去了乡村的灵魂和财宝、内容和形式。一无所有，赤裸在大地上。

法国诗人佩斯在接受诺贝尔文学奖仪式上致辞说："诗人不约而同地同历史上的种种变迁联系着。在他时代的悲剧中，对任何事物他都不会感到无动于衷。祝愿他在这个狂暴的时代里为大家鲜明地表达出对生活的兴趣吧。"在"打工妹诗人"郑小琼构建她黄麻岭诗歌群的时候，另一位重庆籍"打工诗人"张守刚的"坦洲"已浮出诗坛：

> 坦洲整夜没有睡眠/它身上布满精力充沛的灯光/无数坦白的呓语/支撑着这样的夜//我首次抵达/耳闻目睹/夜幕下的辉煌/谁在背后操纵/没有谁比我更清楚//坦洲，南方的一个工业小镇/地图上无从找到/尤其在这个夜晚/为了这一刻/我徒步了几千里行程//身为打工仔的我/猫着身子/跌进坦洲工业区的夜晚/我没有告诉任何一个人

> （张守刚《我在夜里抵达坦洲》）

这首诗写的是张守刚从故乡抵达异乡——坦洲第一个夜晚的真实感受，确定了他与这个地点的诗歌宿命。那年腊月，在老家经历了种种失意之后，一个雪花飘飘的日子，诗人硬着头皮离开了故乡，坐轮船，乘火车，经历了无数的周折，三天后的一个夜里，他被一辆风尘仆仆的公共汽车扔到了中山市坦洲河边的黄桷树下，疲惫地躺在黄桷树下，他陌生的眼睛找不到老乡的那家工厂，周围的厂房射出通宵达旦的灯光，是那么辉煌，对于他却又是那么迷茫。"他茫然的目光/被城市美丽妖艳的灯光刺痛。"两年之后，张守刚开始写诗了，回想起那个夜晚，他一挥而就。也许就是那个夜晚，引发了张守刚诗歌写作的真正契机。许多年来，张守刚一直待在坦洲工业区的一个角落，用诗歌的眼睛捕捉周围的生活，把诗歌的触角伸进了坦洲的每一个部位。

在广东中山市一个名叫坦洲的小镇打工十年，这构成了张守刚生活中私人性领地，使他对打工生活有着独特的感受和认识。在这块领地中生成的诗歌，虽然不是仅有的，却是不可替代的，尽管它也可以成为别人的诗歌。在坦洲，张守刚诚实地面对与自己相关的存在，以及存在的细节——他的疼痛与不安、寒冷与梦想、希望与慰藉。在坦洲的生活经历和具体事物，成为张守刚非常重要的诗歌资

源，成为他大力拓展的经验领域。时光倒流到二十年前，坦洲呈现给我们的还是南方典型的乡村景色，坦洲河"清澈的水荡着迷人的涟漪/夏天用它洗身子/冬天用它刺激骨头"。现在，坦洲的乡村沦陷了。在城市随着高楼浮进天空的时候，乡村陷入了自卑与沉沦的深渊，乡村也丧失了迷人的风景：飞鸟和野兽已经远走，蛙声与鸟鸣日渐稀少，河流变得浑浊而干涸。

> 不大不小的坦洲镇/盛装着忧郁　缠绵和/轰鸣的工业/穿过坦洲污秽的街道/穿过陌生的目光/穿过金钱和色相的诱惑//每天　臭水的河边/俯着许多失意的人/他们迫于生计/做违心的事/他们对着河水顾影自怜/试图找回自己/圆滑的风从水面拂过/揉碎他们模糊的脸//走在坦洲/常常看见/一张张贫血的脸/冷漠忧郁的眼睛/在寻找乡音　爱情和饭碗/他们迟疑的脚步啊/唤不回坦洲曾经的纯朴//孤身一个走在坦洲/你必须和自己/言归于好

（张守刚《走在坦洲》）

> 坦洲稍微有点平坦/生长着几个土包似的山丘/一条臭水河把坦洲/撕成两片/水上架着两座桥/供人们互相往来……/那些脸上浮着乡愁的人/都不认识我/我只好站在架着铁丝网的窗口/寻找我将要认识的人//站在坦洲的土包上看坦洲/坦洲在我的裆下/痛苦地扭动……

（张守刚《坦洲镇》）

在张守刚的诗里，坦洲，这个昔日的偏僻乡村，像神话里的巫婆一样，眨眼之间变得让我们目瞪口呆。在坦洲，张守刚"住在八平方低矮的小屋里/被贫困包围/写着那种叫作诗的文字"（《海富大厦》）。坦洲，这个南方普通的乡镇，无论它给予了张守刚什么样的生活，都因为他而获得了诗意的点缀和提升。走在坦洲，张守刚喜欢让诗歌的想象力在日常经验和冥想沉思之间充满张力的空间内驰骋，以他满怀深情、怜悯的笔调展示他存在和置身于其中的生活场景。这个场景是忧伤、艰辛、无奈、孤苦的，面对的不仅有生存的压力，更多的是在这个阳光世界中那些非法的东西。张守刚写坦洲的工厂、街道、楼房、市场、小河、矮山、小巷、通宵录像，写失恋的工友、失眠的女工、失贞的少女、失业的民工，等等。他熟悉坦洲屋檐下惊魂未定的瞌睡，他熟悉出租房夜半查暂住证时粗暴的敲门声，他熟悉流水线上组长例行公事恶声恶气的嘴脸，他熟悉每个打工妹阴晦的心事，他熟悉两块钱的炒粉，他熟悉七角钱一包的快餐面，他熟悉饭堂里长凳上十分钟短短的梦，他熟悉宿舍里铁架床板着脸孔的轮廓，他熟悉机器的轰鸣穿过肋骨的声音。他诗中的场景常常就在实际生活自身，粗糙、笨拙甚至丑陋。张守刚对坦洲的琐碎和日常事物的诗意描述，更重要的是对生存意义的追问。这种琐碎对于一个不熟悉这种生活场景的人来说可能会觉得有些拙劣，但是对于一个熟悉的人而言，它紧紧揪住了现实生活的根源，是一种内心疼痛的呈现，是一种对生活的坦白。张守刚的许多诗句给了我们省察生活的机会，他笔下的那条臭水河让人想起梭罗的话："就是人类无穷无尽的欲望推动着文明，同时也经由这种文明对作为一切之根本的自然进行着愈演愈烈的破坏。我们越是觉得自己聪明，也就隐藏着越多的祸根。"张守刚的诗歌与梭罗对现代工业文明的反省不谋而合。

> 一条被工业挤得/越来越瘦的河/我就住在河边/每天　污黑的水/晃动在眼前/偶尔飘过一具两具动物的身体/还夹杂一些古怪的气味/在我捂住口鼻的时候/挤进出租房的每一个角落/但是我就住在这里　吃饭　睡觉/还有很多和我一样/住在河边的人/我看见他们快乐地生活/从没有一句怨言/也就慢慢地习惯了

> （张守刚《我就住在河边》）

坦洲河与在河边的人，被摄入工业文明巨大的胃囊里。在现代社会中，日益发展的文明程度不断加剧着与自然的对立，日益完备的理性秩序不断加剧着与感性的冲突，"打工诗人"更清醒地意识到自己所处的两难处境。诗人对故乡的那条小河投入了无限的眷念：

> 那条小河身子一摆/富家坝就清爽地站起来/谁家的娘在喊谁的乳名/山抢着答应/蝉鸣四起的午后/小河里泡着好多/光屁股少年/在娘的叫唤声里的那个/惊慌地提起裤衩/躲到河边树丛去了/而富家坝离我越来越远/在八年乘以一千公里的/远方/我满身是汗/想起那个光屁股少年/心里就有一股清泉

> （张守刚《富家坝》）

富家坝抽象为色彩鲜艳的中国画，放在灵魂最干净的位置。还乡、童年、梦境，诗人在诗行中伸展儿时的腰肢，走向时间清凌凌的源头。但诗人早已不是那个光屁股的少年，诗人现在置身的坦洲河边在天天上演着文明的假面舞会。

> 在河边/每天/总有人坐着或靠着/在那里打发时光/他们是多么幸福的鱼儿//一个少女痛失贞洁/在黄昏的河边失魂落魄/她试图通过风和河水/找回自己/浑浊的水映着她忧郁的脸/有些扭曲/而一双皱巴巴的老手/让她再次走进深渊
>
> （张守刚《在河边》）

张守刚的诗呈现出对生活的投入、反省、嘲讽和热爱，就像是生活的供词，坦白、单一、波澜不惊，有着偶不提防就会闪出的尖锐。他对生活的提炼，就如同走在坦洲河边弯腰捡起碰痛脚板的石块。

一个外乡人，完全有可能带着某种功利性目的，去一个城市实现自己的梦想，但它并不意味着这个人会对这个"驿站"产生情感的皈依。然而，这种不可能性却在越来越多的"打工诗人"身上成了一种可能。尽管他们还怀念着自己那个遥远的父母之乡，但与此同时，他们也在内心深处热爱着自己正在生活着的这座城市和星罗棋布的"城中村"。有了这种热爱，张守刚虽然不是户籍意义上的"坦洲人"，但他却是精神上依恋着这片土地的"自家人"。张守刚真正以情感皈依的立场来凝视并批判这片土地，不仅主要在于这片土地不断积累而成的经济与文化优势对人们呈现出的巨大诱惑力，更在于他为这片土地奉献了自己的青春、体力、情爱和智慧。

> 南洲路。金斗大街。大兴街。工业大道。/河边街。桥头巷。康泰街。又有巷。/申堂村。七村。十四村。龙塘村。/月环村。上涌村。十四围。十五围。/从第一工业区到第二工业区/要经过一座桥/从第二工业区到火炬开发区/要经过两个村……/这些地方/他比一个本地人还要熟悉
>
> （张守刚《坦洲的最后抒情》）

坦洲是一个边陲小镇/它隔祖国的心脏很远/尽管如此/我还是愿意它将我/吃掉

（张守刚《坦洲镇》）

写诗写白头发的张守刚对坦洲的"乡情"真实感人，这种情感意味深长。诗人渴望坦洲吃掉自己，渴望融入那片土地，但消耗掉诗人十年青春的坦洲却对诗人置之不理。

坦洲对我爱理不理/我抓不住坦洲的手/经常浪足机声隆隆的林立厂房

（张守刚《坦洲镇》）

在坦洲，张守刚终究是一个孤独的异乡人。

在又有巷行走/只有影子伴着我/从没有人与我打招呼/我知道这叫作/孤独或流浪

（张守刚《南洲路又有巷》）

走在金斗大街/常常遇见和我一样流浪的人/走向与我相反的方向/他们搜寻的目光/在寻找金钱和爱情/那么多同命运的人/一个也不是我的同行

（张守刚《走在金斗大街》）

2003年，张守刚抓不住坦洲的"手"，像候鸟一样回到了"中国西南一个偏僻的小山村"，而坦洲的繁华仍在继续，但已不属于对它又爱又恨的"打工诗人"。

十年一觉啊/青春已被挥霍/遗落在南方的那些工厂里/能重新拾起来的/只有零碎的记忆

（张守刚《打工生活》）

在重庆云阳县的一个小乡村里，"打工诗人"的心仍然不停地回到他身上所拖带着的那个"坦洲"，这个"坦洲"由他爱过、恨过的一切所组成：

让我再次想起你/亲爱的坦洲/在西南的一个偏僻小山村/你的形容浮现在我清贫的日子里/这里已经冻得发抖/我有些浑浊的目光/看见你依然裸露双臂/你的丰满是每个人都动心的那种//在我最落魄的时候/你的宽容收留了我/十年光阴　说短不短　说长不长/我面黄肌瘦的青春/从那里开始　在那里结束//不会忘记　孤灯下的清影/不会忘记　机器轰鸣的夜晚/还有在夜晚里通宵不眠的异乡姐妹/她们失血的脸总在我眼前挥之不去……/多少次　我用笨拙的文字/写你/写工业区的密集厂房/写厂房里异乡人的遭遇/他们被工业吞噬的日子/他们被老板占有的青春/还有那些失魂落魄的颠沛流离/更多的是写我自己//今夜　在这个寂静的山村/再次想到你/你节节升高的繁华/轻易地将我的贫穷击痛……

（张守刚《坦洲　坦洲》）

在"打工诗人"对"城中村"远距离与近距离的书写中，表现了农村与城市、传统与现代两种文化差异的尖锐冲突，以及随之而来的人们价值观念和心理的深层次变化。像黄麻岭、坦洲这样的已经"现代化"的村镇，在不少诗人的笔下都曾大量涌现。"打工诗人"通过透视"城中村"的种种异象，质疑了建立在现代性基础上的生活状态和生活逻辑的合理性。"打工诗人"对"城中村"的深入就像一张网一样使人挣脱不开，陷入迷乱。如罗诗斌的《西岭下的兄弟》：

西岭下，三个汉字搭建的民工村落/汗臭味、尿臊味、霉菌味/男的、女的、老的、少的/扫街的、捡破烂的、乞讨的、搬运的/卖菜的、砌砖头的、擦鞋的、修理下水道的……/集合所有的名词和形容词/用暂住证焊接起来/就是西岭下的全部含义/七月的深圳　阳光像风骚的舞女/令人头晕目眩/清晨　西岭下的兄弟/像蚂蚁一样倾巢而出/在高高的脚手架上/他们像蜘蛛一样爬来爬去……

再如安石榴的《下梅林》：

"下是下流的下/梅是梅毒的梅/林应该是淋病的淋……"/当发廊的冷气点燃我/皮肤上的火焰/我对着一位按摩女郎/朗诵了比诗句更好的表白/性欲洗去

我身体的寂寞/把我的内心掏空/下梅林围面村/发廊和大排档张开暧昧的胃/老板娘的微笑像临街的广告/在中午的快餐店和/傍晚的士多店里/穿睡衣的二奶/把她纽扣的孤独/像手机号码一样交给/下班路过的男人/身份不明的房客/在生活的目击中/消灭得比出现还快//我在下梅林居住了一年/像拉皮条一样介绍过/下梅林的景象/我出没于发廊　酒店的士高/阴暗的小巷……

深圳下梅林围面村是美丽和富裕的，同时又有着不可理喻的黑暗和丑陋性。美丽的深圳用它的"美丽"遮掩着"城中村"的灰暗景象。"下梅林"的生活迅疾、杂碎、混乱、无聊、荒诞、凄艳、冷酷……这几乎是所有"城中村"的特征。现代复制式的生存方式给人们造成疏离生活的寂寞感和疏离心灵的孤独感与日俱增，这本身就带来了人们心灵的扭曲与异化。一味地媚俗，一味地虚假，一味地浮华，生活与生存的关系始终如同硬币的正面和反面。当今我们的"浮世绘"里，正游移着许多只有肌体而无灵魂的躯壳，在这样的生存背景下，诗人还在关注灵魂，关注生命的悲剧和危机，不啻是一副清醒剂，一剂治病的良药。病态的人性与病态的社会息息相关。都市的疾病成为诗人咏叹的主题，体现了人类在精神堕落和下滑时的清醒。都市病症已经昭著，人类成为文明的俘虏，此刻，那些现代化生活中的异化病毒正在噬咬着我们的心灵。

对于"打工诗人"来说，故乡的村庄是唯一的，而异乡的村庄却是变动的，也就是说，他们的生存背景在不停地变动着。像张守刚那样能在一个地方打工十年的"打工诗人"比较少见。如当代诗人谢湘南的不少诗歌，涉及深圳的许多乡镇和"村庄"，里面隐藏的是无限的可能性和无穷的诗性魅力。这从一个侧面反证了诗人在艺术上的自觉和自律，同时也折射出动荡漂泊的打工生活在诗人身上打磨出的印记。如果揭开诗人作品里隐含的意象，我们就可清晰地找到在谢湘南年轻的生命旅程中，那些乡镇和"村庄"留在生活里的记忆。其中，有的是直截了当的描写，有的是间接的暗示，更多的是他的经历同他的观察和思考一起融合为一个难分彼此的总背景。

一片荔枝林对着一个窗口/一个窗口对着一片荔枝林/起先是从荔枝树下望那个窗口/后来就由那个窗口望那片荔枝林//这就是我全部的生活/我是说除了坐在流水线上/我是说除了与老板在办公室谈话/我是说除了吃饭/我是

说除了上厕所//这就是我全部的生活/在西丽镇，唯一有意义的/生活

（谢湘南《在西丽镇》）

　　一片高楼围着的村庄，一条老街/穿村而过。出租屋内闪烁的身影，/店铺、排档、发廊、迪厅，提供了营生。/台风刚刚过去，拉杂的街道漫着水渍。/巷子深处，外乡来的女孩，/有的在玩呼啦圈，有的在那张望。/呆头呆脑的狗，像慢半拍的时钟，/在悠闲晃动，玩着自个儿的舌头。/霓虹显得低矮，映出墙上朱红的拆字，/街上的古树，有如白发染成了青丝/一丛一丛，凝聚了夜色

（谢湘南《北岭村》）

　　那房子空空的框架/反过来看我，像看一个陌生人/行李在阳光中/发出细微的喊叫，然后钻进一辆中巴车/安静地告别/而送行的喧哗尾随我/到另一个村子，在街道和工厂里/走动。在我要睡觉时/仍不舍离去——/我上班，在街头吃盒饭/日子显得有条不紊/偶尔的不开心是因为朴素的梦想/无处搁放。思念破碎/找不到一张像雪地的白纸/——将它承接。我辗转/而至不眠，像一条缺氧的鱼/张嘴而不能言说/所有的夜就往我眼里躺/裹着村子像抱着几个生长的婴儿/挤得两床网从我身体的海里冒出来、喊痛/我眨眨眼，水珠子就往下掉/声音却被外面的雨声吃了

（谢湘南《1997年，在深圳的三个村子里》）

　　没湖的平湖。杂货店的荫凉里/母狗和它的跛子店主冒出笑的水泡/从小店向北直行百米是我上班的工厂。在这里/左右两旁打工妹的面庞和半导体的发音/（呵，沉默中的声音……）已不能清晰浮现。我仅记得/一天要上十个小时班，这之外/时间像是这样安排的：/中午半小时休息与店主和母狗聊天/晚上下班后冲好凉再与店主和母狗/聊上半小时，然后写诗、看书、/打牌……黄昏一小时到附近山坡转转——/山坡上的芒果散发乳房的香味/有一次我放开了胆量，差点摘到……

（谢湘南《中途三月，在平湖》）

这首诗的关键词不是魏莹，一个女孩子/不是散步，一种状态/不是到，一种抵达/不是观澜，中国深圳一个开发的小镇/不是高尔夫球场，一种与我毫不相关的/当作他用的乡村/也不是边上，这样一个模棱两可的修饰词/不是和，一个将我隐藏的介词/这首诗不存在关键词/不存在——非分之想

（谢湘南《和魏莹散步到观澜高尔夫球场的边上》）

　　脏乱中的上沙村/正在建设的立交桥/脚手架立在脚手架上/我从脚手架下走过//市场的一端方便面藏匿饥饿/海风靠近黄昏/我想起一首《桥》的诗//其实在福田与在别处没什么区别/除了方便面我还有其他的粮食/比如地摊上的一本旧杂志/再比如一个靓女从眼前/一闪而过/她吃过的甘蔗渣吐在我脚边/让我的鞋子也闻到一丝/甘甜

（谢湘南《在福田》）

　　这些村镇都是谢湘南曾经生活和写作的现场。谢湘南的经历很多，他做过建筑工、搬运工、电子厂装配工、小纸厂文员兼包装工，当过图书馆保安，做过公司人事助理，在文化站搞过文艺宣传，在企业内刊做过编辑，等等。从一个地点到另一个地点，从一个居所到另一个居所，在漂来漂去的过程中，谢湘南曾经遭遇过那么多的迷惘与忧伤，激情与欢乐。谢湘南目睹他所目睹的，感受他所感受的。他把目光投向他所在的生活现场，是本着诗歌的自觉和要求。随着命运的车轮在村镇之间流徙，诗人在时间里存在着，体会着它们的躁动与平静，体会着它们的富有和贫穷，体会着它们的文明和粗俗，体会着它们的洁净和肮脏。时代的变迁已使一切可见之物都面目全非，谢湘南洞悉了皇皇历史的变形记，有些东西已凝成了诗歌那秘密的核，显现出应有的坚硬质地。时代的加速器丝毫不给我们稍加反应的机会，它一意孤行，带动了世界疯狂地旋转。命运之手突然彰显出它的力道，我们只能在红尘中顺应于各自的宿命。对我们这些渺小的芸芸众生而言，时间的魔术师只需轻舞它手中的小棍，作为道具的我们就只能听命于它。

　　停留在宏大背景下/微不足道的一节里，等待/命运的深入。进一步的/祖国降临

（谢湘南《1994 年的抒情练习》）

你把家安在信封般大小租来的房子里。/小房子的窗口真的只有一个邮票那么大。/在这个时代你把家撒网一样撒向四面八方——/一家几口分成几个省。/你租来的房子不像你的家，/充其量一个容身之所而已。/你家里其他人在其他城市打工租的房子也不算家，/充其量把家撕成几片，到处扔一点，/把你的家扔成几个省那么大。/只有过年时回到村庄在村庄自己的旧房子里，/把东西南北拼成自己的家。/可这个家只有过年才拼成几天，/过完年就得把家变成几张车票各奔东西。/每个人摇身一变成一张车票去远方。/平时你的家在村庄里空着

（张绍民《一个家到处丢一点》）

"打工诗人"对两类"乡村"具体和精细的描绘，表现出中国发展"速度"所带来的深刻冲击，昭示了新空间结构的变化提供的全部力量和可能。他们在记录将要消失、正在消失和已经消失的东西。他们要做到的是留下一份关于村庄晚年的生存记录，"描述乡野和庄稼的/葬礼/城市的呼吸/像风一样吹向我们"（陈仁凯《在城市生活》）。这一点，在现代化、城市化迅速发展的今天可能具有特别的意义。这些"乡村"原来都有十分稳定的结构和规范的人际关系，但在二十多年来的城市化与工业化中已产生了巨大的变化。这些变化无疑显示了这个社会在全球化与市场化大潮之中新的空间格局的形成，也显示了中国变革的全部力量与巨快速度。它冲垮了乡土中国的结构基础，改变了"农民"生活的全部含义。一切都在逝去，一切又在重构。记忆变得模糊，存储的符号悄悄更迭。在"打工诗人"的这些文本中，我们不仅处于变化的开端，而且已经面临变化的结果，不仅仅是出现了新的社会格局，而且这种新格局已经在发挥着巨大的作用。在这里，问题的关键早已不是这个新的空间结构是否应该存在，是否可能存在，而是我们在这个结构之中如何学习生存的问题，如何面对"都市文明"和"农业文明"的问题，如何面对那些生活在"城中村"中的人们的问题。都市文明是一种进步，特别是比起农业文明要进步很多。当然，它可能丢掉了农业文明中的一些美好东西，但这是由于我们要创造更好的都市文明的问题，而不是完全地批判、拒绝都市文明。

我所认识的乡村/和诗人讴歌的乡村不同/我所认识的乡村/不愿再做贞洁坊/养活一群精神阳痿的人/我所认识的乡村/是正在丰满的身体/渴望城市的抚摸/哪怕那双手/有点肮脏

(朱剑《我所认识的乡村》)

照这么说，也许我们更应该换一种积极的思维和行动，来观照我们所在的乡村和城市。城市虽然冷冰冰的，但却是不可阻挡地往前发展，而乡村也不再只是满足于以往的宁静和诗情画意。总之，城市文明、城市文化的向前发展是大方向，将来肯定会有越来越多的乡村走向城市化，虽然不免"有点肮脏"。

二、小说：对樟木头镇的神秘想象

第五届鲁迅文学奖获得者王十月，曾经在东莞樟木头镇生活过，他以东莞樟木头镇为背景的中篇小说《白斑马》（原载《十月》2008 年第 5 期）表现出的对小说文体、语言和诸种叙事策略的探索十分突出，神秘主义色彩极浓。

藏策在编选 2008 年《年度中篇小说精选（第三辑）》（天津人民出版社，2009年版）时选入了这篇小说，并在序言中说："王十月在 2008 年里最有影响的小说是《国家订单》，但我却更喜欢他的这篇《白斑马》，因为这篇《白斑马》更文学一些，让我们看到了梦想的力量。"所谓"梦想的力量"也就是神秘主义的力量，神秘主义是理解和研究这篇小说不容回避的重要视角。在文本内部的语境中，神秘主义是一种认识论意义上的经验方式，一种主体与世界的关系，一种存在状态。神秘主义丰富了作家观照世界和人生苦难的审美视角，它将外物纳入心灵广阔无垠的疆界，拓展了文学的审美视域。在当代，有许多作家都曾不遗余力地揭示着世界的神秘与神奇——从马原的《冈底斯的诱惑》以表达对神秘西藏的敬畏到韩少功的《爸爸爸》对一段楚文化混沌历史的追问，从史铁生的《礼拜日》以对世界神秘真谛海阔天空的猜想与浩叹，到林白关于"写作过程绝对是一个很神秘的过程"的信念，从贾平凹小说中十分浓厚的神秘文化氛围到陈忠实的《白鹿原》对异兆的刻画，从迟子建的《原始风景》对北方孩子神秘人生体验的诗意描绘到徐小斌的《羽蛇》《双鱼星座》等作品中对女性直觉和梦幻的尽情渲染……这些，都汇成了一股声势不容低估的潮流，表达了当代人对东方神秘主义的重新审视和某种程度的认同，同时也冲击着、动摇着理性的世界观和人生观。

在这样的背景下再来看王十月的《白斑马》，是可以看出他对于神秘主义文化的独到发现与感悟的。神秘主义加强了小说的灵魂感应力和现实感应力，打通了此在世界与神秘世界的深层沟通。在这篇小说里，人的世界不再是清晰可见的"至清无鱼"的世界，而是包含着超常、诡谲、朦胧的神秘因素。《白斑马》的出现，说明神秘主义为"打工文学"提供了一种超越现实和理性层面的表现视角，使文学的审美意蕴得到很大的提升。

《白斑马》在一种浓重的神秘氛围里，选取了陡峻的第二人称"你"，揭示了四个人物的死亡命运：

一是云林山庄的主人李固。李固，生于长江之畔古城荆州，其祖父为民国期间的荆州书法家。毕业于某名牌大学美术系的李固，由于某种原因在佛山陶瓷厂当普工。1998 年"你"与李固的偶然相遇，改变了彼此的命运，他离开了陶瓷厂，依然经历了许多的苦难，多年后，他在深圳拥有了自己的公司，有了千万资产。而李固的妻子这时却因癌逝去，同时带走了肚子里的孩子。他的副总、也是他最信赖的同学借此机会又背叛了他。接连的两次打击，让他心灰意冷，遁入樟木头镇云林山庄，每天以画画、养鸟为生。李固全力做一个现代隐者，但达不到古人的标准（"小隐隐于野，大隐隐于市"）。白斑马的出现，打破了他内心的宁静。面对菜农马贵的无赖敲诈，他用猎枪射杀了马贵，然后自杀。问题是，在案发现场，画家李固的墙壁上，发现了三个血红的大字：白斑马。在他死后，朋友为他举办了一次画展："白斑马——李固遗作展"。

二是菜农马贵。他不是小镇的原居民，和这里其他菜农一样，他来自 H 省。十几年前，樟木头镇周边的小镇开始开发，对于蔬菜的需求日增，一些 H 省来的先行者，就开始在樟木头镇承包了土地种菜，而小镇本地的主人，则到周边的镇办起了"三来一补"的工厂。这小镇，最先看到白斑马的，该是菜农马贵。那段时间，每到黄昏，马贵都会看见白斑马。马贵想过许多办法，想抓住这匹古怪的马，都未能成功。马贵愤怒了，从老家带来猎枪，他发誓要杀死白斑马。马贵背来了枪，却在杀人不成中被李固所杀。

三是文化打工仔桑成。多年前，桑成在玩具厂打工，爱上那个长相普通却开朗质朴的林丽。在南国的香蕉林里，他和林丽正要完成他生命中的第一次，治安员的突然出现，破坏了生命中最庄严圣洁的仪式。林丽被送到樟木头镇收容所，从此消失了，这在他的心里落下了严重的病根。多年后，作为政府文化单位的临时工、打工仔，桑成与老板（"你们都叫领导为老板"）一起出差，不愿参与集体嫖娼，老板冷笑了一声，说，农民！桑成后来与老板发生争执，找老板的老板想改变自己临时工的命运，目的没有达到，却被炒了鱿鱼。桑成在酒后宣布了两件事，第一件，是他要让自己堕落一回，第二件，他要去一趟樟木头镇。"在哪里丢失的，就要在哪里找回来。"桑成在樟木头镇遇见了英子。这是他的宿命，也是英子的宿命。桑成告诉"你"，他在樟木头镇找到了林丽。桑成说他在樟木头镇见到了一匹白斑马，白斑马总是在傍晚出现，独行在小镇街头，嘚嘚嗒嗒，嘚嘚嗒嗒，马蹄声每晚入梦。后来人们发现桑成和英子时，他们已骑着白斑马去了另一个世界。桑成掐死了英子，然后自杀。按摩房的墙壁上，留有三个血红的大字：白斑马。

四是洗脚妹英子。英子爹多年前来到深圳，开始在沙井镇的建筑工地打工，不小心从脚手架上掉下来，死了。英子妈来这边，处理完男人的后事，就跟着老乡来到木头镇，租了菜地种菜。英子妈为李固送菜，英子也得以认识了李固。英子是个充满幻想却长相平庸的姑娘，在洗脚城里只能为客人洗脚。英子打工的洗脚城，二楼洗脚，三楼松骨。英子从来没有上过三楼。在这里打工一年多了，她甚至不知道三楼是什么样子。她没有学过松骨，她知道，学会了也不会有客人点她。越是这样，英子越发对三楼产生了强烈的好奇。桑成的到来，英子生平第一次上三楼为客人服务，那一次，也成了她人生的最后一次。她想把自己珍藏的第一次献给桑成，帮助桑成堕落，却没有实现这个卑微的梦想，窒息在桑成的怀里。

小说中的所有人物似乎都是为了揭示死亡的宿命而设置的道具。小说由一系列死亡事件营造了神秘的氛围：一切都与白斑马有关，一切都好像真真切切地发生过，但又好像只是模模糊糊的印象与居心叵测的传说。一直到最后，那些迷案都笼罩在诡异的神秘氛围中。死亡，死亡，一连串的不幸组成一条神秘的死亡链，这种宿命般的暗示，正是小说中神秘主义的一次远行。这几个人死前都见过"白斑马"，一个个不可避免地死去，还有一个未死的"你"也见过"白斑马"。白斑马在小说中构成了一个神秘谱系，具有一种象征性意义，一种隐秘意义，或者暗示性意义。于是，所有关于白斑马的神秘性，自然笼罩着整个小镇和全部的叙事氛围。小说一开始便借用侦探小说手法，为我们制造了神秘主义的谜团："你来到樟木头镇，那桩轰动一时的凶案已发生许久，关于白斑马的传说，在人们的茶余饭后越传越玄，而事情的完整经过已成为谜，湮灭在时光的尘埃中。"传说从来不是空穴来风，李固、马贵、英子、桑成，他们都看见了白斑马，他们都死了。神秘主义离不开这一个个悬念。人是喜欢寻根问底的，王十月显然抓住了这一特点，给我们制造了一个又一个悬念。现实世界本就是一个复杂多变的世界，当我们面对这个神秘的世界时，有很多东西都是我们无法理解的。无可解的东西，却正好是人们努力去求解的东西。有时，我们自以为感受到了现实的真实，其实只不过是看到了它的阴影而已。"白斑马为何物"成了警方后来追寻事件真相的切入点，然而却没有找到任何答案。"白斑马"三个字是何人所写，也成了一个永远的不解之谜。警方在走访英子的家人和那些菜农时，得知了画家李固枪杀马贵案也与白斑马有关。警方将两案并案侦查，但查到最后，依然没能理出头绪，于是两案都成了悬案。警察们在画家的画室里，看到了满屋子的画，那些巨幅的油画，全部由各种黑白相间的条纹组成。那些画被画家命名为"白斑马 1 号至 99 号"。"白斑马 100 号"的创作尚未完成。但是"白斑马 100 号"出现了变化，人们在未完成的画中，看出了隐藏着的一个人物形象，有人说那个人是英子的母亲，有人说不是。

其实，王十月传达的是一个传说中的世界。白斑马在小说中给我们造设了各种各样的谜团，呈现给我们一个神秘的世界。我们深入小说，试图解开这些谜团，但是我们要失望了，越是深入，越是迷惑。白斑马是一个神秘的谜，作者没有解开，"你"更深闯其中。这个作者虚拟的第二人称相信在某种程度上就是作者王十月本人："你"突然发现"你"已无法写作，仓皇逃离招安，逃离深圳，来到樟木头镇。自凶案发生后，小镇人对李固的园子避之不及。小镇传说：凡见白斑马者必死。但"你"的作家身份让"你"对传说的缘起有着强烈的好奇心。"你"已无法记得，这是第几次来到云林山庄门口。"你看见了白斑马。其时天色正黄昏，残阳如血。"小说中的"你"因为看到了白斑马而成了一个预言者，担心自己会像其他看到白斑马的人一样，会死。"你"心中充满了对死亡的恐惧，一天到晚心神不安，好像厄运会随时降临，甚至罔顾妻儿的感受，告诉妻子白斑马的故事，为妻子寻找"托孤"对象。当然，"你"也希望"你"是个例外。白斑马像一个无形的魔咒，引诱着"你"去寻找真相。"你试图弄清楚桑成和英子之间发生的事件真相，但你将永远也无法弄清。传说英子也看见过白斑马。你找到了英子妈，英子妈证实了这个传言。英子妈还沉浸在痛苦之中，显然不太想去谈有关英子的一切。"

"你"相信，弄清楚了他们的真正死因，"你"就有可能避免这样的灾难。未来是不可知的，因而是神秘的，对于未来将要发生的事情的预言和不时出现的征兆也同样是神秘的。王十月显然不会放过这些令人产生神秘感的东西，在他的小说里，预言和征兆总会时不时地跳出来牵扯住读者那根脆弱的神经。预言往往是通过各种各样的预言者说出来的，而预言的产生也是不确定的，是根据已有的事实推断出来的，而这些预言及其来源本身就构成了某种神秘的氛围。

"白斑马"这个神秘的意象是整篇小说的线索，小说的情节都是围绕白斑马而铺叙展开的。同时，白斑马这个神秘的意象又是一种象征，蕴含着作品的主题。颇受魔幻现实主义影响的当代中国作家们格外重视对神秘意象的创造，贾平凹在《太白山记》《高老庄》《怀念狼》等作品中创造了一系列婀娜多姿、神奇空灵且富有表现力的魔幻意象，莫言文学世界中的诸多感觉意象，陈忠实笔下的白鹿意象，韩少功、李杭育、王安忆、扎西达娃等所创造的神秘而飘逸的意象等，共同构成了当代中国小说丰姿多彩的魔幻意象世界。《白斑马》最重要的艺术特征之一就是现实的幻化和幻化的现实。在实与虚之间，能够自由地来回穿梭，这种呈现在文本之中集实与虚为一体的正是白斑马这个神秘意象。但在这些之上，更重要的是，他必须表达出打工者那种无论如何都不能磨灭的激情与梦想，因此他塑造了"白斑马"这样一个神秘的形象，这世间绝无的马，被认为是死亡的预兆，在市侩的菜农马贵看来是诡秘的挑衅，必杀之而后快；但在李固、桑成、英子和"你"的眼中，那是难以用语言表达的人间大美：白斑马是所有美好的化身，是善良，是希望，是耀眼的理想，是为了追求奋不顾身。"英子从来没有见过这么漂亮的马。""英子被这世间的大美击倒，她想大哭一场，泪就真的下来了。"作为隐喻，它使打工者对于进入城市的渴求蒙上了一层形而上的光芒，使打工者的奋斗与屈辱都得到了升华。"白斑马"这个神秘意象犹如一个充满了魔力的箭头，把我们引向了那个潜伏于经验之外的神秘小镇。

与写实作品关注客观世界的视角相比，神秘主义关注更多的是对未知世界的表现，和对感性世界与主体心理体验的描写，这也使得作家更为重视直觉、表象、意绪、心理、潜意识等表现手法在作品中的运用。至于小说中运用幻想、幻景、暗示、预言和荒诞、梦魇、夸张等手法的例子更是俯拾皆是。如英子对白斑马的"南柯一梦"：

她终于如愿以偿，她看见了白斑马，踩着音乐的节拍，嘚嘚嗒嗒，从远而近。白斑马温顺地走到她身边，停下脚步，睁着一双大眼看她。她伸出手，轻抚白斑马的脸，白斑马伏在地上，冲她点头，她明白了白斑马的心思，骑上马背，白斑马站了起来，嘚嘚嗒嗒，驮着她离开了山庄。小镇的街上，除了偶尔呼啸而过的一辆汽车、几个蜷缩在墙角安身的流浪汉，就是英子和白斑马的天空。走上大路后，白斑马开始小跑了起来，迈着细碎的步子，越迈越快，渐渐就飞了起来。白斑马把英子带到了一个陌生的地方，又趴在了地上。英子明白它的意思，说你是让我下马吗？白斑马对英子咧开嘴一笑，这一笑，英子一下子认出了白斑马。英子脱口而出："怎么是你？"

"是我。"

白斑马跨在了英子的身上，英子紧紧地搂着白斑马。

这是英子坐在山庄对面的树下的"南柯一梦"，这是她"梦中的幸福与不安"。梦幻最能揭示一个人精神深处的无意识状态。关于梦的描写增加了小说的神秘气氛，使读者感受到有一种不可思议的神秘力量隐藏在人物背后，始终被一种莫名其妙的情绪所缠绕着。神秘描写是《白斑马》的精魂，假如抽取掉作品中的这些描写，作家只是平实地叙述故事，可以断定，小说的艺术审美性肯定会大打折扣。神秘主义主要是一种体验，一种感觉，有时还伴随着强烈的主观化和情感化色彩。神秘主义是一种远远超越了日常生活的另一种极端体验，是日常运用的词语无法直接表达的，只能诉诸比喻、类比、象征等修辞手法来间接表达。白斑马在小说里有了自己繁殖生长的可能，有了自己的生命。梦幻是一种认识方式，是对现实的一种解释方式。英子梦见白斑马，表现了她当时的心理状态。小说中写道："英子其实对李固抱有很浓的兴趣。母亲经常爱说起李固，李固在英子眼里，是那样的神秘。英子对未知的生活，总是充满了好奇。当她初次走进云林山庄，看到那么大的园子，有山，有水，还有那么多的鸟。在这里生活的，会是一个什么样的人呢？这主人超出了英子可以想象的范畴。"当英子提着她妈为李固收拾好的蔬菜，第一次走进了云林山庄。"园子里很静，静得除了鸟声，还是鸟声。鸟声一下子勾起了英子对家乡的美好记忆。""看一眼李固的画，英子的脸唰地就红了。那一天李固画的是女人身体，可是那女人的五官，却分明是英子妈。""英子的脑子一下子就乱了，慌里慌张地离开了云林山庄。英子对母亲和李固的关系产生了联想。""南柯一梦"深刻地揭示了英子心灵的变化和奥秘。白斑马已经进入她的潜意识状态。

王十月在小说里所描绘的现实是日常现实与想象中的现实的混合体。1949年，古巴著名作家卡彭铁尔在长篇小说《这个世界的王国》的序言里，指出了"神奇的现实"的重要性，认为拉丁美洲日常现实本身所具有的"神奇性"，对于文学创作具有重要意义。马尔克斯在谈到他的《百年孤独》中的魔幻色彩时说，作品中那些在他人看来是荒诞不经的事情，在南美大陆却是和现实生活融合在一起的，是人们深信不疑的。而王十月对他笔下的神秘也是深信不疑的，因为他在本身就很神秘的樟木头镇生活了几年。樟木头镇是一个神奇的地方，在这里，现实的世界和想象的世界是既交叉又重合的。看上去是神奇的、虚幻的或魔幻的东西，实际上不过是樟木头镇的现实特征。小说是这样描述樟木头镇的："你知道樟木头镇，在很久以前，那是个让打工者闻之色变的地方。那些没有暂住证的外来者，被治安收容后，旋即遣送至此，等候他们的亲朋拿钱来赎。那时你虽没到过樟木头镇，却不止一次在你的文字中想象和描写过樟木头镇。在你的笔下，樟木头镇的风是阴冷的风，樟木头镇是一个暗无天日的所在，是人间的炼狱，是打工者的噩梦。"王十月笔下的樟木头镇，也就是位于东莞山区的樟木头镇，一个充满神秘气息的小镇。樟木头收容所曾经是珠三角打工者的"古拉格群岛"和"集中营"，是打工者的挫败和耻辱之地。桑成说："我来樟木头镇，是为了把林丽从我的心头抹去。"他能抹去吗？他的人生，因樟木头镇和林丽落下了致命的伤疤。桑成临终前的那一声"无法进入"因此显得何等悲凉。

命运的偶然与荒诞决定了历史书写的荒谬与遮蔽，而个人却对此无能为力。白斑马这个神秘意象中的"意"，它较多地指向了对现实社会的阐释与批判，以及对人性的考量与思索，才使得这个神秘意象在空灵、神秘之余显得充实而又厚重。从虚构的修辞性现实到对存在境遇的深度探测，《白斑马》揭示了社会转型时代打工一族的境遇。以"白斑马"为隐喻，以几个打工人物为依托，在永不放弃的打工背景下，揭示人性的悲哀、世事的凄凉、理想的追求与破灭。作为"打工作家"，王十月对打工者的命运沉浮有着独特而深入的感受。神秘主义因其不可言说性，多用寓言或象征化写作，这种寓言和象征熔铸着作家对于历史和人生的深刻思考，也给作品平添了不少的生命悲怆和历史沧桑感。《白斑马》是在为一代人的努力与挫败书写心灵史，表现他们的壮烈与悲怆，并进而折射出社会结构的巨大不公。王十月不再是简单地叙述打工者的故事，而是要提炼和表现出打工者深层的历史，他们内在的、抽象的痛苦和屈辱以及社会和时代对他们的挤压和不容。小说不像神话一样回避现实而臆造一个幻想世界，而是创造一个神奇的天地来展示人生，展示打工者的生存秘史。晃动于小说中的人物，仍然是那一群为了进入城市而努力而奔突而焦虑的人们，只是时至今日他们已然分化，面目各异：画家李固，经历过颠簸坎坷，也享受过荣华富贵，可算是外来打工者中成功的代表，而如今他已看累了世道人心，他选择隐居在樟木头镇，除了看中它的清静，是否也有某种凭吊的意味？"你"的朋友桑成，从农村来到深圳，奋斗多年却仍然无法接受这欲望都市的逻辑，也无法被这都市接纳，他选择退到樟木头镇，这里有他作为一个外来打工者不堪回首的过往，这过往仿佛一个与生俱来的印记，预告了他在面对城市时的无能。菜农马贵等人，他们凭借一种本能的精明来到樟木头镇，为咫尺之遥的城市提供着新鲜蔬菜，与桑成等一批最早的进城者相比，他们没有那种改变自我身份的强烈激情，他们是精神上更加猥琐的一个群体。英子，作为打工者的第二代，她被刻意强调的丑陋或许同样可以理解为某种先天不足，但她偏偏选择与她的形象不相匹配的洗脚妹来作为她的工作，并依靠自己的努力赢得尊重，可以说，她的执拗和尊严打开了某种实现价值的可能性，因而当她终于被桑成于无意识中扼死，我们就倍感怅惘：难道不管如何努力，深切的无力和沮丧终究是打工者不能摆脱的命运吗？

神秘主义的出现本身，就是与偶然性、不确定性相对应的。人们以为一切都是有规律的，但在冥冥之中扼住命运咽喉的却是偶然性，人们为了反抗命运而挣扎着，但人们的挣扎原来也是命运之神早已编好的剧本的一部分。王十月只是想利用别具风格的叙述，用他的方法，去揭示人存在的悲剧本质。《白斑马》的神秘主义写法，是对人的"不可知"与"不确定"性命运的一种探寻。打工人物的命运与灵魂挣扎作为终极表现，人性中善恶美丑的交织撕扯，各有千秋，李固隐而不能，终以杀人和自杀寻求解脱；马贵死有余辜，毫不足惜；桑成在负罪和忏悔交织的绝望和悲伤中迷失，以一块碎玻璃了结了自己的生命；英子在"来吧来吧"的梦呓中，死而有憾。小说中，所有的人物似乎是被冥冥之中的异在力量所玩弄，世界的构成变得无法描述与解释，一切都陷入真实与非真实的混沌中，从而陷入更深的神秘主义之中。小说在微妙的人际关系中揭示了生活的玄机：生活中充满了变数，人与人的关系相当微妙。一切的变故都难以预料，也说不清楚。小说点化出了日常生活中命运无常的微妙玄机，从而表达了对中国民间命运观的认同。人与人的相遇也是偶然性之谜，人与人的巧合构成了王十月小说的神秘世界。我们可以认为，这些巧合都是王十月人为设置的，但我们又不得不佩服王十月设置这些巧合时的天衣无缝。小说中的一个又一个人物，他们始终是不可知的，始终与我们存在一定的距离，他们的一切似乎都处于一个遥远的点上，无法捉摸和把握，而且他们的出现、失踪和隐遁都具有突发性，在这样一种境况中，神秘感就自然起来了。

小说中想象的生活领域总是和实际的生活领域联系着，更深地揭示了人的生活困境和精神困境。毫无疑问，就是在这最充满幻想的小说里也会含有某些现实的成分，但同样毫无疑问的是，一篇使用神秘手法处理故事结局的小说，在各种细节描写方面必须真实，此外，它还必须遵守一般的准则以保持想象的连贯性。也就是说，幻想的故事必须是一种可以想象的现实，必须和小说中的其他要素保持有机的联系。《白斑马》做到了这一点，变现实为幻想而不失其真，将现实性与神秘性杂糅起来。王十月用想象力所勾勒出来的并不是凭空杜撰出来的东西，而是现实生活的一种投影，一种重新组合的图景。白斑马可以看作是几个有着心理疾病的人的内心幻象，是他们虚构的幻觉。首先看到白斑马的马贵显然是病理学上的一个病例。小说快结尾时透露："然而在走访中，你又得知，那些菜农里，除了马贵，谁也没有看见过所谓的白斑马，因此那时大家都认为马贵得了疯病，每天晚上，马贵都会背着他的猎枪在菜地里埋伏，他的行为被菜农们传为笑谈。"故事叙事者相当明确地指出，人们觉得他很古怪，人们认为马贵得了疯病。作为小说家，必须考虑使他"发病"的特殊原因。小说第三节开头明确地点明了马贵是一个穷人，"马贵是近几年才从H省来木头镇种菜的，他的一双儿女，皆在这菜园长大，如今早过就读年龄，却未曾上学"。在这篇小说里，背景和人物描写的真实性表现了情节的真实性。我在政府文化部门里做过多年的"文化打工仔"，身份焦虑比工厂里的打工仔更为强烈。我能理解小说中的"你"和桑成，以及理解王十月在小说中的直接议论："你和桑成，只是政府文化单位的临时工、打工仔。你们没有根。你们的生活经不起意外的打击。你们的人生是建立在一个脆弱的地基上的，你们是被社会福利遗忘的人。也正因此，你们对未来总是心怀忧虑。""他们生命中的痛苦，和你的一样。你知道桑成的痛，知道英子的痛，甚至也能理解画家李固的痛苦，可是你却无法透过纷繁的生活，看到这些痛苦的根源。你感受到了他们生命中的那种挥之不去的焦灼，那种焦灼和你的痛苦是那么相似，可是你无法厘清自己内心的焦灼与痛苦的根源。"桑成为什么会做出那样可怕的行为？王十月对每一个人物的结局都慎重考虑，适当铺垫的，都是有根源的。这种有现实依据的但同时又神秘化的细节构成了小说的主体。

作品的叙事多为现实性的，充满逼真的细节描写，情节多在合乎逻辑的框架中展开。洗脚妹英子，则属于那种把现实和幻觉混为一谈的人。而桑成也是如此，他打电话告诉"你"，他在樟木头镇找到林丽了，他把英子混同林丽——现实的领域和幻象的领域对他来说是混为一谈的。使他把幻觉与现实混为一谈的原因是什么？小说把他们的行为与行为背后的社会生活联系了起来。小说是几个心理变态病例的精神史。小说为什么使用第二人称？小说讲述的就是"你们"的故事。"你们"永远是城市的局外人，"我"的意识一直在自我弱化，向着死亡的深渊堕落。小说将意义的落脚点从探知死亡界限之外的秘密，转移到了感知意识内部的差异。小说中的"你"感知到了桑成、英子、李固、马贵的身份焦虑、精神病变、生命困境，感知到了他们的死亡，而感知死亡就是感知一种失去、一种与"别人的城市"的隔离。

三、散文：新型城镇里的命运简图

丹纳的《艺术哲学》早就申明，决定一种文化艺术的精神性气候有三个要素：种族、环境和时代。丹纳指出："精神文明的产物和动植物界的产物一样，只能用各自的环境来解释。"一个人生活在一个特定地域，必然会为特定的地域文化所熏染和改造，某种意义上说，地域文化是地域人群的集体无意识。地域不仅是创作主体生生不息的精神栖息之地，也构成了他们文学创作的特定话语内涵。文学写作当中的地域性是一种必然的存在，地域在个人的写作当中，是不可或缺的。作家在写作中总是通过一种地域意识来界定自己，寻找属于他们个人的一片领地。新型城镇化的珠三角地区，在安石榴、王十月、郑小琼、塞壬等一些充满创造力和启示性的散文作品中运动着的是一种精神能力，它可以绘出一幅关涉自身的精神地理，一种自我活力的崭新疆域。在他们的散文中，"文学与地理"的关系得到了无限度的延伸，而渗透于其间的现实时代气息，或许比任何一种写作都更显浓烈和复杂。他们不约而同地对珠三角地区的某个"地理"进行深度考察，并围绕某个"地理"反复挖掘，像一张网一样打捞起那发生在生态地理上的过去与现在，从而真正使一块平常甚至残酷而丑陋的"地理"隆起为一块在文化学上再也无法抹去的"文化地理"。

塞壬在其散文集《下落不明的生活》里，极力赞赏安石榴的散文集《我的深圳地理》"本质、深刻，直逼灵魂深处——让人无法回避的现场感，散发出真相的气息"。2001年第10期的《人民文学》首次推出"新散文"栏目，发表了安石榴的《深圳地理》，包括《走在深南大道上》《我在暧昧的梅林》两个独立篇章，曾为安石榴在散文写作上带来了好评。2005年，安石榴出版了《我的深圳地理》。1993年，年仅21岁的安石榴只身来到深圳，先后经历了从一个流水线工人到主管，从一个杂志发行员到主编，再到一个独立策划人、撰稿人的历程，其间不停地搬迁和寻找、出走和返回，几乎所有的青春韶华都消磨在深圳这个年轻的城市，他的生命历程本身就是外来"闯荡"深圳的众多人当中的一个代表性缩影。他在深圳居住了七年，用大气磅礴的叙述和深入骨髓的怀念，展开了对深圳区域和街道的一一追忆和展现，为我们勾勒出了深圳的轮廓和幽深。安石榴后来离开深圳了，但他所创造或者叙述的深圳依旧存在。在《我的深圳地理》一书的背后，安石榴充当着被动和有节制的记录者，在美好与失落、相聚与离别、遐想与迷茫的回忆中，再现了蒙太奇式的片段和场景。在他的散文中，"深圳"是一个描写性的词汇，也是一个抒情词汇。安石榴在《我的深圳地理》前言中写道：

> 我到达深圳的时间是1993年，像当时的深圳一样年轻、混沌而热烈。据字典解释，深圳的"圳"，意为田野边有水的深沟。从字面看来，就喻示了这里可能是一个不可测量的沉陷之地，至少深圳使为数不少的奔赴的梦想遭受了破灭！无须讳言，深圳本身拼贴着过多物质化的期望，太容易使人沉迷于追逐的幻象，陷入现实和精神的两难。我对物质与理想造成的障碍有着相当深刻的感受，直至现在，我依然无法摆脱这种困境的缠绕！

> 深圳消磨了我人生最美好的年龄和激情，导致我今天已无从寻找一座可以共同呼吸成长的城市。事实的确如此，尽管我在深圳连续居留了七年以上，最终还是改变不了作为一名过客的宿命。更要命的是，在我充满沉浸的喋喋不休中，居然没有为自己多年的庸碌无为表达出应有的焦虑和悲哀！

> 深圳作为我生命地理中的一个地点，占据了极其重要的青春位置。在这一人生区域里面，闪动着地点和生活的碰撞，青春和梦想的进驻，经历和人生的片断，朋友和交往的记录……这是我利用七年的时光在这座城市写下的

生命履痕，也是我青春阶段观念和思想诞生的磁场，这一片荒漠和绿洲并存的地带，培养了我对自身更深入的认识和对生活更真切的遐想。

在《我的深圳地理》中，安石榴"就像是在深圳地图上漫游一样，以深南大道为纬，出发、到达并确认着一个个地点"：石岩、龙华、梅林、八卦岭、下沙、巴登街、金坑山庄，等等。这些令每个深圳人熟悉的地名，有的是原来的一个镇，有的是一个"城中村"，有的则是一条不过千米长的街道。然而这些镇、村和街道在安石榴的文字里却充满了变幻莫测的情感表达：暧昧的梅林、激情的石岩、隐逸的金坑山庄，等等。"深南大道宛如一道泾渭分明的瞭望线，它使我对城市层层叠入的纵深处由模糊陌生而渐趋明朗熟悉。"正如安石榴自己所说的那样："我所说的地点必定具有怀念或奔赴的意义，它不是简单的地名的替代，也不是毫无旁证的空泛的美誉。于我而言，就等于一个生命的驿站，人生旅途中一处绝美的景致，一场难忘的聚会或一段揪心的记忆……而事实上它确实是一个供人识别并含有取悦大众之意的地名，之所以成为地点，是因为它融入了我的想望、遭遇及理解，令我每每触及都暗觉亲切。八卦岭是我在深圳所撞入或撞入到我内心的地点之一，尽管我屡次都与之擦肩而过，但每一回都令我情愫暗生，那种潜移默化的深刻强烈上来，渐渐令我欲罢不能，像甜蜜的伤口一样常常不经意地碰起。"（安石榴《八卦岭》）安石榴散文中的深圳地名，已经不再是那实实在在的地名了，而是"虚"化了的地名，是一种象征，一种暗示。文学中的地域和真实的地域存有巨大的差距，在文学之中，地域是一种特征或者符号，是一种气质或者气息。在很多场合，文学中的地域性只是一个依托，绝对不是为地域而地域，也不是因地域而文学……所有这些，都是显而易见的，由此，我们来看安石榴的散文作品，是带有强烈地域性的，从一点而至全面，由物及物，由人及人，是一种贯通了人性和生存、精神和灵魂的艺术创作。

安石榴的散文揭示了安石榴与深圳地理之间充满感染力和激情的关系。一个人和自己生活的地方是一种伦理和道德的关系。这不仅意味着他必须接受这个地方的秩序、传统和伦理约束，也意味着他对地方性的事物拥有许多个人传记色彩的记忆，一个人对生活之地的经验首先是一种与个人传记经验密不可分的、充满利害关系的道德生活体验。某些空间秩序及其事物见证了他的个人记忆，包括他亲历的事件，他的快乐和痛苦。随着岁月流逝或移居他处，伦理关系和道德体验也会变成审美经验。七年的光阴改变不了一名过客的宿命，安石榴在散文中没有抱怨他待过的城市，而是对"不被预知和随遇而安的生活充满感恩"。地域给予作家的教诲是复杂的，地域是自由和限制，是想象力的产物也是近乎命运的事物，《八卦岭》就是这样一幅图景的复杂性显现：

　　我与八卦岭的结缘开始于1994年夏天，那时我刚好失业，在有限的几个朋友间辗转借住。当时在八卦岭上班的是我儿时的一个伙伴，他们公司的宿舍在泥岗村。宿舍不允许外人来住，朋友想方设法为我弄来了一个他们公司的厂牌，戴上厂牌，就可以堂而皇之地出入了。但上班时间门卫都会到宿舍巡视，如果待在里面就有露馅的危险，因此我每天都是早上跟他们一起出去，晚上等他们下班后才回来。我常常由八卦岭的这边跨过北环大道的天桥，再由泥岗村口的牌坊下进去，泥岗村宿舍的后山上有一条腰带一样的水泥路直通银湖，在这条水泥道上，看得见整个八卦岭工业区，也可以远眺深圳市区鳞次栉比的楼群。为了等他们下班，我常常一个人徘徊在这条道上，目光孤独而空荡地移过城市的上空。那时的八卦岭在我心目中，无异于一只诺亚方舟，我不断地在一栋一栋厂房的门前转悠，渴望着其中的一扇门能像磁场一样将我吸进去。

　　我无意在这里过多地忆及我与八卦岭的某些往事，我只是想说，作为一个地点，八卦岭在我的内心已是挥之不去。每个人的一生都会有一些重要的地点的，这些地点予人的意义，肯定具有转折性或跨越性，至少有过灵魂的触动，有过生命中难以承受的轻与重，有过成功、喜悦、友谊、幸福；有过失意、彷徨、迷失、悲伤！一个人的故事与一个地点联系在一起，这个地点就必定会沾染上这个人的气息，这个人就必定难以摆脱这个地点所投射的光与影。有时候，一个地点是一个人头上戴之不释的皇冠；有时候，是小说中套在舞女脚上的红舞鞋；有时候，是童话里的皇帝的新衣……不管情景如何改变，地点与人物都像是一本书（或者更像一场电影）与主人公。或许某些人会令自己从某个地点中脱身而出，会把自己不愿提起的经历像擦黑板一样篡改、重写或彻底抹去，但他逃脱不了这个地点对他造成的桎梏。我想说，一个地点对一个人的荣光，或者一个地点对一个人的唾弃，都是不可逃避的，也都不值得津津乐道，人生没有彻底的相附或相忘！

这些纠缠在生活空间里的自语似的心灵独白,是一个人在他所生活的地域和时空中的真诚询问,是对俗世的质疑和抵抗,是对灵魂的艰难皈依。安石榴的散文好像是建立在日常生活中的内心影像,翻动、结实、练达和不懈进入的语词正在或者已经构成了属于他自己丰富的文字世界。他对深圳地理的深度透视,是出类拔萃的。作为更多沾染个人色彩的地理、地点、活动描述的文字集合,《我的深圳地理》虽然更多的是作者对他所生活过的地点和往事的感念与分解,但无处不跳跃着青春和生命的激荡,折射着现实与理想的碰撞与差距,那些众所周知的地点由此成为一种个性化的风景。《我的深圳地理》既是作者本人的"深圳地理",同样也是众多前来深圳寻梦与频繁往返者的"深圳地理",对照书中的《在一座城市之中搬迁自己》《走在深南大道上》《从二线关入城》《暗香浮动华强北》等篇章,几乎都是外来进驻者们对深圳这座城市所发生或所体验的过程,读着这些文字,或许不经意间就能看到自己的身影,看到触动的情绪、看到背景的重现、看到酸楚与欢笑……在这里,对"地理"的解读无疑多了另外一重含义——地点、生命的回望与梳理。而深圳作为一座城市,它的每一段街巷,每一片商区,都构成了他的肤色、血肉和怪癖!我从没见过一个人跟一座城市有着这样深刻的纠缠和联结。在安石榴的记录下,小说展现的是一座城市的光线、色彩和声音,更是一座城市的灵魂!然而,这不过是安石榴一个人的地理志,不过是他命运生长或转折的现场。这是属于他一个人的深圳,又是像他这样一群人乃至更广大群落的深圳。

《我的深圳地理》不仅是献给特区行走者的一曲青春挽歌,也是每一个打工者的精神圣经。在深圳这座传奇般崛起的梦幻之城,数目庞大而面目模糊的打工人群,现在总算有了一部自己的精神代言。正是在这一意义上,安石榴宣称:"我在深圳的所有朋友,都参与了这本书的写作,同时,他们又是这本书中不可缺少的人物。而我则是一个双重身份的记录者:一个'我'一直置身其中,另一个'我'隐在一旁见证和书写。……'我'是'他们'中的一个,也是'我们'中的一个,我们仅仅是在深圳屋檐下相遇的一群,我不知道'我们'会相聚多久,也无从得知'他们'的去向。"同样是在这个意义上,在安石榴以及他的朋友在游走、彷徨或驻足的过程中,那些灯火通明的街道,那些小巷幽晦的"城中村",那些潮湿黑暗的出租屋,对于他们来说,才具有了生命般的刻骨体验。他记录着在深圳行走的黯然神伤和悲怆细节,他穿行的仿佛不是深圳,而是深圳的阴影,而他就像阴影中的暗淡火光在明灭。

"边缘"，作为一个词语以及精神向度或命运意象，在安石榴的散文或记忆中有着异乎寻常的意义。不论是作为安石榴的居住地——"边缘客栈"，还是与之相关的诗歌事件，它都带有强烈的自我指认。"边缘客栈"试图建立的是"诗意的栖居"——"边缘唯一栈，去留两相难。此身终是客，浪迹不知还。"——这是安石榴作的一首古体诗，足以说明问题。从《我的深圳地理》这部书所描绘出的剖面图按图索骥，不仅可以一目了然地看到安石榴这些年来在深圳的踪迹，更重要的是可以由此扫描到一群人在这座城市由介入到存留的状态，还可窥斑见豹地探寻到深圳二十余年来的变迁和发展。散文的叙述虽然是以作者自身的经历、遭遇为展开线索，但作者巧妙地将个人的生命体验与思想变化，通过观察透视的角度融入一个同类别的人群当中，使之成为一个人群在一个特定场景中的声音与缩影。有多少人就像《我的深圳地理》中述说的那样：满怀梦想、屡屡碰壁而又际遇重重，在现实与精神的交接间犹疑难决！而书中大量穿插的对公众地点、事件、背景的感受和记忆，则犹如把读者带入到现实的一次徜徉，不仅能轻易唤起亲历者的追忆怀想，同时能够撩拨起旁观者的探究热情。由于深圳本身的特殊性，这座城市与生俱来的色彩，使这张剖面图之下注定光怪陆离，安石榴率先用他的青春调色，让一群人的斑驳流动的青春阅历在一个特定的地点有了凝固的底色。当然，在安石榴的文字里，不仅仅是一个普通"漂一代"的搬迁琐事和地名的罗列，他更注重的是将每一个地点与当今活跃的深圳民间诗人组织（如外遇诗社）、深圳打工文学发展线索（如深圳最早的由外来打工者自行编辑、出版的文学报刊《加班报》）联系在一起，让每个地点因为这些人物和事件有了更生动、更深刻的含义。

说起深圳的打工文学，安石榴成了一个绕不开的符号或标记，尽管这并非他的本意。安石榴的散文不仅揭示出一个地方的历史性和社会性，深刻地挖掘出一个地方的自然历史所蕴含的美学意味以及道德内涵，还展现了自我逐步地把外部空间改写为自我疆域的构成过程。对他所生活区域的深入理解和对区域感受的挖掘，构成了安石榴散文中充满情感认知的"文学地理学"：

除去居住地的搬迁，我还到过深圳不少隐秘的去处，被种种来路不明的情愫所触动。我甚至两度探访一个处于半山与世隔绝的村庄，村庄叫"半天云"，隐蔽在南澳海边的悬崖深处，终日云雾缭绕，硕大的老藤和参天的古树神秘诡异；我曾从蛇口大新码头开始，沿深港之间的边防范围管理线一路东行至盐田港避风塘，其时这道线路仍属军事禁区；我曾在一个个静寂无人的深夜，独自在泛着各种松懈气息的街道上漫无目的地徒步……是的，我是深圳这座城市每一个明亮和阴暗之处的游走者，一个身体和灵魂都在不停搬迁和奔突的人！我明白，不管我获得怎样的安顿和快乐，搬迁的念头总有一天又会在我心底泛起，我依然愿意做一个一边行走一边塑造自己，并且永远都不会终止思考的人。

（安石榴《在一座城市之中搬迁自己》）

深圳绝对是一个暧昧的城市，这个地方有太多的东西令人揣测和迷糊不清。在现实泡沫般巨大而炫目的背景之下，经济、环境、观念、工作、生活、性这些易于迷惑及纠缠不清的事物若隐若现，把城市和人神秘地抛出与匿藏。我觉得，要形容一个在现代的背景中快速生长的地点，用"暧昧"这个词是再合适不过了，因为我们无法预知，而这个词却带着广泛而宽阔的预示性，随时意味着一个全新领域将在期待中呈现。

（安石榴《我在暧昧的梅林》）

每一个沉陷深圳的人，对房子大抵都会有深刻的感受，这种感受的源头恰恰不是那些琳琅满目中尚且争相崛起的楼盘社区，而是与心情、境遇同样错落无着的城中村。作为最后的消失的村落，深圳的城中村安置和破碎了多少人踌躇满志的奔赴及怀想，无从说起！唯一能够揣测的是，当许多人终于在梦想的一隅拥有一扇属于自己的窗口，又在某个难得的闲暇时分感受瞬间的明媚时，眼底必定会悄然掠过城中村搅拌着凌乱、焦虑和热烈的阴影，内心不由隐隐怀念那一份蘸满向往的时光，追寻幸福在不可企及时所呈现的魅力和意义！

深圳最知名又最隐晦的城中村，除市中心的巴登街之外，无疑就轮到位于华侨城的白石洲和处在深圳湾畔的上沙和下沙了。上沙、下沙、沙嘴、沙尾几个紧邻的村落统称沙头，外围绵延着美丽的红树林，内围则有滨河路上下相隔，滨海大道未接通滨河路之前，这一地带确实称得上是深圳市区的一个神奇的边角，如同被无形割离的一块半岛绿洲。即使后来声息如何相通，也始终掩饰不了那种偏安一隅、繁华内敛的游离与迷离气氛。

（安石榴《从上沙向下沙漫步》）

　　地域在散文写作中的场景给出，给散文从里到外树起了一根根性血脉，即语言的张力与收缩皆在地域中互绕互结。这样的写作是与当下、大地接通式的写作。一个旅行者可以短暂地进入一个陌生的空间，他能够欣赏那些异己的事物与历史，但他在内心仍然携带着他自我的同一性，携带着他自身自传式的历史与文化属性。然而长期的移居生活会使他同时属于两种历史、两种地域空间及其文化。移民或者移居他乡提供了生活在两种忠诚里的可能，提供了属于两种历史的机会。这可能是一种既愉快又不那么愉快的处境。因为对每一个社群、每一个历史，他都具有异己的因素。对于已往的历史文化，离乡的人是一个背叛，虽然记忆给了他更多表示热爱与忏悔的热情；对于已经置身其中的历史文化，移民似乎是一个不合法的继承者。这样的生活是现在世界上越来越多的人的生活方式。它既是被寻求的，又是被迫承受的。安石榴在《第二时刻》有过这样的阐述："对于诗歌写作而言，地域的指认素来是诗人疲于认可的一个问题，尤其是对于我们这些从不同的地域来到深圳的诗歌写作者。我们并不否认地域对写作的影响，例如我们都写过大量带着家乡烙印的诗行，到深圳或长或短的时间之后，又不约而同地写过含有这个地方踪迹的篇章。但因为背景的淡失和重塑，又使我们身上的地域特质变得重叠和模糊，已经不可能用某一地域来指认。"在安石榴的作品中，我们可以感知一个人的根在哪里，一篇散文的灵魂就在哪里。从这些拾带深圳地理名词的散文里回想，我们可以读到那些血液里的永恒磁场。

　　深圳一早是以经济特区的定位出现在中国城市版图上的，首先在地域的划分和管理上就充分体现了"特区"的"特"点，有一线和二线之分，一线相隔邻市，一般就指惠州和东莞，而相隔香港的另一边则又另外称之为粤港边防范围管理线；二线相隔市区内外，东进葵涌，西出宝安，北面大体以梧桐山、羊台山山脉为屏，围绕着横岗、布吉、龙华、石岩各镇，二线又叫特区管理线，须通过各个要道上特设的检查站方可进入，俗称进关。深圳市区实际上就是一个傍山而成的海湾布局，假如没有这些高楼大厦蘸满传奇的崛起和黄金一样递射的光芒，说它是一个小渔村实在恰如其分！

（安石榴《从石岩开始"加班"》）

到深圳的人，无论经历怎么样的逗留，大抵都免不了对"二线"生出切身的感受，而"一线"却往往止于道听途说。对更多的人而言，一线近在咫尺，却相隔天涯。这一条蘸着百年沧桑的历史之"线"，如同一道亘跨在海市蜃楼之外的彩虹，让人通常在可望而不可即之中又感同身受！

"一线"比"二线"蕴含着更深的内涵，并且延伸的历史更为久远和神秘。一般说来，有"一线"方有"二线"，如果说二线代表了中国改革开放探索阶段一个特殊的界定，那么一线则代表了国家一段饱含屈辱的历史缘由，也代表了一项变障碍为共通的决策进程。从 1997 年香港回归开始，一线在建设轰鸣中的拓变在某方面又衬托了国家的繁荣与富强。

"一线"原指深圳东起南澳葵涌、西至宝安固成的长达 260 公里的陆路边境线。1988 年以后，确定为东起盐田避风塘、西至南头大新码头绵延近 70 公里的边防线。"一线"的名称，也由最初的中英之间的边境线改称为粤港之间的边防范围管理线，今天则统称为"粤港管理线"，实际上就是深港两个行政区之间的分界线，而最明显的分隔就是深圳河和梧桐山。一河之隔、一桥相接、一峰相连、一湾相望、一街相通……深圳河、红树林、罗湖桥、中英街……成为这条管理线上鲜明夺目的风景，随着深圳的传奇崛起，一直牵引着人们无休止的揣测和遐想！

（安石榴《粤港管理线上的余烟》）

空间是政治性的。"一线"和"二线"是某种地域的"边境"，也是某种区分的标记，它的存在至少证明某种族群区分的存在。关内关外的区分和特性的认知，是个人身份的保护和屏障，但也可能是自我监禁的另外一种形式，是痛苦和悲剧的起源。生存的悲哀与痛苦具有多变的面孔。人起源于一种疏远的环境，他创造地方来为他提供根基，所以一个景观就是一部此种创造的传记。有些景观是个别的，是他们的创造者的传记；但是也有一些景观是普遍的，反映着共同形势中人类群体的经验。"一线""二线"是深圳和中国地理历史上最重要的区分标志之一，它们是庇护、也是隔离的标志。"一线""二线"还提醒着如同它的物质形式一样稳固的群体认同。

> 毫无疑问，深圳是一个充溢着时代最新气息的城市，但深圳又更像一个古代的城池，在梦想策马而入之处，设下一道道拦截的关卡。这些关卡叫作特区检查站，俗称二线关，在我看来，深圳的二线关就如同于古代的城门，几乎每一个入城的人，都必须接受国家机器的盘查。记得初来深圳时，我还是一个诗情洋溢的少年，满腹迷惘的才华，活像一个赴京赶考的古代士子，却不料被一道特区检查站挡在关外，不得不来回辗转、涂改前程！印象中最初办理通行证并不容易，人生地不熟的人，要办理唯有返回相隔遥远的家乡，到户口所在地层层报批。这对于那些空有踌躇之志的盲目投奔者实在是迎头一击！
>
> （安石榴《从二线关入城》）

"二线关"，涉及人在空间上的自我定义，涉及人与环境的关系，也涉及在特定的经验环境中人与人、群体与其他群体的关系。这些地理景观具有结构上的持久性，它能够给居住在它的庇护之内的人们提供一种植根于某个地方的存在感，这些人文地理景观给一个地方的人们提供着关于过去历史记忆的符号和叙述，这样的陈述促进了个人对地方的认同感和某个群体的集体意向。人类的经验和人对世界的感知无疑会受到这种认同感的影响，地方在群体行为和个人行为中具有重要的作用。"有时候，能不能办到边防证或能办多久的使用期限，甚至成为衡量一个人在深圳混得好不好的标准之一！"这是社会地理学的主题之一：这里的我们和那里的他们常常是以地域来划界的。人们采用"空间速记"的方法来总结其他群体的特征，根据他们所居住的地方对"他们"进行定义，又根据"他们"，对其所居住的地方进行定义。"生活在别处"，曾经是这些人离家出走的理由，而深圳这座年轻得没有皱纹的城市，无疑成了他们的首选之地。"无论在什么地方，我都要像主人一样活着。"安石榴毫无底气的宣告，再次证明他们在与环境的对撞共生中，总是能深刻地感受到现实的强力，好像总是"躲得过阳光，躲不过阴影"。为了曾经的阴影能够照亮后来者，安石榴不得不祭起主体间性这把利器，以便使自己的记录更接近存在的真相。

与安石榴的《从二线关入城》一样，王十月的《关卡》也是一篇十分重要的散文。

对于王十月而言，南头关曾经"是一道无法逾越的障碍，它横亘在城乡之间，把我的世界一分为二"。20 世纪 80 年代末期，因为办不到一张边防证，使他的"深圳之行推迟了数年"。作家与南头关相遇，是 1995 年，他的散文记述了当时的情景：

> 戒备森严的关口，长长的通关人流和车流，闪着凉气的铁丝网，铁丝网外那护城河一样的鸿沟……武警手执大喇叭，驱逐着流连在关口试图蒙混过关的人群。治安员神出鬼没盘查暂住证、清理"三无人员"以缓解关口的压力。我依然没有边境证，除了一张身份证之外，没有什么能证明我是谁，更别说清白。一张从武汉至广州的火车票，成了紧要关头证明我来深不久、还无需办理暂住证的救命稻草。
>
> 第一次与南头关的相遇，让我对关内的世界产生了更加浓烈的渴望。而关内的世界，暂时只能存在于想象中，那些想象有关成功，有关金钱，有关自由与尊严。要想获得这一切，首先就是过关。
>
> …………
>
> 我第一次进入南头关，走的也是"非正常途径"。其时我已在关外松岗的一家织造厂当杂工。每天早晨七点开工，工作到凌晨一点，有时更晚。月薪一百八。生活每餐都是空心菜。就是这样的工作，也不敢轻易放弃。而关内的生活，像梦想世界一样在打工者中流传：
>
> 关内管得很正规，严格执行着最低工资标准，加班有时间限定……
>
> 对于当时我这样的打工者来说，关内无异于天堂。我的许多工友，都和我一样梦想着进关。有工友托关系办好了边境证，离开工厂时都会接受工友们衷心的祝福和美慕。

对于南头关，作家之所以有话可说，有道理可讲，就是因为有一些人在那里留下了指纹。而这些留下指纹的人，往往是陌生的闯入者。他们与世界的突然相遇，仿佛是命运的短兵相接，不得不接，又不能不接。对其他群体的定义总是与空间关系和地区依附的思想相连。作家提供了与此有差别的看法，地方对人具有建构作用，但自我既不是封闭的主体，也不是地域的从属体，自我意识到的经验过程参与了这种建构。人的地方性意识和属性的形成提供了一种庇护性的身份，但对作家所描述的自我来说，这种身份，如同其地方意义和特性一样，是生成性的而非本质主义的。

群体特性与地理特性相结合，以及二者之间的相互定义，就像存在着地域之间的中心与边缘的区分行为一样，揭示了群体之间的不平等关系。在把地域特征与群体特性相互界定的行为中，存在着作为自我命名者还是被命名者、作为主体建构行为还是客体建构行为这种重要的差异。在地域特性与群体特性的建构过程中，人们一贯的做法是把自己所恐惧的事物都投向他者。因此，对某一群体的归属条件之一，就是把恐惧和厌恶投射给他人。人们总是疑虑自我的防御体系不够坚固、隔离他者的手段不够可靠。在这样的过程中，微弱的个人声音是没有作用的，而失去异口同声的争辩力量的哭泣声更没有力量。但对散文家来说，个人的痛苦仍然具有这样的力量，它能够融化"边界"。在个人痛苦的历史中，作家吸取了"二线关"的另一种象征意义。

现在，进关的手续简单多了，凭身份证就可过关。拆除关口的呼声也越来越高。南头关已完成了它的历史使命。许多打工者悲伤的故事已成了如烟往事，是那么的无足轻重。除了当事人，没有谁会记起在这关口曾经发生过一些什么。每次要去市内办事，经过南头关时，我都会想一些关于南头关的问题。我们为什么要进关？这个问题和鸡为什么要过马路一样难于回答。现在，我终于可以自由进关了，然而我却选择暂居关外，无事也不会进关。我对关内的生活不再抱有任何梦想，进关也不再是我的精神鸦片。这样说准确吗？无意之中，是否我又为自己设立了另一道关卡呢？我的身体跨过了这道关口，我的灵魂呢？我的灵魂依然徘徊在关外。就像我的身体进入了城市，而我的灵魂却无家可归，只有在城市和乡村之间游走、飘荡。

南头关的拆除是迟早的事。我倒有一个想法：南头关作为中国改革开放最有标志性的建筑，应该把它保留下来，将来在这里建一个"打工博物馆"，让它储存一代人的记忆，见证中国近三十年的历史。我把这个想法对一些打过工的朋友们说了，朋友们都很兴奋，很激动，也鼓励我为此而奔走。南头关对于我们这些打工者来说，承载了太多的屈辱与泪水、希望与失望。

（王十月《关卡》）

王十月反映的"南头关"不仅仅是一个建筑物，更是一个"打工作家"对这个时代所特有的境遇感知。王十月的散文是一种"存在主义"式的地理学，他力图利用存在主义方法来重建社会群体和个人空间传记，力图以人是景观的创造者而不是从属者、是它的探索者而不是征服者的地位，来改变历史景观。社会价值和意识形态总是借助地理范畴来发挥其对人潜在性的影响。作为人的经验世界的地理环境，被人类的创造与感知活动赋予了各种形态和象征含义，大地的表面成为人类的塑造物，折射着政治文化和个人的想象，体现着某种聚合性和区分标记，并且随着时代向前而相传。在这样一个世界上，王十月的散文介入这一历史过程，并与之形成批评性关系。在王十月的散文中，地理特性和自我特性似乎是一个相互发现的过程。"关"是深圳地理上的一种存在主义式的特性，"关"也是王十月的一个个人词汇，是一个充满秘密的隐喻。一个城市不仅仅是一块地方，而且是一种心理状态，一种独特生活方式的象征。比起"一线"，"二线"是打工时代最有地标意义的象征，隐藏了更多真实可触的东西。最近几年，关于"改革开放"的纪念与反思文章汗牛充栋，深圳还花了两年多时间实施了"中国改革开放30周年文学创作工程"。与此形成鲜明对比的是，一批真正书写深圳等"改革开放前沿地区"的"打工散文"却没有得到足够的重视和真正的解读。这些散文将视角从国家、民族的叙述主题上挪移至日常民间，从"大历史"转向"小历史"，即书写被正史排斥的人物、事件和重写正史已写的人物、事件，用复数小写的"小历史"改写单一大写的"大历史"，显示出历史杂芜丰厚的立面。

王十月除了写关卡，写得最多的是宝安31区。31区是深圳宝安的一个"城中村"，一个出租屋云集的地方。这里，楼房大多很拥挤，两幢楼之间也就两三米的距离，王十月在散文里称之为"亲嘴楼"。"所谓亲嘴楼，是形容两幢楼之间距离之近，两幢楼里的人可以亲嘴。"一般来说，打工者聚集的地方往往会自发地形成一个独立于主流社会中心的边缘地带。有不同出身、操不同语言、来自不同文化背景的人们聚居在街巷或村落里，以自己独特的方式在异乡艰难地生存着，经历着自己的喜怒哀乐。这些街巷或村落已经超越了物质性，而成为一种文化文本进入"打工作家"的创作视野。王十月笔下的31区即可归入这一范畴。31区在王十月笔下是个边缘存在，是个他者，是一个"移民空间"。即随着乡城迁移人员在城市的集聚，"农民工"聚居区这一独特的城市空间正在慢慢形成，并成为身份认同的一个空间符号。物理空间的迁移给移民带来了身份危机和身份焦虑感。这是租住在31区里的人的共同体验："在我对面的另一幢楼里，也不停地变换着租居者。有一段时间，里面住了一对小夫妻，他们看上去很亲密。从他们晾在窗台上的衣服可以看出，他们都是在厂里打工的。那些灰色的工衣，对于我来说是再熟悉不过了。我曾经就穿过这样的工衣，而且穿了很多年。灰色工衣是一种身份的象征，但这种身份是很多打工人梦想着抛弃的。很多的人，都在这样的梦想里，将自己的青春染成了工衣的颜色。"（王十月《声音》）通过王十月对 31 区的书写，我们看到了流浪情怀、生离死别和顽强斗志，也看到了克制和忍耐、屈辱和歧视。打工者是同"城中村"这样的场所联系在一起的，至于地王大厦之类的繁华地方，只不过是对其处境的逆向映照。我一直觉得，一个优秀的写作者必然是从地域出发的，熟悉的地域，带给人以生命和精神，文化气质和精神要求的地域，是文学当中不可或缺的重要支撑。尽管有些写作者在回避地域，但他们内心是虚软的，地域是无形的，是缓慢的渗透，更是有力的催发和塑造。王十月意识到了这一点，而把自己的写作方向撤回到具体而又虚指的现场，以个人的世俗经验和精神要求，寻觅和感悟 31 区，发现和书写了一方民众的世俗生活和精神境界。只有坚持在场写作，我们的潜能才会在"场"中被激活、被唤醒，我们的记忆才会在"场"中被恢复、被刷新。总体而言，王十月的散文既是打工者的精神地理，也是打工者的命运简图。

地域特征在"打工作家"塞壬的散文里也是无处不见。塞壬仿佛是摇着一个镜头容量巨大的摄像机，由远及近地向我们揭示着她的精神地理。

二〇〇一年的冬天，我昏睡在广州的石牌。不，整个石牌也昏睡着。在傍晚时分，我会下楼来吃饭，我的穿着是可笑的，我在罩式睡衣的外面加了件棉袄，下面穿了肥大的灯芯绒裤子，看上去三截，怪异极了。在这里，我一个熟人也没有，不必担心被认出。通常点一个鸡锅，一个人慢慢吃完。在长达两个小时的用餐时间里，我吃完一只鸡，一碟牛肉丸、平菇、海蜇皮和青菜。最后把汤喝净。这么多的东西进入我的身体，为的是紧跟而来的昏睡，让它得以持续和无休止。然后去碟店租碟，色情的、科幻的、战争的、言情的，十几版，我用塑料袋提回石牌村深处，我租来的单间里。穿过一条条巷子，看着一模一样的景物，一家接一家的士多店、美容美发厅、桂林米粉店、凉茶店、蛋糕房、干洗店、性用品店、手机维修店，它们都阴暗，散发着旧的、隔世的气味。黑夜来临的时候，这些巷子开始活过来，一条一条地苏醒，音乐响起，霓虹灯闪烁，涂着金粉的妓女们来回穿梭。石牌，昏睡在色情、颓废的旺盛之中。

（塞壬《南方的睡眠》）

　　我惯于遭遇那些隐秘的生活，陌生的气息袭来，隔离的场景，如同一个清醒的人置身在一场模糊而不可靠的梦境，这个梦境后来逐渐清晰，我很快就有了跟它相同的气味，我从来服从这生存的场。当陌生和隔离慢慢被洗掉之后，一个人就这样消失了。没有人认识我，我在哪里，我将要去哪儿，无声无息，像沉入漆黑的深水里，连同她的气味。2005年，我不停地游走在东莞的常平镇、寮步镇、厚街镇、虎门镇之间。……我卸掉了广州的手机卡，换上了东莞的新号码，我不打算把它告诉那些朋友，他们已无法进入我现在的生活，他们属于过去。一个人就这样失踪，我似乎有点迫不及待，竟这么迅速地切掉外界通向我的所有路径，我几乎是扑向了东莞的镇，我喜欢自己这样无蔽的敞开之状，飞翔或者飞奔，透明、轻快，看见自己，辨认自己，然后说出并领会。

（塞壬《在镇里飞》）

　　一个工业时代的强大在于强迫你不断地焦虑，不断地游走，而没有归宿，没有安栖灵魂的故乡。塞壬显然意识到了这一点，所以记叙现象只是她文章的一种表象，或者说一种形式，她的主要目的是借助现象的描写，来传达一种气息，一种人类共有的气息。换句话说，塞壬注重的不是这些事物本身，而是物质所散发出来的气息、光影、喻义、镜像和玄机。塞壬的目的显然达到了，她用自己盘根错节、葳蕤茂盛的文字，形成了一个个韵味独具的气场。"如果不对命运妥协，我就得一次次地离开，我的下落不明的生活将永远继续。这样的下落不明散发着一种落魄的气味。"（塞壬《下落不明的生活》）这些气场，就像一个个磁场，让读者恍惚之间就深陷进去了，再借助塞壬文字中的南方人事，迅速复苏自己往事的种种记忆，精神愉悦和精神怀恋从而产生，由此还会带来人类彼此的情感升华和精神通感，赠给我们一种经验，它仿佛预见了我们似乎正在追念的确实之物。

　　一直在工厂打工的郑小琼，更是一个打工现场的固守和张扬者，她绵密的语词里面，氤氲着属于她个人的怜悯、生动、独特的工业气息和生存符号，她的工厂、村庄、马路都是个性的，别人没有涉及和没有想到的，她专注的写作构成了个体的生命和灵魂风景。她的散文真实、苦难、疼痛、忧郁、热烈，使我们在别处看到了一个作家内心和周遭的事物风貌，乃至自身的灵魂风景，从一开始就具备了一种浓郁、深厚的地域个性和个体特色。散文写作者是日常生活的发现者。散文需要写作者从自己的内心出发，找到与自己场域共振的东西。哪怕这些场域平淡得厉害，譬如街道、陌生人、水龙头、阳光，因为有了个人视角的介入，这些平常的生活片段，便有了值得关注的新鲜和价值。如她以东莞黄麻岭村为题材的几百首"打工诗歌"所记叙的工厂生活，包括他们的情感及其人生选择，都是朴实的、真切的，是植根于南方土地上的生命书写。她的《从中兴路到邮局》一文也令人喜欢，它不是那种大开大合的历史人文，而是真切的生存感觉，乃至个人对于南方工业村落的具体事物和生活经验的平实而富有诗意的展露。在《从中兴路到邮局》里，出现了街道、小巷、邮局、银行、五金店、百货店、纯净水店、理发店、鞋店、化州快餐店、品评川菜馆、湘菜馆，卖甘蔗的、卖水果的、卖烤红薯的……郑小琼以一种日趋向下的视角，切入了她曾经陌生、现在熟悉的工业小镇的内部，我从她的作品中看到的是一种真实而芜杂的城镇生活镜像，甚至有如新闻摄影作品画面冲击般的震撼，但这是作家内心世界里的城镇，是经过过滤的城镇场景，所以，它的意义不在于重现，而在于重构。她"似乎窥探到某种秘密，然后把这些物像在我的内心与诗歌中留下它们的投影，让这些杂乱的事物在我的文字中找到秩序"。

"打工散文"里的"地域性"和"时代性"一样，是一个"打工作家"的宿命，他们其实想摆脱都摆脱不了。"地域性"不是一个外在的概念，而是一种内在的品质。就"打工作家"而言，地域性是他们血液的一种成分，它是那么自然地随着汉字形之于他们的纸上。任何一个作家的任何实录、描绘、想象甚至荒诞的虚构，其实都在他所处地域的格局之内。在世界文学范围里，有许多流亡作家都说过类似的一句话——随身携带的祖国，基本也是这个意思。作家与他所处的地域，并不仅仅是两个有联系的概念，在写作的那刻，他们体现了同一性：地域即人，人即地域。我们现在的所见更多的，只是一些特定地域元素在文字中的简单陈列，那种游记类民俗风情式的东西所展示的"地域性"，都是可笑的皮相之属。在某一块大地上生长的真正的作家，只要表达了他的内心，就表达了他的地域，两者之间并无隔阂。只有有限的写作才能通向无限，从一个特殊性的角度去探讨世界与人类的普遍性，这是我们应该做的；只有这样做，才能免于凌空蹈虚、身无根基。"最真切的、最令自我迷醉的文化气息是从自己身上散发出来的，每一个人、每一个地方都是一个磁场。"(安石榴《在一座城市之中搬迁自己》)通过对安石榴、王十月、塞壬、郑小琼的个案分析，我觉得，他们的"打工散文"具备了多种向度的写作。他们出发于地域，却不被限制，携带地域，而又能出脱地域，有着超群的想象力和感悟力。他们是细微的，也是宏阔的，是自由的，更是有内在气质和气韵的。他们已经抵达和接近了写作者的原始使命，即从"我"，发现更多的"我"，从一地开始，巡视并领悟更多的"一地"。更重要的是，他们的作品去掉了脂粉、矫揉和虚饰虚伪，是一种刚性的、优雅的、节制的写作姿态。他们为自己开辟了一个广大的区域，这是对经验、情感、思想、生活的整理和重述，是一个人围绕自身对族群、环境与时代进行的勘探和编纂。

（作者简介：柳冬妩，东莞市批评家协会主席）

深圳人文城市精神积淀：深圳十大观念

黄永健

一、深圳十大观念的产生背景及象征意义

文化碰撞引起观念变革和观念创新。观念的变革，通常会在传统束缚相对薄弱的地域产生。[①]深圳正是在中西方文化碰撞、传统理念与现代思维博弈、本土文化与外来文化角力、各地移民文化的对话交融过程中，产生了优质嫁接的文化理念，人们称之为文化观念。

2010年，深圳特区成立30周年之际，深圳的一名网友在深圳新闻网上发表了一篇《来深18年，那些令我热血沸腾的口号》的帖子，引起网友们热烈跟帖，此事引起深圳报业集团的重视，以此为契机向社会征集"深圳观念"，举行"深圳最有影响力十大观念"评选活动。该评选活动先后经历了网络征集200余条观念、评选出103条候选观念、"103进30"和"十大观念评选"4个阶段，最后由学术界、文化界、媒体代表、网民代表等组成评委会，结合市民投票权重和专家投票权重，最终评选出了10条"深圳最具影响力的观念"——"时间就是金钱，效率就是生命""空谈误国，实干兴邦""敢为天下先""改革创新是深圳的根，深圳的魂""让城市因热爱读书而受人尊重""鼓励创新，宽容失败""实现市民文化权利""送人玫瑰，手有余香""深圳，与世界没有距离""来了，就是深圳人"。[②]

虽然有的学者认为这十大观念，有的是外来文化，如"时间就是金钱"出自本杰明·富兰克林，"送人玫瑰，手有余香"原是印度、英国等地的古谚，但是它们依然不减其贴近深圳的文化风采和原创特色，甚至不减其贴近改革开放的中国之

---

① 王京生：《文化是流动的》，人民出版社，2013年版，第168页。
② 王京生：《文化是流动的》，人民出版社，2013年版，第188页。

文化风采和原创特色，"十大观念"是深圳的，也是中国的——是觉醒了的中国文化价值的新判断，是中国改革开放伟大新时代的精神凝练和灵魂升华。《人民日报》当年发表文章认为深圳十大观念具有非凡的象征意义，认为"观念影响中国。作为改革开放排头兵的深圳，30 年特区史上诞生的一批新理念新口号，不独属于深圳。它是时代精神的高度浓缩，改革历程的生动注脚；它勾连着走向开放的全体中国人民的共同记忆，也可以沉淀为继续迈向未来的独特财富，可以被看作是中国人民的集体回忆，是中国继续走向未来的独特财富"。①

深圳学者王京生指出：从"时间就是金钱，效率就是生命"的"拼经济阶段"，到"深圳，与世界没有距离"的"拼管理阶段"，再到"让城市因热爱读书而受人尊重"的"拼文化阶段"，深圳的发展实现了由主要注重人的经济权利向全面注重人的经济权利、社会权利、文化权利的演变。②必须加以补充的是，深圳十大观念除了反映出深圳从物质文化腾飞到精神文化的升华的历史过程之外，还从另一个侧面印证着深圳不断国际化的开放进程和迅速放大的文化包容能量——来了，就是深圳人，指明深圳不仅与国内各省份没有文化隔阂，并且与国际社会坦然并轨，深圳对于全球各种文化价值理念皆可兼容并包，深圳已经具备了中国文化所特有的跨文化跨文明对话创新能力，并且为跻身世界文化中心城市做好了文化心理上的准备。当代学者蒯大申在《世界文化中心城市何以可能》一文中指出，凡世界文化中心城市必具备多元与宽容的文化环境，而多元宽容的文化主体又必然是充满自信的，如汉唐时代的长安，今天的纽约、巴黎、伦敦、维也纳、法兰克福等。③

二、深圳十大观念的价值突破和价值承接

深圳十大观念既有价值突破，也有文化传承。其中所包含的主要关键词如"金钱""效率""实干""敢为""改革创新""读书""宽容""市民""文化权利""玫瑰""余香""深圳人"等，蕴含着一个有机的价值体系，这个价值体系既有对于传统中国价值体系和新中国成立之后公有制价值的突破，也有对于传统中国价值体系和

---

① 胡谋：《深圳最有影响力的十大观念评出》，《人民日报》，2010 年 11 月 8 日。

② 王京生：《树立"十大观念"推进改革发展——写在邓小平同志南方谈话发表 20 周年之际》，http://www.csmcity.com/news/info.

③ 蒯大申：《世界文化中心城市何以可能》，《社会观察》，2004 年第 1 期。

新中国成立之后公有制价值中有价值部分的传承光大，"金钱""效率""实干""敢为""改革创新""市民"和"文化权利"这几个关键词是经过反复辩论并经过深圳特区经济建设成果的实验证明后，被确立下来的价值指标，它们直接颠覆了传统农耕中国的诸如"君子喻以义，小人喻以利""日出而作，日落而息""无为而治""祖宗家法"等主流价值观念，我们基本上可以认为这些价值意识是从西方包括港澳进口深圳，并迅速影响内地，而其强大的生命力证明了西方文化中的现代资本主义精神依然具备普世性，我们不能用传统的"老花眼镜"和政治意识形态的"显微镜"看待西方文化，特别是其中有价值的精神理念。

"读书""宽容""玫瑰""余香""深圳人"这几个关键词，喻示了深圳对于传统文化的传承并发扬光大，"读书"与"诗书传家远"、"宽容"与"恕道""慈悲为怀"、"玫瑰""余香"与"推己及人""己达达人"、"深圳人"与"天下一家""四海之内皆兄弟"等都是一脉相承的。①可以看出，深圳文化并未像人们曾经引为担忧的那样全盘西化，中国文化巨大的对话融合能力，使得文化交融的前沿地带——改革开放的桥头堡深圳，在经历了经济迅速成长和价值观念的突破创新之后，迅速实现文化的"起承转合"，"起"——观念的历史性突破，"承转合"——经过化合创新，回归中华文化的哲学要义和天人智慧。

三、深圳十大观念的正能量作用

深圳十大观念的正能量作用表现于两个层面，其一，十大观念本身作为精神文化，每一个观念自诞生之日起，都曾经让人"热血沸腾"，并且口耳相传，迅速发酵产生了强大的社会功能。"时间就是金钱，效率就是生命"这个观念，在改革开放的"开山炮"中问世，写着这个观念的标语牌竖起、拆掉、又竖起、又拆掉，最后形成共识。它如惊雷般唤醒了深圳以至全国人民的市场经济意识，深圳直至今天正在进行的政治体制改革、管理制度改革、文化体制改革等无不与当初这个自蛇口工业区喊出的口号息息相关。"空谈误国，实干兴邦"与"实践是检验真理的唯一标准"的理论命题有着同一旨趣，倡导在实践中不断修正完善观念，确立

---

① "来了，就是深圳人"，深圳十大观念的最后一个观念，凸显出深圳的移民文化特质，同时也标示着深圳的文化聚合性和文化创新性，"深圳人"既不是传统意义上的中国人，也不是盲目西化的"新新人类"，深圳文化是聚合了外来文化、内地文化、港台文化及传统文化中的积极因素，而顺时创化出来的代表中华文化发展潜力和发展方向的中国文化。

新的价值标准，人民幸福，社会和谐，国家强大是硬指标，"空谈误国，实干兴邦"这句响亮的特区口号，振醒了当时国人麻痹颟顸的灵魂，从深圳特区一路北上，激励着全体中国人民向着社会主义市场经济的宏伟目标义无反顾地奋力向前。

在十大观念中，出现最多的词是"深圳"，共四次，再者，就是"创新"，出现两次，分别出现在"改革创新是深圳的根，深圳的魂"与"鼓励创新，宽容失败"这两大观念中，首先肯定"改革创新"的必要性——深圳的生命所在，其次，宽容创新，即使创新失败了，虽败犹荣。时至今日，创新已经成为深圳最重要的人文精神内涵，深圳十大观念提出 5 年之后的 2015 年，深圳提出建设"创新、智慧、力量、包容"的现代化国际化创新型城市，① 其中，创新位列第一，可以说深圳以至今天全国上下的创新意识和创新激情，都与这两个观念不无关联。而深圳的"市民文化大讲堂""读书月""创意十二月""中国深圳国际文化产业博览交易会"等无不得力于十大观念，正在建设中的深圳前海自贸区与"深圳，与世界没有距离""来了，就是深圳人"这两大观念应具有内在的精神关联性。

同时，深圳十大观念的体系内部，表现出由实至虚，由底层需要到高级需要（马斯洛）的递变关系。"金钱""效率""实干""敢为""改革创新""市民""文化权利"可以看作是深圳文化的经济基础，而"读书""宽容""玫瑰""余香""深圳人"这几个关键词，可以看作是深圳文化的上层建筑意识形态部分，经济发展了，生活富裕起来的深圳人，对于精神生活和人文关怀产生了新的诉求，这个诉求并未盲目追风西方的社会时尚——个人主义、物质主义、享乐主义，而是转向源远流长的中国人文关怀——书香、仁爱、慈悲、共渡。这些带有创新性的意识形态，生长于深圳的经济基础同时又有所转化，它们对深圳的未来发展，正在并继续发挥着不可估量的促进作用——促进深圳在融合各种文化资源的基础上，继续发力奔跑突进，而且这些带有创新性的意识形态，必然会对深圳不合理的物质文化和制度文化发展，发挥必要的矫正功能，如通过人文理性和人文关怀意识，防止物质文化过度膨胀对自然和人类的幸福产生潜在的负面作用等。

---

① 深圳特区报评论员：《理念创新为"文化深圳"注入新能量》，http://difang.gmw.cn/newspaper/2015-05/26/content_106864551.htm，2015 年 5 月 26 日。

四、深圳十大观念的延续性和可变性

文化是流动的，同时也必然是积淀的。30多年来，多种文化观点、文化立场、文化人物、文化载体和文化符号在深圳这片热土上碰撞、挤压、磨合、转化，在深圳特区初步建成现代化、创新型国际大都市的历史时刻，深圳文化精神（精神文化）通过它的载体——深圳人民的集思广益，自下而上地凝聚成为简洁明了的十大观念（十大口号）。

其实，大到民族国家、民族共同体，小到一个产品的品牌甚至个人的精神内涵，都可以用一个观念（口号）加以凸显张扬，如美国——自由的国度；红牛——渴了累了，喝红牛；鲁迅——横眉冷对千夫指，俯首甘为孺子牛；黄山——五岳归来不看山，黄山归来不看岳；桂林——桂林山水甲天下，等等。一个地区或一个城市在发展的过程中，形成了它独特的文化差异性，这时候它的文化性格和文化身份意识，自然会显露出来。2010年，深圳特区成立30周年，它巨大的经济能量和独树一帜的文化身份以及不同于世界上任何一座城市的文化性格，通过一名网友发帖，就能引起深圳人的倾情关注。深圳十大观念是深圳人（市民）自己推荐并评选出来的，政府指导监督深圳十大观念的评选过程，但是市民的意见占据主导地位，我们可以说深圳十大观念的产生过程，就是深圳精神的缩影。观察十大观念，我们会发现最起码"时间就是金钱，效率就是生命""敢为天下先""改革创新是深圳的根，深圳的魂""实现市民文化权利""送人玫瑰，手有余香""深圳，与世界没有距离""来了，就是深圳人"这几大观念就是深圳十大观念得以产生的前提，十大观念由政府主导评选，很快确定并公布全球，这是效率的证明，国内外城市为自己的灵魂进行观念写照，鲜有陈例，这是"敢为""创新"；政府放手让民间评选推荐十大观念，这是实现市民文化权利的充分表现，而深圳市民热心参与推荐相关观念和口号，这是传播正能量——送人玫瑰，其间还有很多"准深圳人"献言献策，[①] 这正说明深圳与内地及国际社会没有距离，深圳已经具有了有容乃大兼收并蓄的文化胸怀和文化气度。

"别的城市，大家是从别人手上继承过来的，有丰厚的遗产。深圳真的是一

---

① 深圳是移民城市，很多人来深圳打工、任职，由于种种原因，或又回到自己的故土，或去其他城市另谋发展，但是，不管是何种情形，甚至是只来过深圳几天的游客或过路人，我们都称他们是"准深圳人"，他们对深圳都有着终生难忘的印象，深圳十大观念评选同时吸引着这些人于网络上的建言献策。

群人奔到一起，胼手胝足，一点一滴地把它建起来，就像燕子堆枝筑窝那样。"①
深圳十大观念也是所有的深圳人和"准深圳人"像"燕子筑窝"一样，一点一滴建构
起来的。

正是因为深圳十大观念来自民间，来自千百万劳动者的亲身体验，而且被实
践证明是曾经推动中国迅速崛起的巨大精神力量，到了中国的改革开放进入新的
历史时期的关键时刻，它们就成了深圳人民和中国人民值得珍惜的精神财富。虽
然有人会觉得时代发展了，十大观念中的"时间就是金钱，效率就是生命""空谈
误国，实干兴邦"等，到了今天可能会显得太"物质"、太"功利"，或与今天提倡
的创意生产力格格不入，但是，从文化演化的内在逻辑来看，它们是深圳这个
"巨人"在成长道路上留下的不灭印记，对于后人必然具有强大的精神感召力，在
未来的特殊的历史发展阶段，这些观念口号，必然会产生持续的精神感化作用，
并对深圳若干年之后重新凝练新的价值观念，带来有益的启示。

当然，文化是累积的，通过长时间的积累而形成成熟的文明形态，文化也是
层积的，一层一层的文化圈叠加起来，构成了某一地域（地区）的文化"矿藏"形
态，任何一种文化或文明都不是一成不变的。深圳十大观念，作为深圳历史上阶
段性的观念文化积淀，一旦确立下来，就会维持一段时间的稳定性，但是，随着
深圳这座城市文明的不断演化和昂然奋进，将来的深圳观念，会在已有的十大观
念基础上，不断推陈出新，转化演进，并引领中国的观念创新进程。观察 103 条
备选观念，以及从 103 条备选观念中脱颖而出的 30 条深圳观念，其中的"世界万
变创新永不变""创意之城，时尚之都""绿色深圳，和谐深圳""公民社会，共同成
长""深圳是中国的，也是世界的""新的传统，活的文化""创意就是金钱，创新就
是生命""科技创新、成就梦想""带着中国的文化走出去"等目前更加契合深圳的
精神风貌，它们作为备选观念，有可能会成为未来的深圳发展观念。

（作者简介：黄永健，深圳大学文学院教授）

---

① 李斐然、陈倩儿：《深圳十大观念诞生记》，《中国青年报》，2012 年 8 月 1 日。

东莞水乡与诗意栖居

吴寒柳

东莞，在 20 世纪 80 年代，凭借着改革开放的春风，抢占了经济转型的先机，成为珠三角地区乃至全中国制造业发展的一个成功典范。东莞依赖其毗邻港澳的得天独厚的地理优势，大力发展以劳动密集型以及劳动和技术密集相结合的加工工业为主的外源型经济，造就了其自改革开放以来 GDP 年均增长率达 22％的发展奇迹，[①] 成了中国制造业名城、世界制造业中心之一，可谓是一个标准的高度工业化城市。

近年来，随着世界上新制造中心崛起、成本优势逐渐减弱等不利的因素涌现，东莞也开始寻求转型之路。这条道路不再仅仅依靠廉价的劳动力，而是探索一条向技术密集型产业转型的创新之路，这其中突出并成功的典范就是关于松山湖高新技术产业开发区的构想和建设；这条道路也不再仅仅只关注 GDP 的增长，而是探索一条在高度工业化的城市中诗意居住的宜居之路，这便是 2013 年《广东东莞水乡特色发展经济区发展总体规划（2013—2030 年）》（以下简称《规划》）的题中之意。《规划》表明东莞未来要"以水乡文化为底蕴，以生态文明为内涵，以统筹规划为抓手，最终将水乡地区建设成为国家水乡生态文明建设示范区、粤港澳优质生活圈特色区域、珠江口东岸产业优化发展先导区和穗莞战略合作重要平台"。对东莞"10 镇 1 港"的水乡文化、生态文明的建设既是东莞经济腾飞之应有的文化底蕴，更是实现东莞人民在辛勤生产实践之余安居乐业之切实所在。

一、现代工业化下的存在境遇

现代工业的发展是在技术时代这一背景下进一步工业化的结果，而技术时代

[①] 孟月皎：《基于路径依赖的制造业产业升级研究》，《理论月刊》，2008 年第 9 期，第 165 页。

的来临是人类社会高度发展的必然结果。事实上，在人类社会迅速发展的历史中内含着的是人类使用工具、发展工具的历史。

自从人将人的身体之外的事物当成实现其目的的一种工具开始，人与动物之间的区分便深刻地被凸显了出来：人是会使用工具的动物。工具作为一种具有属人性质的物的历史便由此展开。首先，人的直立行走，就是为了解放双手去进行实践劳动，用身体的某个部分作为劳动工具，这无疑开启了人类作为一个能产生文化的物种的文明历史；其次，人发现了在双手之外，即身体之外的物的工具性。人将身外之物改造成适合人使用的工具，如将石头、青铜、铁改造成作为劳动工具的石器、青铜器和铁器。在这些器具之中，既有属于自然界的物的特性，更凝聚着人的力量、人的特性，这也是人类社会中农耕文明阶段的开始；再次，人在一般的物之外发现了能驱使作为工具的物"自动"起来的能源，即工具不再需要人的身体、双手作为其驱动力，而由此开启了机器作为人类基本生产资料的历史。特别是当大机器生产作为主要的生产模式时，农村人口也开始大量向城镇流动，原本被限制在农田上进行耕种的农民进城成为流水线上的工人，人类文明也从近代农耕文明进入现代工业化文明；最后，信息化、控制化、自动化技术的出现，使得当代社会工业化的程度与大机器生产初期的工业化程度相比，已产生极大的飞跃，并有了质的不同。这其中起决定性因素的事件在于：一种不依赖于物的、完全属人的人工智能（Artificial Intelligence）技术的出现——计算机信息技术。计算机信息技术构成了整个技术时代的生产实践模式，这既带来了生产力的大幅度提升，也带来了整个人类生存境况的改变。大规模集成电路计算机的出现，使得原本只是运用在科学计算、事务管理和工业生产过程控制的计算机信息技术逐步走向家庭，这标志着人类社会全面走向了技术时代。

技术带来了人类生活各个方面的极大便利，这得益于技术的本性乃是"一种解蔽方式"①。所谓"解蔽"，即是一种对物的存在的揭示，是将"并未在场"的某物带向"在场"，是一种存在状态的引出或产出。技术将"物"带入人的世界之中，使物获得了在人类世界中的确切意义，这是对物这一原本无法被把握的遮蔽状态的去蔽。而对于人而言，物成了其在身体之外的一种延伸，对物的利用、改造的过程也成为其自身不可见力量以及存在的一种可视化过程。而伴随着这一可视化

---

① ［德］马丁·海德格尔著，孙周兴译：《技术的追问》，《演讲和论文集》，生活·读书·新知三联书店，2005年版，第12页。

过程的是人们对世界态度的改变。世界在人们的眼中不再是神秘的，而是可被把握的、可被操控的。这一态度是伴随着现代工业化而发展出的标准化、规范化、规模化、专业化要求的必然结果。这种"促逼"（Herausfordern，海德格尔语）的态度，使得现代技术对物和人存在的世界提出了不合理的要求：大地不再被认为是需要悉心照料和耕作的，而变为必须为了某种生产目的而服务的；大地上的自然物不再是与人同存在于世界中的伙伴，而成了某种工业生产的原料，而工业生产物则又是为了生产者的其他目的而服务。生产者，也就是人，看似成为世界之主宰，却陷入了一种比世界之主宰（实际上是将身处其中的世界变为改造之对象物）更加无助的境地，这一境地即是"座架"（Ge-stell，海德格尔语）。即人们被迫地聚集在了一起，并非是为了其他目的，而单单是为了去订造作为对象的物的那种持续的解蔽状态。在这一聚集中，人们不仅订造了物，而且还订造了自身。这一订造行为的背后是由近代自然科学发展而来的精密计算思维。自然科学，特别是其中的物理学，将自然作为其可被精确计算的对象，进而建造起一个稳定的信息系统。这一信息系统，不仅涵盖了"物"这种自然，更将人的自然也裹入其中。人的自然，即人之自然而然的本性，即人应按其本性去发展的那一种自由。当人的自然一旦也成为被精确计算的对象，被纳入与物同样的信息系统中，人的自由就彻底丧失了。人与人之间也不得不沦为计算与利用的关系，人也就同物一样，成为一种可供他人支配的资源。文化，特别是其中起决定性作用的语言，也不再能指引人的存在，而不得不沦为一种信息语言、技术语言。故而，在现代工业化的技术时代，人类不仅面临着外部环境的恶化，如空气和水的污染、被过度开采和利用的自然界、过分机械化的城市，还面临着存在境遇的恶化，那就是不自由的状态与无处可栖的命运。

改革开放近四十年，是东莞从广东珠三角东北部的一个农业小县转变为新世纪中国十大最具经济活力城市之一的四十年。城市的开放程度、富裕程度、知名度、鲜明度都位列全国地级市之首。其生产总值从 1978 年的 6.11 亿元到 2013 年的 5500 亿元，东莞的经济发展建基在"世界制造"这一"两头在外、以外贸出口为导向"的经济发展模式上。在"东莞一堵车，世界就缺货"这样对东莞制造业之重要性描述的深处，实际上还内含着对"东莞制造"这一在无资本积累、无技术支撑前提下发展起来的完全依赖外部来料加工的工业化模式的忧虑。这一忧虑不仅体现在经济方面，还体现在环境方面和人文方面。经济方面主要是指，在几次世界经济危机的影响下，东莞面临着的是愈演愈烈的对加工贸易转型升级的焦虑——劳动密集型加工业能否顺利向高端制造业和现代服务业转型？环境方面主要是指，多年 GDP 的高速发展，实际上是以农田变工厂、河流等不断被污染、自然环境逐渐走向恶化为代价的。人文方面主要是指，在经济焦虑和环境恶化的双重影响下，生活在这片土地上的人们已然没有"结庐在人境"却"心远地自偏"的悠然自得，而普遍地感到生存之焦灼。

人居环境和社会环境必然由经济模式决定，但经济模式的转型却又需要以人居环境和社会环境的和谐为依托。只有当人们能在这片土地上实现诗意栖居，"东莞制造"才有可能转变为"东莞智造"。

二、诗意居住作为存在之规定

现代工业化带来了人对自身存在境遇的焦虑，这种焦虑的背后是对自由之丧失和无处可去之状态的自省。这里的自由，并非是对想做什么就做什么或不想做什么就不做什么这种自由意志的描述，也非对把握了自然规律就可以自由运用之状态的描述，而是一种"去解放"和"让存在"。"去解放"，即是指从所有束缚了人的存在状态的东西中解放出来：一方面，是从外物中解放，即从物对人的存在的束缚中解放出来，即把物从人的对象物的状态中解放出来，使之回归到作为与人同存在于这一世界中的伙伴的状态，这样人也就不再作为一个与对象物捆绑在一起的主体，而成为存在者；另一方面，是从自身中解放，即从人对自身存在的束缚中解放出来，即把人的存在从技术或欲望的束缚中解放出来。由此，"去解放"意味着对所有这些存在的不自由状态的否定。"让存在"，即存在状态的展开。这一展开，不仅是对存在的肯定，还规定了这一存在状态展开的情态——"泰然让之"。这里的"泰然让之"，实际上是对诗意栖居的一种描述："让物作为物存在，让世界作为世界存在"，即让其如其本身那样去存在。

诗意栖居的思想是晚期海德格尔对建筑、居住与思想之间的关系进行揭示的成果。

首先，建筑(Bauen，海德格尔语)是一种真正的居住。其一，这里的建筑并不等同于建筑物，因为建筑物不等同于居所，居所是人居住的地方，而许多建筑物如火车站等地方就并非是拿来让人居住的；其二，建筑在其原初的语言中指向的是一种存在的"在"和一种存在的"是"，即建筑在原初意义上是一种培育和让生长的行为；其三，当建筑是一种培育和养育时，建筑实际上指的是那一存在之所，即大地。

其次，思想（Denken，海德格尔语）与建筑一样都是一种真正的居住。其一，这里的思想并不是一般的合乎逻辑规律或理性计算的思维活动，也不是以形而上学形态出现的哲学的代名词；其二，这里的思想是一种深层次的思考，是对存在的听从和感谢，因为思想首先并不意味着提问，而意味着倾听那指引了存在的声音，即那一诉说出存在之秘密的语言；其三，当思想对这种展现出了语言本性的语言进行听从和感谢之时，就是思想将构成了存在的那些大地、天空、人和诸神聚集在一起之时，这种聚集就是一种对存在的显现。

再次，当建筑和思想都同时指向居住（Wohnen，海德格尔语）之时，居住就成为一种自由。其一，居住的主语是人。这里的人，并非是一个生物学或语言学上的语词或概念，而是对那居于大地上且终有一死的人的命运的描述。终有一死，意味着人不可能是一种静止的、永恒的存在，而只能是一种属于此时此地的存在。其二，人终有一死，故而人只能以居住的方式存在。这意味着居住即是存在者于此时此刻在此地的驻留。这种驻留并非仅是一种停留，更是一种和平（Friede）①的状态，即人的居住就是人被带入到应被保持的那一种本真状态中，即带入到如其本来发展面目的那一种自由状态之中，并持续地以这种自由状态存在下去。其三，这种驻留是诗意的。所谓诗意，并非指涉一种文学的修辞，而是对自由居住本性的规定。

诗意的这一规定性，来源于"诗"作为一种最为接近语言本性的语言对人的存在的规定性。即人若要实现其本真的存在就要听从能揭示出存在的语言的召唤，走在通往显现存在状态的道路之上。这一诗意的召唤，对于西方基督教传统中的人而言，就是神对人的指引；对于我国那些传承了古代智慧的人而言，就是天地所代表的自然而然的本性对人的规定。这一规定，就是对人与自然、人与自身、人与人之间本真关系的复归。

诗意栖居指涉了人的存在对其本真状态的回归，是一条在现代工业化这一极端技术化时代中实现对人的存在本性回归的可行的道路。这一道路指向了三个方面的回归：其一，自然要回归自然本身，即自然不仅是科学技术研究、利用和改

---

① Friede 一词同时又指"自由（Frye）"。详见海德格尔著，孙周兴译：《筑·居·思》，《演讲和论文集》，生活·读书·新知三联书店，2005 年版，第 156 页。

造的对象，同时还要复归为天地自然，成为人诗意居住之所在。只有当人生活在天地自然之间，与自然这一存在者共在共生，才能真正实现自身存在。这就意味着在人与自然的关系之中，人不应再将自然简单看作是自然环境，而更应该寻求其作为自然景观、自然生态的存在维度的显现。其二，人也要回归人的存在本身，即人不应该是社会运行机器中的一个螺丝钉，不应该是完全受生存欲望驱使而行动的肉体性存在，也不应该是一种技术的手段或工具，更不应该是一种资源甚至一串数据，而应该回归到其是短暂逗留于此时此地的存在者的本性中去。这意味着人作为存在者，首要是让人的自然去存在，即让人作为人去存在。人作为人，即人作为一个身体的人去存在。所谓身体的人，一方面是指人是有身体的以及身体的肉体性，另一方面是指人的存在是身体性的存在，所以人的存在既是欲望性的存在，同时也是指向自身身体之外的感性存在。人只能在人与自然、人与人的关系之中形成自身，即人只能在自然生态和人类文化之中形成自身。其三，人与人的关系应从理性计算的关系中脱离出来，回归到生活世界中存在者与存在者和谐共处的关系中去。这种和谐关系实现的前提即是自然和人对其自身本性回归的实现。只有当自然成为一种生态，人成为一种传统的承继者、文化的存在者，人与人的和谐共处才有可能，人在世界中的诗意居住才有可能。

三、水乡对诗意栖居的实现

水乡全名为"东莞水乡特色发展经济区"，首要之义在于成为某种意义的经济发展区域，发展经济仍然是它的第一要务。然则，既冠以"水乡特色"，必有其独特之处。水乡追求的不是高耗能、高污染的普通 GDP，而是低能耗、低污染乃至无污染的绿色 GDP(Gross Domestic Product)，是融合了经济发展、生态建设、城乡统筹、区域协调的可持续发展。其以经济社会发展与自然的和谐共存为基本要旨，这一精神贯穿于水乡建设的整体布局和细节建构。

从整体布局上看，水乡被区隔为三个空间管制分区：生态控制区、建设发展区和弹性引导区。生态控制区是禁止建设的区域，方圆 187.8 平方公里，占水乡总土地面积的 36.8%，包括现状为非建设用地的生态保护区和建设用地的生态修复区。顾名思义，这片区域的建设主题是对生态进行控制和保护。建设发展区是优先发展与重点建设的区域，面积 242.6 平方公里，占总土地面积的 47.6%，包括水乡新城区、城镇生活区和工业发展区等。弹性引导区是限制建设的区域，规划 79.6 平方公里，占总土地面积的 15.6%，包括乡村居民点、轻柔产业区和生态环境现状敏感、建设混杂、高污染高能耗的地区。放眼整个水乡地区，以上规划有望在经济社会发展和生态环境保护之间达成平衡，在宏观区域上为实现人的诗意居住进行全景式的布局。

如果说水乡的各个子分区是身体的器官，那么水乡河网就是把器官勾连起来并为之输送营养的毛细血管。水乡河网主要依托东江。作为东莞的母亲河，东江的南、北干流及其支流遍布水乡 10 镇，流经区域面积高达 519 平方公里，占全市总面积的 21%。这些干、支流一方面承担起内河航运功能并对接海上巷道，扮演着经济建设的基础设施角色；另一方面，独具特色的是，它们还作为生态生活景观，为人们打造了诗意居住的生活环境，使每一位行进于水道或岸线陆路的游子、商贾们沐浴在水乡的美景之中，洗去周身的尘土与疲惫。整个水乡水网不仅把分布在 10 镇 1 港的滨水景观串联统筹起来，而且开辟了水上游览线路，即便是水道的岸线，也无不融合了绿、水、路、景、文五大要素，例如洪梅洪屋涡水道西岸岸线，作为水乡新城"三江六岸"的重要组成部分，该水道岸线将建成 8.7 公里的风情绿道和 3.2 公里的双向四车道的滨水大道。滨水大道犹如一条长廊，廊间建造了 6 个人文景观——花灯文化区、戏曲文化区、廉政文化区、龙舟文化区、水乡河岸区和绿道驿站区。

从微观设计来看，水乡建设的每一处无不以诗意居住为旨归。水乡的核心是水乡新城。它位于洪梅、望牛墩和道滘三镇的交界处，北至望牛墩镇新联路，南至洪梅镇桥东路，东至道滘镇粤晖路，西至望沙路，总面积约 14.5 平方公里。此地三水并流、河涌密布，水乡特色比较集中，地理条件殊为良好，它又是穗莞深与佛莞惠城际线的交会处，轨道交通条件极为优越。从水乡的"圈层布局"来看，新城被定位为"水乡服务圈层"（另两个圈层分别为"市区协调圈层"和"滨江产业圈层"），其承担的主要功能为旅游休闲和文化创意等。以新城为中心向周边拓展，将陆续建构农业大地景观河水乡湿地体系。水乡因其水多地肥，一向以农业发达著称。绿色农产品和人口增长之间供需矛盾的尖锐为水乡农业经济的高速发展提供了重要契机。然而，顺应这个趋势、利用这一契机，绝不意味着水乡农业将由自然农业转向近代的有机农业，而是借助"大力推进生态文明建设"的和煦春风，跨越式地提升为生态农业乃至绿色农业。水乡的绿色农业立足于岭南地区的物种尤其是特色物种，修复和打造蕉基鱼塘、特色果林。更重要的是，水乡绿色农业将结合农业和旅游产业，运用现代农业科技手段塑造农业大地景观，建立大规模的、主题多样的湿地公园体系，共筑彰显水乡田园和湿地风光的特色生态系统，既可为水乡居民实现农业与旅游业的双重增收，又给予他们以诗意居住的自在。除去具有双重功能的农业园外，还有纯粹的湿地公园。这些公园尽管功能比较单一，以旅游为主，但仍以模仿农业大地景观为导向，例如规划中的沉洲湿地、钱公洲湿地、中堂风情岛和横沥湿地公园。目前初具轮廓的道滘蔡白沿江湿地公园则极好地诠释和展现了湿地公园体系的风貌。该公园占地约15公顷，以原始的农业景观为基础，以保护自然生态、凸显水乡风貌、塑造水乡特色为精神，将打造成为富有水乡特色生态风貌的集中体验区。园内铺设了若干甬道，建造若干景观亭，并对岸线加以整治，在若干空白地带则辅种乔木、灌木、草皮等。无论哪种类型，围绕水乡新城延展、铺陈开的湿地公园，都是以塑造农业大地景观为旨，以实现经济社会发展和水乡人的诗意居住为根本目标。

按照"诗意栖居"所描述的人的生存方式，一个诗意居住着的人，是一个处于本真状态的自由的人，他之所以能够达到本真状态，是由于他在所居住的环境中，倾听到了存在的声音。倾听作为对存在的理解，则是历史性的、语言性的，倾听者不可遗失他所使用的活生生的语言及其塑造的其中的生活世界。因此，诗意居住的实现，就不仅需要改善居住的自然环境，而且要改善居住的人文环境、文化环境，因为后者在更大程度上主宰着居者对存在声音的倾听。对此，水乡建设并没有忘却。水乡不仅有水、有自然，更有文化、有人文。

自古以来，东莞就是岭南文化的杰出代表。上到精神生活，下到日常饮食，东莞都把岭南文化发扬光大，从中发展出自己独具特色的文化。

在日常生活中，最为重要的就是饮食文化。东莞菜隶属粤菜系。粤菜向来注重质和味，口味清淡、鲜美，重视挖掘食材原味。在基本遵循这条原则的前提下，东莞结合地方资源，发展出具有浓郁地方特色的东莞菜。东莞菜可分为山区、埔田、水乡、沿海片菜系，水乡片菜系以中堂鱼鲍、道滘肉丸粥等闻名。鱼鲍的主要食材是水乡片区比较易取的鲮鱼，但只取肉质最幼滑的部分，把它们进行反复搓打至韧腻透明、富有弹性后，再均匀地用竹筒压成纸一般的鱼鲍皮。鱼鲍的馅料则采用同样易得的鱼胶、瘦猪肉、腊肠、虾仁、冬菇等，把它们细细地剁烂之后调和而成。中堂鱼鲍形如云吞，食法上既可入火锅，又可配搭甲鱼上汤，佐以青菜，熟后香甜爽滑，食后余味无穷。

在精神生活上，水乡的文化遗产不胜枚举：水乡有道滘粤晖园。粤晖园是全国最大的私家园林，岭南园林的代表作，它极为贴切地实践、展露了岭南园林的特色：山水采崖潭格局、以英石堆山，建筑上缓顶宽檐、碉楼冷巷，装饰上三雕三塑，色彩上蓝绿黄三色对比，桥是廊桥，花是四季繁花；水乡有万江金鳌洲塔、石碣袁崇焕纪念公园和石龙中山公园；水乡有虎门港附近的虎门炮台古址，记载了近代国人的耻辱，张扬了东莞人抗击侵略的不屈精神；水乡有享誉世界华人圈的赛龙舟。每年农历五月初一至十五，水乡各镇都会连续举行龙舟比赛，堪为东莞一景，水乡地区之沙田镇更被国家体育总局赞誉为"龙舟之乡"；广东人爱花灯，水乡则有洪梅花灯节。洪梅因其花灯品种繁多和制作精良而素有"广东省花灯之乡"的美名。常见的洪梅花灯有长寿灯、谜语灯、棱角灯、龙头灯、鱼灯和中秋灯等。

长期以来，这些文化遗产共同塑造着东莞人的生活世界，培育着东莞人的精神面貌。在建设水乡特色发展经济区的历史机遇下，这些文化遗产犹如凤凰涅槃、浴火重生。水乡的滨水大道"一廊六区"，其中有四区布置的就是在东莞文化遗产基础上修复、改造的四处人文景观——花灯文化区、戏曲文化区、廉政文化区和龙舟文化区。借助水乡水网，原来散落的粤晖园、金鳌洲塔、袁崇焕纪念公园、中山公园及其附近景点将被整合一体。水乡新城被划分成七个板块，其中包含了颇为倚赖文化遗产的洪梅传统老镇板块和文化创意社区板块。水乡新城以水为主题，分成九个板块，其中四个板块的主题——水文化、水工艺、水创意、水休闲——高度结合了传统文化遗产，例如水休闲就充分利用了水乡的特色美食。不仅是水乡新城，城外的水乡镇街的历史文化也将得到充分挖掘，石龙古镇、中山路街区、潢涌、新基、下坝等历史文化名村也获得了保护。下坝两面环水，村西有东江南支流穿过，村东是东莞运河与厚街水道。下坝明代立村，村内有5棵细叶榕和2棵木棉树，树龄皆在百年以上。民居、宗祠、庙宇、古榕、幽巷均完整保留，承载了清末至20世纪80年代初期的岭南建筑风貌与文化记忆。自其获得保护成为水乡文化创意街区以来，原有的运河、榕树、池塘和老旧民居等文化遗产画出一幅怀旧的岭南水乡图，而新近错落分布的咖啡馆、画廊和陶艺室则组合为一道时尚的文艺风景线。人们可以在此交流思想、畅谈人生，实现真正的诗意栖居。

（作者简介：吴寒柳，东莞理工学院文学与传媒学院讲师）

珠三角城镇景观设计与城镇品质

江丹 彭云峰

改革开放以来，珠三角地区不仅创造了举世瞩目的经济成就，城镇化水平也获得了极大提升，城乡面貌发生了翻天覆地的变化，珠三角地区已与京津冀、长三角地区一起成为中国城镇化率最高的三个地区。截至 2015 年，珠三角地区城镇化率已达到 83.84%，这一比率相当于世界中等发达国家水平。本文着力考察了珠三角地区城镇化发展中最为直观和具体的城镇景观构建，并以此为基础，分析和总结了珠三角地区在探索新型城镇化道路中积累的经验与存在的不足。

一、城镇景观的构成及其内涵特征

(一)城镇景观

景观的基本内涵是"风光景色"，举凡自然与人文的各类风貌均内蕴于"景观"概念之中。[1] 所谓自然景观是指在某一区域中，由特定的地质、地形与动植物等要素构成的综合体；人文景观则指在历史时期中形成的，有关人类各种活动的标记，包括古迹、民俗等多重内容。要言之，景观是由地质风貌、生态环境与人工劳动等因素综合构成的，是一个具有时间性、变异性等特征的动态系统。

城镇是人类文明发展到一定程度的产物，也是人类对自然环境改造最彻底的地方之一。因此，城镇景观在构成主体上应由各式人工建筑物构成，如商场、剧院、街道、广场、公园、居住区等。同时，城镇景观的规划与设计必须以该地区的自然景观为基础，它在很大程度上决定了城镇的基本样态和面貌，如浙江乌镇多水的自然状况造就了河道纵横交错的水乡景观，重庆多山的地形地貌决定了重庆山城的景观轮廓。

---

[1] 参看夏征农等主编：《辞海》，上海辞书出版社，1999 年版，第 1158 页。

城镇景观是自然景观和文化景观的综合体。在构成要素上，城镇景观主要分为基质、斑块和廊道三个部分。通常认为，基质是由各式建筑物构成，它们构成了城镇景观的主体，亦是城镇中最为核心的功能区；廊道则主要包括街道、河流、绿化带和地下管线系统，形态上廊道呈线状或条带状，功能上则主要是为人流、物流和信息流的流动提供通道；斑块主要由城镇绿地和广场构成，以提供休闲、游憩和环境保护功能为主。需要指出的是，随着城镇规模的扩展，城镇路网日趋完善，基质、廊道与斑块之间的界线也出现了日益模糊的倾向。①

(二)城镇景观的内涵特征

从表象上看，城镇景观是各式建筑实体与空间的复合体。然而，当我们深入剖析城镇景观的内涵特质时，便会发现它与人们的社会需求、价值观念、思维方式紧密相连。就其本质而言，"城镇景观是物化了的精神"②。城镇景观的内涵特征集中表现在以下四个方面：

其一，功能性。正如英国著名的建筑师和城市规划家吉伯德所言："城市必须有恰当的功能与合理的经济性，但也必须使人看到时愉快，在运用现代技术解决功能问题时应与美融合在一起。"③功能性是城镇景观最为根本的特征。很难想象，一个功能性严重不足的城镇很难获得人们的青睐。城镇化的本质正是生活于其中的人的现代化，城镇景观的规划与设计应有助于现代人的发展与完善，应最大限度地满足人们的生产、生活、学习、休闲和消费等方面的需求。

其二，文化性。文化是人类总体的社会遗产，它包括语言、传统、习惯、制度、思想、信仰和价值，以及它们在物质工具和创造物中的体现④。毋庸置疑，城镇是人类文化的创造物，城镇景观正是人类文化的重要载体，它的样貌与形态在很大程度上反映了当地人的生活状况、思维方式和价值观念。刘易斯·芒福德所言的"城市是文化的容器"⑤颇有这种意味。如人们可以轻易地发现广州、中山、东莞等地城镇景观背后的岭南文化，也可清楚地看到上海城市景观背后的海派文化。

其三，生态性。城镇景观的塑造过程就是人类利用自然、改造自然的过程。

①　刘强、黄义雄：《城市景观要素演变探讨》，《城市发展研究》，2008年第5期，第53—55页。
②　魏向东、宋言奇：《城市景观》，中国林业出版社，2005年版，第10页。
③　[英]F.吉伯德等著，程里尧译：《市镇设计》，中国建筑工业出版社，1983年版。
④　[美]罗伯特·F.墨菲著，王卓君译：《文化与社会人类学引论》，商务印书馆，2009年版。
⑤　张川：《基于地域文化的场所设计》，南京林业大学硕士学位论文，2006年。

历史实践证明，倘若人们以掠夺自然、破坏环境的方式来塑造城镇景观，那么，人类终将受到自然规律的惩罚，而且代价之沉重往往超出人们的预估。当前，保护生态环境早已成为人类社会的普遍共识。城镇景观的规划、设计与营造自然也应以此为基础，最大限度地减少对自然环境的破坏，减少对自然资源的掠夺，在利用自然与保护环境之间求得一种必要的平衡。

其四，时代性。城镇景观有着鲜明的时代性，不同时代的城镇将呈现出那个时代所独有的景观样貌。从某种程度上说，它们是时代的表征。对于那些幸存下来的、年代久远的古老建筑与景观，我们应加大保护与还原的力度，因为，它们既是人类文化的共同遗产，而且能够给城镇发展带来丰富的文化内涵和多样化的景观样貌。对此，刘易斯·芒福德有过精辟的论述，他说："城市是时间的产物，在城市中，时间变成了可见的东西，时间结构上的多样性，使城市部分避免了当前的单一刻板管理，以及仅仅重复过去的一种韵律而导致的未来的单调。"①

二、景观设计与城镇景观设计的原则

(一)景观设计

景观设计(Landscape Architecture)是现代设计学科之一。从较为宽泛的层面上说，景观设计是涵括文化艺术、地质科学、环境科学与工程技术等多个学科领域的交叉性科学。作为一种人类与其所处世界相遇的方式，景观设计的理念与实践总是受到不同历史时期科技、经济与文化观念的制约，具有鲜明的时代特征。

优秀的景观设计也总是致力于解决当下出现的各类社区与生态问题，尽力营造优雅、宜居并与自然承载能力相适应的友好生存环境。例如，19世纪中后期在美国兴起的"城市公园"(Urban Parks Movement)设计运动即是为了解决工业化带来的城市人口迅速增长并由此衍生的城市居民居住与生活环境相对恶化等问题。在唐宁(Andrew Jackson Downing)、沃克斯(Calvert Vaux)、奥姆斯特德(Frederick Law Olmsted)等设计师的倡导与规划下，"城市公园"运动催生出诸如，纽约中央公园的"绿箭"(Greensward)，布鲁克林的希望公园(Prospect Park)与波士顿的"绿宝石项链"(Emerald Necklace)等一系列标杆性的城市景观设计。这些新景观、新设计出现的同时也革新了人们之于景观设计的传统意识。从此，

---

① ［美］刘易斯·芒福德著，宋俊岭、倪文彦译：《城市发展史》，中国建筑工业出版社，2005年版。

园林设计的对象不再囿于私人庭院的狭窄空间，城市设计中美学因素的重要性也被广泛关注。再如，20 世纪中后期兴起的后现代运动对西方启蒙运动以来的各种观念进行了尖锐的批判，而在此思潮带动下的景观设计也形成了迥异于传统理念的新特点。全面工业化所导致的建筑风格、城镇风貌的趋同与单调性遭到了后现代设计师们的反驳。他们着意发掘与凸显某一城市独有的自然特质与历史渊源，以求设计出符合城镇特点的、独一无二的城镇景观。景观被设计师们理解为表意符号，并隐喻和象征着该市镇独有的风貌。例如，美国著名景观设计师玛莎·施瓦兹（Martha Schwartz）所设计的明尼阿波利斯市联邦法院广场（Federal Courthouse Plaza）即充分考虑与利用了该地的自然与社会历史资源。该广场的草坪形状象征着明尼阿波利斯市的特殊地貌"drumlin"；广场上放置着一些原木作为装饰或供人休憩的座椅，而这恰恰是当地的经济支柱——木材的象征。玛莎·施瓦兹的设计融贯了明尼阿波利斯市独有的特色，为该市造就了一张独一无二的"城市名片"，从而提升了城市的整体形象与辨识度，使其在后现代工业社会下千篇一律的城市风貌中脱颖而出。[①] 由是而观，景观设计对于创造环境友好、适宜居住的城市品质，提升城市整体形象与品质，促进城市与人的良性发展都具有至关重要的作用。

（二）城镇景观设计的原则

城镇是人群聚居生活得以展开的空间，是生态环境与人类实践共同作用的综合体。城镇具有自然与人文双重性的特征决定了其景观具有诸多种类以及不同于单纯自然景观的特殊品质。陈俊鸿认为："城市景观是指由建筑、城市空间（广场旷地和街道）、公园、建筑小品、城市地面、水体以及绿地等要素所构成的视觉形象和心理印象。它主要通过对上述要素的组合构图和空间布局来体现。"[②]孙成仁认为："城市景观是由城市环境中各种相互作用的视觉事物和视觉事件所构成，这些视觉事物和视觉事件构成了城市景观表达的基本要素。由于城市环境中视觉事物和视觉事件的多样性特点，决定了城市景观具有构成上的复杂性、内涵上的多义性、界域上的连续性、空间上的流动性和时间上的变化性等特点。"[③]上述界

---

① 沈守云主编：《现代景观设计思潮》，华中科技大学出版社，2009 年版。
② 陈俊鸿：《城市景观规划设计的理论和实践——以汕头市区为例》，《热带地理》，1993 年第 3 期，第 281 页。
③ 孙成仁：《城市景观设计》，黑龙江科学技术出版社，1999 年版，第 7 页。

定说明，其一，构成城镇景观的内容包括自然与人文景观，其来源极其丰富，各类建筑、诸种交通设施（公路、桥梁等）、各种公共休闲、集聚与绿化场所（广场、公园）等均属于城镇景观的范围；其二，由于每个城镇都具有自己独特的历史渊源与整体性的文化氛围，故而，同种类型的城镇景观在不同的城镇都中其内涵与审美效果也往往有所差异；其三，不同城镇间自然条件与地理环境的差异致使城镇景观的布局与视觉形态呈现出不同格局；其四，城市景观不是一次成型，不是不可更改的永久性建筑群，随着社会经济条件的不断进步、设计理念的不断更新，城市景观始终处于动态的未完成时。

上述城镇景观的多元化特征要求我们在实施城镇景观设计时不应完全着眼于各构成景观的独立效果，而要综合考虑各个要素间的相互制约与平衡，以求得诸构成要件相得益彰的整体性呼应效果。换言之，城市景观设计是托身于具体城镇环境系统之上的总体综合性系统工程，只突出个体造型而忽略总体的环境条件，其结果往往使单个景观难以融入系统的整体氛围，从而造成景观的不和谐感。盲目照搬、复制其他城镇的景观，也容易泯灭城市独有的历史文化特征，造成千篇一律的单调景观。由是观之，城市景观设计是一个系统工程。设计者必须要根据城镇规划的总体布局调整自己的设计思路，不仅要考虑个体建筑本身，而且要考虑建筑内外、建筑之间、建筑与道路、建筑与绿化等多方面的因素。

总之，充分尊重城镇固有的自然条件，依托城镇既成的整体规划，协调好个体景观与整体布局之间的关系，是城镇景观设计的关键。具体来说，现代城镇景观设计应遵循以下几条基本原则：

第一，以人为本，着力满足城镇居民的需求。按照罗伯特·帕克的观点，"城市不单是各种物质聚集现象的显示，还是个人、礼俗、传统、文化和历史等心理现象的聚合体"。以建筑物、街道、道路和汽车等为代表的物质景观聚合体"显示的是一种物理性、机械性、无机体的现象，只有在人的参与下，这些无机的聚合体才有可能成为有机的聚合体"[①]。从这个意义上说，人才是城镇真正的主体。毫无疑问，城镇的发展应最大限度地发展人与完善人，城镇景观的规划与设计也应尽可能地满足人们的生产、生活、学习和休闲等功能性需求，使即便是"最卑微的居民也可以将自己同城市的集体人格联系起来，同城市的权力和光彩

---

① 黄凤祝：《城市与社会》，同济大学出版社，2009年版，第152页。

联系起来"①。唯有如此，城镇的发展才有可能是正义的、文明的和进步的。党的十八大做出走中国特色新型城镇化道路的战略决策，既是对传统城镇化那种"以物为本"观念的修正，更是一次对城镇主体的再发现与再观照。正如时任长沙市副市长黎石秋所言："新型城镇化则新在以人为本，其核心是人的城镇化，本质是由偏重城市物质形态的扩张、提升向满足人的需求、促进人的全面发展转变，由偏重数量、规模增加向更加注重质量、内涵提升转变，由偏重经济发展向更加注重经济社会协调发展转变，由偏重城市发展向更加注重城乡一体化发展转变。"②那么应如何在城镇景观的规划与设计中真正彰显"以人为本"的核心理念，以进一步提高城镇化发展的质量？我们认为，首要的便是关注生活于城镇中的人们的需求。倘若人们的需求无法得到正视与回应，那么"以人为本"恐怕也就只能沦为一句空洞的口号。历史上真切回应民众需求的城市景观设计不胜枚举，最具典型性的是英国海德公园和纽约中央公园，它们的出现为解决当时城市的拥挤与杂乱，缓解阶级之间的矛盾做出了重要的贡献。

第二，因地制宜，处理好景观与区域地理条件的协调性。优秀的城市景观设计要善于利用当地的自然地理条件，因势导利地开发与利用资源。例如，在水资源与土地面积相对贫乏的地区便不宜设计占地与需水量较大的大面积水域；而相应的，在降水量较为丰沛的亚热带与热带地区则应注重设计格调新颖的水景景观，以彰显城市特有的自然风貌。

第三，延续传统，处理好城镇历史与发展的和谐共存。城镇的历史渊源寄托与维系着居民的情感记忆，也是城市文化形象的构成要件。在进行景观设计时要注意保护与凸显该城镇的历史特色，不宜在未经妥善安置的情况下盲目拆除与毁坏城区内的历史建筑。

第四，注重美感，处理好个体景观与城市整体的关系。城市景观设计与纯粹的艺术创作不同，景观设计需要满足特殊的整体环境，单独景致与城市整体布局要协调适应。例如，在以中国园林为主要特征的城市公园周边就不宜设计西式风格的高楼，以避免个体建筑不能融入区域环境的情况出现。设计者在设计景观时

---

① ［美］刘易斯·芒福德著，宋俊岭、倪文彦译：《城市发展史》，中国建筑工业出版社，2005年版，第74页。

② 人民网：《新型城镇化应以人为本》，http://theory.people.com.cn/n/2013/0529/c40531-21662504.html，2013年5月29日。

需要注意使城市的天际线、广场与街道的视野开阔，以期达到最优的视觉效果。

总的来说，城市景观设计必须依托城市特有的自然地理条件与城市整体规划，要彰显出该城市独有的自然与人文特征，追寻与定位城市自身的个性特征，提高城市的辨识度与景观内涵，打造独一无二的城市名片。好的城镇景观不仅需要保证城市功能的正常运作，而且要带动城镇居民整体生活质量乃至城镇整体品质的提升。当代中国城镇的普遍状况是人口数量增多，交通拥堵，公共设施面积日益狭窄，生态环境恶化。为了解决上述问题，景观设计者要重新考虑城市景观设计中的生态公益与旅游休闲等问题。故而，城镇景观设计在确保实用性的同时也要考虑到美学与舒适等因素。

三、城镇生态品质重塑：以广州景观绿地体系为例

城市绿地景观是城市整体风貌的重要组成部分，设计出既有美学风尚又有合理空间结构的景观绿地是塑造城市形象的重要途径。绿地景观不仅可以构成可供人欣赏的美学景观，还可以改善城市的生态环境，起到净化空气的重要作用。有些绿地景观还可以代替围栏，起到城市分割线的作用；而有一些绿地景观则将几个零散分布的区域连为一体，起到联结纽带的作用。换言之，绿地景观既可使城市呈现出绿意盎然的视觉感，又具有实用性，使城市呈现出井然有序的布局。由于绿地景观的上述种种优势，自 19 世纪美国"城市花园"运动以来，绿地就在城市景观设计中扮演了十分重要的角色。

（一）绿地景观设计的原则

绿地景观设计要求设计师充分利用植物造景，发挥、调动植物的形状、姿容、色彩与气味等自然属性，并将其拼贴成一幅动人的自然美景供人欣赏。为了设计出美观与实用性俱佳的绿地景观，设计者要注意以下几个方面的问题：

首先，要充分考虑植物的自然特性与绿地的面积。植物的外形、色彩、质感与气味的合理搭配是绿地景观设计成功的重要因素。如草坪或地表植物往往成片出现，单个的外部特征不明显，其整体形态才可勾勒出外部轮廓。如果全部采用同种植物会使绿地景观缺乏相应的层次感而显得单调与平淡，影响整体的视觉效果。故而，在设计绿地景观时一定要注意植物种类的多样性，将其有机地加以组合；与此同时，又要注意保证某绿地景观内部植物的相对统一性，以形成错落有致但又不致凌乱的多层次绿地景观。

植物的色彩是城市园林的重要构成部分，也是植物辨识度最高的因素之一。值得注意的是，在植物的不同生长周期，其颜色也有微妙的变化。例如，以绿色为主要基调的草坪，由于草种与季节的不同又会呈现出不同的色彩。植物色彩是考量景观设计多样性与统一性的重要标杆之一。与利用植物其他的视觉特点一样，合理搭配不同植物的色彩可以使绿地景观呈现出多样与统一相结合的辩证特点，给人带来美好的视觉感官享受。

植物的质感也是绿地景观重要的观赏要素之一。植物的质感是植物材料的表面性质，带给人或粗糙或光滑的感觉。具体来说，绿地的观赏质感由两个方面决定，一是植物本身的茎秆的粗细、表皮的外形、叶面的排布方式，等等；另一方面，观赏植被的距离，植被排列的疏密等设计因素也影响着绿地景观的质感。一般来说，同一质感的植被相搭配容易调和，给人带来整洁统一的印象。同时，均衡搭配不同种类的植物，可以使各种不同质感的植物相得益彰，使绿地景观呈现出多样的律动。

其次，绿地景观设计要搭配组合诸种植物，以呈现最佳视觉效果。城市绿地景观设计的特殊性即是空间的限制。与一般的艺术设计不同，设计者要充分考虑城市绿地面积的实际大小，在有限的空间内精心经营绿地植物的种类配比，合理设定其比例与尺度，从而形成画面的特定结构，以实现设计者的表现意图。例如，设定植物之间的疏密程度、植物与观赏者之间的远近距离、植物与整体环境之间的亲和度等问题都是在设计中要必须加以考虑的。由于植物的自然属性不同，设计者在将不同植物安排在一起时，要善于通过对比突出单个植物自身的特点，同时又要考虑整体布局，景观多样却不杂乱，从而实现多样而和谐的美感。

再次，注重绿地景观的多样性与层次感。无论何种景观都有主景与配景之分，区分好主次关系，使主景突出、配景精彩是保证景观具有层次感的关键。设计者可以将具有观赏价值的花木或该城市的"市树""市花"作为主景而辅以其他草木作为陪衬，使主景与配景配合适当，给人以丰富而不失单调的感觉。

(二)广州绿地景观的设计特点

在明确了城市绿地景观设计的基本原则之后，我们来考察广州市的绿地景观规划。就自然条件而言，广州市纬度较低且濒临南海，属于南亚热带季风性气候，年平均气温为 21.4℃—21.9℃，各地平均气温差别不大，[①] 具有光照充足、和暖天数较长、降水量丰沛等气候特征。广州地区的植被终年常绿，植物种类较多，与我国其他地区植物分布有较大差异。这一得天独厚的自然条件使得广州市在城市景观设计中大规模、多种类地采用绿地景观具有较大的可行性。近年来，广州市对城市景观绿地设计进行了全面提升，形成了较为完善的体系，成为名副其实的花园城市，城市的自然特点与整体形象也由此得以展现与提升。

广州市现已建成多个绿地景观，且这些景观在设计方面也均具有一定的典型意义。例如：海珠区万亩果园和萝岗区荔枝公园，以当地特有的物产为标识，它们不仅是当地的经济发展基地，而且与广州的历史文化相契合，体现了鲜明的地域特色。滨海南沙万顷沙湿地公园，是广州市最大的湿地公园，是候鸟迁徙的重要停息地之一，也是夏季观赏荷花荷叶的好去处。南沙湿地景区的规划与建设不仅改善了城市的生态环境，为市民提供了休憩度假的场所，还为科教、文化影视等项目的开展奠定了基础。广州荔湾区芳村花卉博览园契合了芳村历史上形成的"千年花乡"的历史地位，展示了广州"花城"的良好形象，还以花卉交易为契机，带动了芳村周边旅游资源的开发。此外，广州还建有越秀公园、花城广场、流花湖公园、天河公园、荔湾湖公园、晓港公园等多个中小规模的城市公园绿地景观。总体来说，广州市的城市绿地景观综合、有效地利用了当地的自然与人文特点，并充分考虑了北有白云山，南临珠江的地貌水文特征，在城市绿地景观设计时突出了"云山珠水"的特质，巧妙地展示出广州作为山水城市的空间特点。

就外形与设计特征而言，我们大致可以将广州市现有的绿地景观划分为三种类型，即块状式、线状式与网状式。下面，让我们具体考察这三种布局类型的特点。

块状景观绿地指城市之中相对独立的，具有一定景观价值的绿地。举凡小型绿化广场、公园、草坪和面积较大的风景名胜区，例如上文所举的滨海南沙万顷沙湿地公园等均属于块状景观绿地的范围。块状景观绿地是城市中最普遍的绿地景观类型，其规模、空间格局对城市景观的整体造型具有十分重要的意义。广州市的块状景观绿地设计充分考虑到了当地的生态条件与历史渊源，将自然与人文结合起来，从而形成了自己的特点。我们可以从以下几个方面来认识广州块状景

---

① 广州市地方志编纂委员会：《广州市志》(卷二)，广州出版社，1998 年版，第 45 页。

观绿地的典型意义：

第一，根据城市整体规划，设计出具有层次感的块状景观绿地结构。在前述中，我们已经说明，优秀的景观绿地设计需要架构在整体城市规划的基础上，需要主、配景相协调的结构。从城市的整体规划与绿地的规模与观赏价值来说，块状景观绿地按景观价值又可分为标志性景观绿地、重点景观绿地、一般性景观绿地三个层次。标志性景观绿地是城市绿地景观的"主景"，代表着城市的整体形象，其设计应注重保证绿地面积与彰显城市内涵；重点景观绿地是城市景观的区域性代表，反映了城市或某区域的景观特色，可以起到辅助主景，使城市形象多样化的功能；一般性景观绿地是指城市中具有一般景观价值的绿地，通常面积较小，零星散落于城市之中，可以起到烘托城市主景、点缀城市形象的作用。目前，广州市已经建成越秀公园、花城广场、芳村花卉基地等众多标志性景观绿地。这些景观不仅面积开阔且有显著的地域文化特征。如越秀公园将不少广州名胜与文化、历史名人的陵寝囊括其中，使公园既有自然风光又有历史文化底蕴。云台花园、珠江公园、华南植物园、雕塑公园与荔枝湾公园作为重点景观绿地则起到了丰富城市景观绿地层次的功能。这些标志性景观绿地与重点景观绿地相协调，综合地展现了城市的形象。

第二，块状景观绿地布局合理。广州城市绿地在珠江以北的越秀区、荔湾区、天河区的分布较为适宜，绿地面积规模很好地适应了当地的自然条件。然而老城区、海珠区与荔湾区南部的绿地则存在规模小、分布零散、不均匀等问题。景观设计者应该重新调整上述区域绿地景观的布局，以形成协调合理的景观格局。

第三，标志性景观重点突出。在城市景观设计中要把握好标志性景观的设计，这对城市形象的生成具有重要意义。将标志性景观精致化为区域的中心或象征，并以之为重点、圆心，进而辐射至其他景观的规划。开敞的空间以及道路交叉口、道路汇集处往往形成城市标志性的景观绿地，在城市景观绿地体系中具有景观和结构上的控制性意义。广州重要的节点有城市旧轴线上体现"千年羊城"历史的越秀公园、体现近代发展史的海珠广场和新轴线上的城市门户东站广场、城市客厅花城广场以及新电视塔广场公园、生态绿地海珠湖等，每个节点均具有独特的意义和价值，对城市景观具有控制性作用。

第四，块状景观绿地与其他城市景观协调配合。城市景观设计要有整体规划，个体景观只有融入整体环境中方能发挥最大的审美效应。广州城市绿地景观的成功之处即在于其能与自然条件相适合，与周边景观相协调。如广州火车东站的绿化广场与火车东站及周边的高层建筑既能统一协调又能形成对比，既映照出广州现代化的城市风格，又折射出广州花园城市的良好形象。再如，著名古迹陈家祠绿地通风口墙面石雕与入口青砖景墙是按照岭南古典建筑风格设计的，与陈家祠的整体建筑风格相呼应。

线形绿地景观是城市中呈带状分布的绿地廊道。根据绿廊所依托的地域环境，可以将线状绿地细分为道路绿廊、滨河绿廊、城墙绿廊与边界绿廊等。线形景观绿廊不仅是城市的主要观赏景观，还是维持城市良性生态的重要保障。就线形绿地的实用功能与审美特质而言，一类为结合道路、街道与河流的线形景观绿廊，由沿线分散的城市绿地景观节点连接成纵横交错的城市景观线，增强了城市景观的美学价值和生态效益；另一类为结合城墙和城市边界的带状绿廊，构成连通性良好的环城生态廊道，对内可以防止城市用地的无序扩张，对外可以防止外部侵害，有利于维护城市景观及生态系统的稳定。广州主要的线形景观绿廊构成了城市的景观轴线和景观体系骨架，广州线形景观绿廊风格各异，形成以下布局特点。

首先，线形景观带由风格、造型较为近似的几个块状景观绿地构成。就目前的设计情况看，广州已经建有多条主题鲜明的道路景观廊道。总的设计思路是，以广州的历史文化为依托，参考当地（区域）的自然条件，设计出足以体现广州特色的线形景观带。例如，以体现广州历史文化内涵的街道有革命纪念地较为集中的先烈路、近代建筑云集的起义路；以体现广州民俗风貌与地理特点的荔湾湖公园，有彰显岭南民居特色的陈家祠广场。除以老建筑为依托构成景观之外，北起燕岭公园，南至广州新客运港的城市新轴线上的一系列景观则营造出广州作为现代化大都市的新风尚。例如，珠江新城的花城广场便以彰显岭南文化独有的魅力又为居民提供广阔的活动空间为宗旨，显示出广州这一既古老又充满生机与活力的城市特点。

其次，单个线形景观由几个附近的块状绿地组成，而多个线形景观则又构成主体、风格较为统一的庞大景观带。这种组合方式使得绿廊在空间布局中显得既有延续又有更变，既保证了形式上的相对统一，又使景观呈现出富有动态变化、节奏感较强的美感。广州较为重要且设计比较成功的景观带有以下几条：城市传统区段，例如白鹅潭—海印桥区域，在继承城市传统历史脉络的同时，对原有城区加以改造，建立了沙面近代历史文化保护区，开拓了滨江公共活动空间；城市建成区段，例如海印桥—黄浦、猎德涌，新城市轴线标志性景观海心沙绿化广场和新电视观光塔绿化广场；城市发展区段，例如黄浦、猎德涌—琶洲段，以会展博览、高新技术产业为主要功能的经济、文化、生态可持续发展的都市形象。[1]

在前述中，我们已经阐明，绿地景观不是独立存在的，其必须要依托环境，融入环境。广州的线形绿地景观在风格特征上便能恰切地融入并体现当地的特色。例如，广州东风路绿地依托滨水，游人于此可以自然地回想起古代护城河历史；在烈士陵园路段，以"红绫流芳"为主题，反映"红色"革命历史文化氛围。除融入环境、烘托环境之外，线形绿地景观还应着意于多样化，也即，通过综合各式景观形象以提升城市景观绿地的整体美感度。广州通过不同区域各具特色的道路绿化，营造出"缤纷花城"的城市面貌。如新港东路和新滘路，以常绿植物为基调，合理搭配各季的观花植物，使道路景观全年色彩缤纷，体现广州四季花城的特色；白云大道采用红花楹、宫粉紫荆、美丽异木棉、大叶紫薇等开花植物形成一条舞动的彩带（黄熙灯《34条道路绿化全面升级》）；科韵路结合起伏的地形，常绿与观花植物相搭配，形成自然群落式森林大道；江南大道则以木棉形成特色景观路。

再次，广州城市建设规划对绿地景观给予政策性保障。景观设计要注重美感，然而美感的产生与人们的观察视角与景观的周边环境有很大关系。近年来，广州城市建设日新月异，也产生了一大批高楼，使游人容易产生"水泥森林"的压迫感。为解决这一问题，广州市在城市规划中即对沿江建筑高度与水岸的距离进行了严格控制，要求珠江沿线建筑高度一般不宜大于对应江面宽度的1/4，地标性建筑或构筑物高度一般不宜大于对应江面宽度的1/2，且江边应留出30m以上的开敞绿地空间。这样的政策性保护使得广州景观绿地能依托于一个相对较好的环境，给人以良好的观感享受，最大限度地发挥城市景观绿地的作用。

网状景观绿地是一种综合性的景观绿地类型。广州市城市规模较大，可以大致按照文化传统、自然特征等方面划分出几个区域，然后根据不同区域的特点进

---

[1] 郭春华、熊兴耀：《塑造城市新形象的广州景观绿地体系分析》，《中国园林》，2011年第7期，第32页。

行景观规划设计。在每个分区中，综合运用块状、线状等多种设计手段，以构成区域绿地网络。在保证各分区绿地网特色的前提下，再由区域构成整体城市绿地体系。换言之，城市网状绿地构成可以按照由点到面，由面到区域"小网"，再到城市整体"大网"的步骤模式生成。具体来说，广州城区景观绿地体系可以分为风格各异的四个区域。历史传统区：包括越秀区、荔湾区北部范围，是广州旧城区，集中分布了大量的古代和近代历史文化遗迹，同时也是广州最繁华的商业中心区和行政中枢区，该区建筑密集，绿地分散，城市景观格局趋向破碎化，应加强绿地网络建设，凸显历史与文化景观；时代商务区：包括天河区的西南部，是城市新的商务、文化和信息中心，绿地突出时代特色，体现新城发展的恢宏气势；生态宜居区：包括海珠区、荔湾区南部、白云区南部范围，以居住为主要功能，兼具商务、文教等功能。绿地体现自然、生态，创造宜居环境；环城发展区：城市外围有大量绿地和水面，是未来城市化发展带，宜建设为环城生态绿带。以上四区有机结合为一体，形成广州"一带两轴、三块四环"的绿地景观空间结构形态。

总的来说，广州近年来的城市景观绿地设计是十分成功的，其突出表现在对城市绿地景观进行了全面改造，提升了广州整体的城市形象。在以点、线为基础，网、区为模式，一体化为目标的景观绿地体系结构框架下，以城市形象主题与内涵"三因素"为导向，对城市块状景观绿地和线形景观绿廊进行了内容改造和体系完善，形成一体化的分区网状景观绿地体系，凸显了广州深厚的文化底蕴与地域特征。广州景观绿地的设计充分考虑到了生态、环境地理特点，以及历史文化等因素，通过大小结合、分布合理的块状绿地，形态多变的线形景观绿廊以及综合以上两者构成的绿地网，为城市创造了良好的居住环境，同时也兼具了商务、文教等功能。

四、地域特色景观营造：以东莞水乡发展经济区为例

随着观念的日趋解放与城镇化水平的不断提升，塑造城镇特色已然成为中国城市管理者们的一种主流意识。然而，近年来中国城镇化发展的具体实践表明，城镇特色"危机"远未得到有效解决，反而有越发严峻的趋势。余柏椿教授敏锐地指出，当前中国的城镇特色正在由意识淡化下的"特色危机"，走向意识强化下的"新特色危机"，即主观上强调城镇特色，但因实践层面的盲目跟风而导致的城镇

景观千篇一律，如大填大挖、大草坪、大广场、欧陆风。[①] 意识与实践层面的巨大反差促使我们着力思考：新型城镇化道路中所强调的"城镇特色"应是一种什么特色？它的具体内涵是什么？

中国地域辽阔，各地城镇在自然要素、城镇布局、风土人情等方面往往也表现出极大的差异性，因此，各地城镇特色的营造必定没有统一的模式可循。事实上，统一与特色本身就是矛盾的，不存在统一的特色，亦没有特色的统一。《国家新型城镇化规划（2014—2020年）》明确指出，在中国新型城镇化的发展道路中，各地城镇应"根据不同地区的自然历史文化禀赋，体现区域差异性，提倡形态多样性，防止千城一面，发展有历史记忆、文化脉络、地域风貌、民族特点的美丽城镇，形成符合实际、各具特色的城镇化发展模式"。概言之，营造富有地域特色的城镇景观是提升当前我国城镇化发展质量，破解"千城一面""千篇一律"问题的重要途径。

（一）地域特色与东莞水乡的发展实践

所谓地域特色，是指在一定地理空间范围内存在的，于自然、文化、历史、民族、生活、建筑等方面具有典型性的事物。从世界城镇的发展经验来看，地域特色在很大程度上决定了城镇的外在面貌与精神内涵，城镇景观的营造自然亦无法脱离开地域特色的支撑。从文化认知的角度而言，将地域特色融入城镇景观的营造中，既有利于地域文化的彰显，又有助于打造富有本地特色的城镇名片，既能增强当地居民的文化认同感与地域归属感，同时也能产生强烈的社会效益和经济效益。再者，经济全球化的迅猛扩张使西方发达国家得以便利地向发展中国家输出文化产品和价值观念，这势必对发展中国家的文化生态产生重大冲击，"这种冲击力势必导致了盲目的模仿，压抑了文化的地域性和民族性，反映在城市建设领域，即是导致了城市建设的雷同，城市特色风貌的消逝"。[②] 可以说，只有真正将地域文化特色与城镇景观营造结合起来，才能创造出独具一格的城镇特色。

在具体的实践层面，富有地域特色的城镇景观的营造需要从三个方面着手：一是定位，即在全面把握地域文化，综合分析城镇特色要素的基础上，对城镇的特色内涵加以概括、提炼、突出，使之成为城镇最为显性的符号表征。二是保

---

① 余柏椿：《城镇特色资源先决论与评价方法》，《建筑学报》，2003年第11期，第66页。

② 何小娥、阮雷虹：《试论地域文化与城市特色的创造》，《中外建筑》，2004年第2期，第52页。

护，即对城镇原有特色的保护，这主要集中在城镇的物质文化遗产与非物质遗产两个方面。三是创新，即以城镇特色内涵为中心，对城镇特色要素加以重新组织与创造，以更为有效地呈现城镇地域特色。需要特别指出的是，任何脱离了城镇特色内涵的创造都是对城镇特色的破坏。这三个方面紧密联系，相互影响，定位是核心，保护是基础，创新则是保护的新发展。

经过周密论证与科学规划，东莞水乡特色发展经济区成了广东首个以"水乡特色"为发展主题的省级战略"经济区"。这种探索跨区域统筹、协调发展的新尝试，有助于打破原有的以行政区划为分割的发展模式，走向以内涵特色为逻辑的片区式发展，这既能有效增强东莞经济的活力，也将为东莞统筹城乡发展、新型城镇化建设开辟新的道路。

东莞水乡特色发展经济区涵盖"10镇1港"，划分为西部特色片（洪梅、望牛墩、道滘、麻涌、中堂）、北部协调片（万江、高埗、石碣、石龙）、南部临港片（沙田、虎门港），划定面积为510平方公里，约占东莞全市总面积的20%。在自然风貌方面，"水乡片区"河涌众多，水网交错，水资源储量丰富，水景乡貌的自然基础也较为完整。据测算，水乡地区的河网密度是东莞市的3.08倍，水资源总量达259.67亿立方米，是黄河流域水资源的48.9%。然而，需要指出的是，随着工业化及城镇化进程的加快，"水乡片区"的水体污染正在明显加剧，"根据珠三角水质达标要求，水乡地区主要河涌的水质均尚未达标"。[1] 来自统计部门的数据显示，水乡片区10个镇街（除虎门港）产生废水、废气的污染企业多达634家，污染总量占到了全市的91%以上，其中工业COD排放量占全市的91.74%，二氧化硫排放量占全市的63.3%。[2] 事实上，当前提出以"水乡特色"为主题的发展战略，走绿色健康的水乡之路，既是综合考察水乡地区资源优势的结果，更是转变水乡地区社会经济发展结构，建设环境友好型东莞的必然选择。

历史上的水乡地区曾是东莞的鱼米之乡、富庶之地。然而，在工业化进程中，水乡地区因地形、交通、投资成本等因素的制约，逐渐成为东莞经济发展相对落后的地区。据统计，水乡10个镇街（除虎门港）的GDP仅占全市的15.4%，

---

[1] 吴碧华：《水乡如何治水 专家支招 主要河涌都设个"河长"》，《东莞时报》，http://dgtime. time-dg. com/html/2012-10/31/content_1041616. htm，2012年10月31日。

[2] 王永强：《东莞将再现鱼米之乡自然生态》，《新快报》，http://news. ifeng. com/gundong/detail_2014_03/28/35219636_0. shtml，2014年3月28日。

平均可支配收入也仅为全市平均水平的 66%，扶贫村数量占全市的 64%。如何使水乡地区摆脱相对落后的境地，重新走上富裕之路，早已成为水乡地区民众的迫切愿望，这亦是实现东莞社会经济全面、均衡发展的必然要求。"只有市区和沿海的发展，没有山区和水乡的崛起，东莞就不能叫高水平崛起。山区片和水乡地区要'两翼齐飞'，这两翼崛起了，东莞才能高水平崛起。"[1]可以说，在当前的社会语境下，发展水乡地区对于东莞而言具有特别的意义，它是体现东莞转型发展、创新发展的大平台，肩负着为东莞打造新的"增长极"以及创新发展模式的双重使命。

（二）东莞水乡建设中的创新与保护

2013 年，《广东东莞水乡特色发展经济区发展总体规划（2013—2030 年）》正式对外发布。根据《规划》，东莞水乡的建设将分"三步走"战略：2013—2017 年为"初见成效"期；2018—2020 年为"基本成型"期；2021—2030 年为"全面建成"期。在地理空间的规划上，水乡经济区被划分为三个空间管制分区：一是生态控制区，即禁止建设区域，规划面积 187.8 平方公里，占水乡经济区总土地面积的 36.8%，包括现状为非建设用地的生态保护区和现状为建设用地的生态修复区。二是建设发展区，指优先发展和重点建设区域，规划面积 242.6 平方公里，占水乡经济区总土地面积的 47.6%，包括水乡新城区、城镇生活区、工业发展区等地区。三是弹性引导区，指限制建设区域，规划 79.6 平方公里，占水乡经济区总土地的 15.6%，包括乡村居民点、轻柔产业区和现状为生态环境敏感、建设有混杂、高污染高能耗产业等地区。[2]

在城镇空间的布局上，水乡经济区形成了以"水乡新城"为核心的，并配合有区域发展轴和功能联系带的"组团集聚、轴带强心、圈层布局"式基本空间结构。所谓"组团集聚"是指以组团模式组织新城、生活、乡村、工业以及轻柔产业等功能，强化城镇空间集聚、紧凑、有序发展。"轴带强心"是指强化珠三角东岸区域发展轴和穗莞惠区域发展轴，加强东莞市区与水乡各镇街的联系，打造滨江产业带和港城联系轴，形成两级中心体系。"圈层布局"则主要表现为：围绕东莞市区

---

① 《东莞加快水乡特色发展经济区建设 破解经济难题》，《南方日报》，http://www.gd.xinhuanet.com/2014-03/13/c_119745388.htm，2014 年 3 月 13 日。

② 《东莞拟以水乡新城为核心 组团发展十镇一港》，东莞阳光网，http://wnd.sun0769.com/newsc.asp?id=79397&cPage=1，2014 年 5 月 7 日。

的万江街道、高埗镇，发展商贸、休闲等服务功能，为市区协调圈层；围绕"望洪枢纽"的望牛墩镇、洪梅镇、道滘镇，发展旅游休闲、文化创意等特色服务功能，为水乡服务圈层；位于外围滨江地区的沙田镇、麻涌镇、中堂镇、石碣镇、石龙镇，发展装备制造、港口物流、电子信息等产业功能，为滨江产业圈层。

（作者简介：江丹，深圳职业技术学院讲师；彭云峰，东莞理工学院文传学院讲师）

宣言时代：透过上海双年展探寻城市定位，1996—2012

赵婷婷

引言

随着全球化经济发展的日益扩张，城市间越来越相似的事实已不容忽视。在城市的历史维度被抹平的同时，城市的深度与其具有辨识力的特质也被一概抹去。问题随之而来，当我们将一座城市看成是与人类一样具有生命力的主体时，城市该怎样回溯并重新捕捉、反思以重新启用它过去的历史文化形式？一座城市又如何借由这一反思来启迪并丰富其 21 世纪的多元化和人性化的发展空间？我们可以将纽约 19 世纪的 Greenwich Village 和 1960 年的美国先锋艺术纳入我们的思考版图，来探讨艺术性的文化是怎样赋予一个城市独特的生命动力的。以上的例子开启了一系列重新思考文化与城市生活的可能性，即艺术可以塑造并改变我们的生活。艺术家不仅只是被动地描述并反映社会变化，他们更有一种能动性去洞察社会变化并用艺术的方法改变城市生活的面貌。

本文借由自 1996 年到 2012 年的九次上海双年展这一独特载体，来考察上海在经历变化中的冥思并不断重新制造自己的城市定位的过程。我们注意到，多数的上海双年展不但没有受到足够的重视，反而受到了严厉的指责，尤其那些来自先验的欧美艺术评论家们，他们大多指责双年展不具有地方代表性，其艺术作品更是无法匹敌国际标准。

这样的观点显然是偏激的。我认为，只有考察双年展与城市的互动，将其作为一个多元化的城市在纵向发展过程中苦苦搜寻自己历史和在全球纬度中搜寻世界级城市的独有定位，我们才可以充分理解并敬仰双年展的策划人及艺术家的远见卓识，并且我们还可以询问并开始分析：双年展的宣言是如何来阐明艺术对于上海现在及未来的意义的？宣言是怎样构建艺术家这个群体的，又是怎样定位并塑造观众群的？双年展自身是如何不断重新定位并实现与城市的互动的？这样的研究必然引发我们新的讨论。

一、世界级城市——需求与要求的双行道

上海与世界级城市画上等号并不是由来如此的。芝加哥大学社会学系教授萨斯基娅·萨森(Saskia Sassen)在1991年定义了"世界级城市"一词，并以全球金融为指标确定了三所世界级城市：纽约、伦敦和东京。① 上海并未在列。直到2001年，在《全球网络·连结城市》一书中，萨森才将上海作为崛起的世界级城市来讨论。②萨森的研究指出了有关上海的另一种叙述模式，即上海通过努力变成一个世界级城市。在这个努力的过程中，很大一部分是通过学习模仿其他已成为世界级城市的模式而来的。萨森注意到，即使纽约、伦敦和东京的历史不同，这三座城市在一个特定的时间段都会经历一段几乎相同的文化政治和经济的发展和变化。在她的理论框架中，世界级城市有其独特的运行方式，与传统的巨型城市不同，也并不一定在经济和政治上与帝国主义或民族国家挂钩。根据萨森的看法，世界级城市在四个方面发生作用：第一，其在世界经济体系中高度集中的指挥力度；第二，世界级城市是已取代制造业从而成为经济支柱行业的金融和特殊服务公司存在的重要定居点；第三，作为生产的中心，世界级城市同时在同行业内制造创新；第四，世界级城市是产品与创新产品的消费地。③ 世界级城市主要在经济、金融、电信方面最为突出，而这些方面主要是通过在城市间，而非国家间的资本流动和信息流动而实现，同时，为何全球要求一种新型的管理方式和城市建构去为经济发展服务，也就显而易见了。因此，被称为世界级城市的城市建

① Saskia Sassen, *The Global City：New York，London，Tokyo*（萨斯基娅·萨森：《全球城市：纽约·伦敦·东京》），Princeton, N. J. ：Princeton University Press, 1991.

② Saskia Sassen, *Global Networks，Linked Cities*（萨斯基娅·萨森：《全球联系，城市联系》），New York：Routledge, 2002.

③ Saskia Sassen, *The Global City：New York，London，Tokyo*（萨斯基娅·萨森：《全球城市：纽约·伦敦·东京》），Princeton, N. J. ：Princeton University Press, 1991.

构大体相同，也会重复出现一种相似的城市风貌。^① 我们至少可以从萨森的研究中得到三个重点：第一，城市聚焦发达资本主义的矛盾与冲突；第二，有一种占主导地位的基础设施重复出现在城市里；第三，城市肩负着两个重要的功能，经济金融中心和满足其居民包括外来移民的居住地。^②

但是，上海城市的两个功能并不平衡，因为与对市民和新市民的关注相比，城市的发展重心更偏向资本发展的部分。上海在经济迅猛发展的同时，其基础设施反而主要由经济需求来决定，而不是由城市居民的需要来决定。城市里的居民因此被资本主义所带来的生活方式所同化也因而不堪重负。这样的基础设施导致了城市居民空间与心理上的紧张感、拥挤度和文化的分裂与独自发展。这样的紧张感和拥挤度在日常生活中随时都能显现：工作场所、公共交通、城市活动，等等。个人与个人之间如同陌生人一般，即使出现在同一个地方也没有交流，更有甚者，集中的科技发展与电子设备造成的电子基础设施营造了一个网络空间，使得一般的市民无法穿透。^③ 如果我们将一座城市看成是与人类一样具有生命力的主体，那么它该怎样去回溯并重新捕捉、反思以重新启用它过去的历史与丰富的文化，从而启迪现在的上海去寻找一个充满人性化的身份和发展空间呢？这一问题显然值得我们进行深入研究。

双年展可以被视为一个城市在全球城市社区中定位自己的载体之一。它本身就意味着与其他艺术展的不同。这是一个特殊的，有古老传统的和最大规模的展览。^④ 区分双年展和其他展览的不同不仅体现在规模上、时间上的区别，还有对于现代艺术的关注度、国际上的影响力和与展出城市当地特有文化的区别。尤其

———

① Saskia Sassen, *Why Cities Matter*, in Burdett, R. and Ichioka, S. (eds.) *Cities：People，Society，Architecture，exhibition catalogue of the* 10th *International Architecture Exhibition—Venice Biennale*（萨斯基娅·萨森：《为什么城市重要》，《城市：人民、社会、建筑、展览丛刊、第十届维也纳双年展国际建筑展》），Venice：Rizzoli，2006，pp. 26—51.

② Saskia Sassen, *The Repositioning of Citizenship：Emergent Subjects and Spaces for Politics*（萨斯基娅·萨森：《公民的重新置放：显现的主体与政治的空间》），*Cr：the New Centennial Review*， Vol. 3，No. 2（2003），pp. 41—66.

③ Saskia Sassen, *Why Cities Matter*, in Burdett, R. and Ichioka, S. (eds.) *Cities：People，Society，Architecture，exhibition catalogue of the* 10th *International Architecture Exhibition—Venice Biennale*（萨斯基娅·萨森：《为什么城市重要》，《城市：人民，社会，建筑，展览丛刊，第十届维也纳双年展国际建筑展》），Venice：Rizzoli，2006，pp. 26—51.

④ Barbara Vanderlinden, and Elena Filipovic, *The Manifesta Decade：Debates on Contemporary Art Exhibitions and Biennials in Post—Wall Europe*（芭芭拉·范黛琳、伊莲娜·菲利普：《宣言的十年：争议欧洲现代艺术展览及双年展》），Cambridge, MA：MIT Press，2005，p. 47.

重要的是，双年展强调的并不是国家的身份，而是以城市为主题的网络关系。

针对双年展与城市关系这一话题，时任 2004 年维也纳双年展的主席大卫·科洛夫(Davide Croff)说，双年展是维持城市与各种节日艺术形式的链接。双年展对于维也纳、意大利，甚至对于全世界来说都至关重要。维也纳拥有辉煌的过去，但它现在却站在创新的最前沿。它不仅是一座纪念过去的丰碑，它更作用于当下，并面向未来。①在科洛夫的理解中，双年展作用于城市的定位。借用这种理解考察上海双年展，就会发现双年展是上海在构建自我定位、解惑城市居民需求和寻找文人化都市文化中的重要一环和不可或缺的场所。

二、双年展及其宣言

自 1996 年至 2012 年，每一届双年展都透过艺术来折射城市对于自我定位的反思、创建与再创建。在这一节里，我将简要分析九届双年展发表的宣言，并将其置于社会政治发展的大格局中，进行历时性的分析。

相对于 2000 年的双年展，1996 年以"开放的空间"为主题、1998 年以"融合与拓展"为主题的两届双年展甚少被艺术评论家关注。只有在 2000 年回溯历届展览时，著名艺术评论家，现任尤伦斯当代艺术中心馆长的田霏宇(Philip Tinari)才点评道："之前的两期，相对于单纯艺术上的展示，更多起到了地区性政治的气压计的功能。"②他的评点一方面固然正确地指出了艺术的非自主性，但另一方面却忽视了双年展的价值。1996 年的第一届双年展至关重要，因为它正举办于世界第一届维也纳双年展百年诞辰之后的这一年。正如时任上海美术馆馆长方增先所言："上海美术馆是在一个具有重要意义的时刻举办'96 上海美术双年展的……双年展是我们迈出的第一步。我们将争取在 2000 年把双年展办成国际大展。"③

2000 年举办了主题为"海上·上海——一种特殊的现代性"的双年展和 2002 年举办了主题为"都市营造"的双年展集中关注了上海这一特殊地方性的极速都市

---

① *A mission to make sense of the Biennale：Interview Davide Croff*（《理解双年展：采访大卫·科洛夫》），*Financial Times*，2005.

② Philip Tinari, 6th *Shanghai Biennale*（田霏宇：《第六届上海双年展》），*Artforum International*，2006, p. 292.

③ 方增先：《在'96 上海（美术）双年展闭幕式上的讲话》，《'96 上海美术双年展：学术研讨会文集》，上海人民美术出版社，1996 年版，第 89 页。

化现象。2000 年的双年展最为受到艺术家的赞赏，被称为"史上留名的"的展览，因为其在邀请国际艺术家、运用新型艺术装置与多媒体和具有艺术影响力三方面都在前两届的基础上有了巨大的变化。更重要的是其在社会政治上的意义，即 2000 年的双年展标志着"上海是中国的上海"的宣言展示，正如著名艺术策展人侯瀚如所言："重要的是，如今现代化的上海已经不是过去的形象了，虽然有一个半殖民的历史，但如今的上海是一个非常中国化的城市。上海的快速发展应该被理解为上海这座城市对于西方资本主义无穷尽的经济文化近乎统一模式扩张的一种抵抗，而不是一种简单的延展。"①其中，上海过去的历史指的是 19 世纪末 20 世纪初上海作为西方半殖民城市的不好的名声；上海的快速发展指的是其重现在民族国家的框架中重新定义自己名声的过程。2000 年双年展"'海上•上海'的宣言不仅颂扬了上海融合西方和东方的独特性，更标志着上海对于自身'中国的沿海城市'的一个确认"。②

如果说 2000 年的展览偏重于上海在西方和东方之间地理性上的确认，那么 2002 年的展览便开始了在全球化大语境下探讨上海独特的文化环境、居住环境和与其他城市不同的物理住宅环境的不同。正如宣言所言："本届双年展探讨迅速推进的都市化进程……思考乡村与都市、传统与现代、本土与全球、保护与发展、传承与创新等当代全球文化发展的新课题。"③考察展览后的评语，我们注意到一些国际上的评论家开始将上海双年展置于与其他城市双年展的对比之列。艺术评论家雷切尔•怀德斯（Rachel Withers）在评论巴西圣保罗 2002 年"大都会图景（Metropolitan Iconographies）"的双年展时，注意到和上海 2002 年"都市营造"主题的相关性，并称上海双年展"一鸣惊人地关注城市与全球化"。④ 这个例子证实了上海与其他国际城市在关注现实问题的同步性。

2004 年的"影像生存"双年展、2006 年的"超设计"双年展和 2008 年的"快城快客"双年展作为一个整体，集中关注了上海在其几年中最新的问题，包括高科

———————————

　① 侯瀚如：*Shanghai Spirit：A Special Modernity*，上海美术馆编：《2000 上海双年展》，上海书画出版社，2000 年版，第 5 页。（原文为英文，此处为笔者所译）

　② Philip Tinari, 6th *Shanghai Biennale*（田霏宇：《第六届上海双年展》），*Artforum International*，2006，p. 292.

　③ 方增先：《前言》，许江、李向阳主编：《都市营造 Urban Creation：2002 上海双年展》，秋雨印刷（上海）有限公司，2002 年版，第 4 页。

　④ Rachel Withers, *Shanghai Biennale*.（*Preview*）（雷切尔•怀德斯：《上海双年展》），*Artforum International*，Vol. 41，No. 1 (2002)：p. 103.

技对人类生存环境的影响、实用艺术的另一种可能性和快速都市化进程中多元化都市空间与居住环境的冲突。对于策展人来说，设立下"上海双年展有志于更好地为公众服务并实现作为文化中心的价值和意义"的目标，其实已经远远超越了展出时下面临的科技、艺术和外来人口增多等带来的社会问题，它真正的目标是提出一个可行性方案。

以2004年双年展"影像生存"为例，当宣言中写到"它致力于在人文关怀中思考技术的发展，在技术发展中建立人文的关怀"，其实包含了两个步骤。[①] 第一步是反思科技发展的历史并指出这个发展并不受控于人类。当科技依照自己的逻辑发展下去，它便拥有了不需要人类指挥的自主性。第二步则建议人类应该将自己的自主性融入科技的发展中，不但不能被最新的科技所吓退，更要自如地将科技作为自己的一个道具来使用。再以不断更新的手机为例，从翻盖到滑盖，从键盘到触屏再到声控，从接打电话功能到可以拍照、上网等多功能的扩展，手机的不断发展与更新已远远超过人们原先对手机的基本需要，这时，人们是否能够根据自己的需求来挑选和使用手机的功能成为关键。

2006年双年展以"超设计"为主题，宣言进一步阐释道："一方面今日设计要冲破全球时尚的藩篱，揭开时尚的文化幻象……另一方面，（我们）要切断时尚对于人的异化之链，让设计归返到真实的需求世界中去完成自身。"[②]田霏宇敏锐地指出这一年的主题与国家当下呼吁的"创新性生产"有着紧密的联系。这个呼吁针对当下中国作为世界工厂的窘况提出建议，强调设计与艺术的融入可以提升产品的价值（非价格）。这不但与大量无目的消费相反，更是鼓励在生产过程中融合人类的自主性创造力。[③] 进而言之，它是一个对于现行主流消费文化的挑战，和对中国城市的非生产中心可能性的思量。

2008年双年展的主题"快城快客"是一个综合城市及其居民的词汇，包含了城市对人的整体关怀。"快城"意指城市的迅速发展，"快客"意指其居民的快速位移和其对城市活力做出的贡献。此次双年展针对公共交通、城市与居民的多元化

---

① 方增先：《前言》，方增先、许江主编：《2004上海双年展：影像生存》，上海书画出版社，2004年版，第10页。

② 许江：《设计危机与超设计使命》，方增先、许江主编：《第六届上海双年展：超设计》，上海书画出版社，2006年版，第13页。

③ Philip Tinari, 6th *Shanghai Biennale*（田霏宇：《第六届上海双年展》），*Artforum International*，2006，p. 292.

互动等问题加以探究。

自 2010 年上海世博会以来，同年的双年展主题"巡回排演"和 2012 年的"重新发电"和之前双年展的主题稍有不同。如果 2004 年至 2008 年的双年展是针对城市的当下问题予以深究，那么 2010 年至 2012 年则开始关注更深层也更隐秘的问题：全球化影响下的消费崇拜。2010 年的"巡回排演"不仅指其展馆可以被视为艺术品的陈列场所，更强调其是"生产性的、变化中的、反复试验的感性现场"。[①] 若是从舞台演出的角度出发，"排演"不同于最后的"成品"，因为它强调的是过程而不是最终的结果，它认为过程比结果更重要。排演与商品消费对立，更深一层地说，最后的演出可以作为商品在市场上出售，而排演的过程却是转瞬即逝，不是最终产品，也没有办法销售。通过摆脱被销售的命运，排演的过程就不需要顺从于特定的形式，它的思想就可以更改，也更具有流动性，正是在这种流动性中产生了创意。诚如布莱希特所言，"排演的目的是突破各种成规旧事和既成定俗的解决方式。排演是一个实验，去探讨突破此时此刻的多种可能性"。[②] 2010 年的双年展，反思社会，也反思了其自身的展览性质。

2012 年的双年展展示了以前没有的策略，即鼓励"发电机型"的艺术家：他们不仅不消耗能量，却能输出更多的能量。[③] 这与城市一样，城市不但是能量输入的接受者与消耗者，更是能量的输出者。这些艺术家贯通了个人与群体、他者与自我、劳动与创造、日常与奇迹的界限。正如宣言所说："'重新发电'并不只是把发电厂搬到远离城市的地方，也不只是简单地关于思想能源的诗性阐发，而是对于我们生存方式的资源性命题的反思。"[④]

三、宣言的历程——创意与内涵

《开放的空间》(1996)

《融合与拓展》(1998)

---

① 第八届上海双年展策展团队：《何谓"排演"》，方增先、许江主编：《2010 年第八届上海双年展：巡回排演》，文化艺术出版社，2010 年版，第 30 页。(原文为英文，此处为笔者所译)

② 第八届上海双年展策展团队：《何谓"排演"》，方增先、许江主编：《2010 年第八届上海双年展：巡回排演》，文化艺术出版社，2010 年版，第 35 页。(原文为英文，此处为笔者所译)

③ 胡劲军：《重新发电的上海双年展》，许江、李向阳主编：《重新发电·第九届上海双年展》，上海当代艺术博物馆，上海雅昌彩色印刷有限公司，2012 年版，第 15 页。

④ 《主题展》，许江、李向阳主编：《重新发电·第九届上海双年展》，上海当代艺术博物馆编，上海雅昌彩色印刷有限公司，2012 年版，第 67 页。

《海上·上海》(2000)

《都市营造》(2002)

《影像生存》(2004)

《超设计》(2006)

《快城快客》(2008)

《巡回排演》(2010)

《重新发电》(2012)

本节将双年展的宣言作为自成一体的文类，进行细读，这里的宣言超出了其本身宣传的意义，它指向过去和现在对于缺点的认识，更指向并制造对于未来的憧憬和抱负。

对宣言进行历时性的分析便能注意到宣言经历了从短到长、从描述现状到开放讨论式的变化。宣言的变化证明了会展策划人有意识地改进宣言，并意识到宣言本身可以吸引更多的关注并散射影响力。值得注意的是，在法语中，"宣言"既是动词也是名词，[①] 这意味着双年展的主办人不仅只是简单地陈述宣言，而且也更积极地向观众宣言他们的想法。

每一届上海双年展的主题词汇都是全新的多语言结合，不但有别于过去塑造民族国家一类的词汇，也并非中文词语中的日常用语或古文。它们似乎是从英语翻译中而来，却也不是已存在的常用英文，而是新构成的词汇。"巡回排演"(Rehearsal)和"重新发电"(Reactivation)都用"Re"这样一个词素，表示自省和重新开始。"超设计"和"快城快客"都不是符合语法的词汇，"超设计"的"超"意味着充分和极致，"设计"更是动词兼名词的形式，这个词与"工业设计"正好相对，意旨对大批量生产的工业设计的批判。"快城快客"(Translocalmotion)拥有三部分，"Trans""local"和"motion"，这意味着对于地理空间和界限的超越。这些主题名词并不属于任何现存的中文或者英文，它们为上海双年展所独有，也展示了双年展的一个雄心壮志：不仅仅使用现有词汇去展现描绘艺术的能力，而是用探讨未来的方式去开拓新的词汇并实现新的价值。

双年展中一以贯之的重点之一是对空间的重视，不但 2012 年的双年展强调

---

① 斯唐·查拉发现法语中"宣言"可以同时做动词和名词。

了展馆的位置从上海美术馆移到了热电厂，其他几届的展览也强调了在中心场馆之外还有网状铺开的其他展馆。从举办了八届双年展的上海美术馆移到2012年的上海热电厂，不但暗示着从一个文化聚焦点移动到一个资本生产的聚焦点，这个移动本身也达到了吸引观众的目的；主展馆与分展馆的并存更在上海全面铺开了双年展的影响力，这种中心与边缘的结合更加寓言式地叙述了一种现代化强压下，集中建构的另一种可能性，即边缘的存在，这种边缘的并存更是一种孩童式的否定对话，展出的内容也更具有偏向自由主义的元素。从中心与边缘的结合中，我们能看出两种作品的对比：博物馆中的总体艺术完成品和博物馆外完成却表达了异质想法的作品。人们在博物馆中的欣赏总会抱有一种如乔纳森·卡勒提出的"超保护合作原则"[①]，亦即使艺术作品光怪陆离甚至无法理解，也总被放置在中心位置，被观众注视并试图理解，这样一种展品顺利实现了本雅明所谓的"展览价值"。然而，如果设想同样光怪陆离的展品被放置在城市建筑群之中，那么艺术作品就会无法避免地同周围的功能性建筑物产生冲突，这时"超保护合作原则"失效了，艺术作品直接面对的是冰冷的现代化发展而接受比较。这时的艺术面临着两种潜在的未来：一种是被完全忽视，一种是被观看者挑战。然而这种挑战、震惊以及艺术与其所处环境的离合感正塑造了它的价值：边缘的艺术作品与其说强调和谐，不如说更加强调碰撞与摩擦。当展馆内的艺术寻求认同感的同时，展馆外的艺术却寻求批判与革命性的震惊效果，它需要更多的勇气去承担批评，也同时背负起改变城市日常生活中居民的重担：如同梁启超曾经倡导过的一般，去"刺""提"观者的想法并制造思考的空间。

双年展不仅影响到了参观展览的人，更对参与者的美学经验带来了影响，而这个影响还延续到了参展以外的时间。美学经验不是一个空洞的词汇，正如著名美学家王斑所说，美学经验包含我们的感触、知觉、感觉、感性、情感和身体的经验。这种美学经验不仅作用于主体创造艺术的时候，更作用于每个个体每一天的日常生活，和其在群体之中的生活方式。当我们对某种文化模式有了非常强烈的接受，这个特有的韵律和行为方式的本质，我们就可以说是一种美学经验。或者，当我们在对某种形式产生极度的愉悦时，感觉到感观的无限丰富和身体的融

---

① "超保护合作原则"原是文艺理论领域的词汇。参见 Jonathan Culler, *Literary Theory：A Very Short Introduction*（乔纳森·卡勒《文学理论：简介》），Oxford：Oxford University Press，1997.

入，我们也可以说是一种美学经验。① 如此，看完展览并受到其感染的观者将这种感染带到日常生活中去，在潜意识中丰富并改变着自己对于外物的接受，当人们从观者变为市民的时候，便可以带着这个经验重新认识上海这座城市，以及自己与它的关系。

虽然每届双年展的宣言长短不一，但似乎都是为了实现同一个目标：阐释在一个经济城市中移植艺术的重要性。这个艺术展览从不是一个封闭的空间，而是一个完全开放的空间，可以通过它思考过去、检验现在并重设未来。这一系列的宣言本身便是一个自己试图寻找、预言和实现的过程。② 新的宣言也都会视过去的宣言为自己的过去而予以影射。

开放的姿态在宣言中一览无遗，这也决定了其创新的实质。正如雷蒙·威廉斯（Raymond Williams）所言，"去阐释从未得到阐释的"。③ 宣言不仅应被看成是一种象征，而更是一个将其顺理成章的过程打断并积极重构的转折点。④我们知道宣言都会在双年展的前期、中期和后期被打印、分发并流传。在 2006 年以后，宣言更多地使用"我们"这个代词来表明策展人与艺术家的主动参与，"我们正处在一个设计无所不在的时代"。⑤ 策展人不是居高临下，而是将自己与读者并置，表达同一个目标。这个"我们"至关重要，因为它不是一个单独的权威性的表达形式，而是一个集体的声音、一个人们共同需求的努力和一个用这种人性化的方式去塑造双年展的决心。这个"我们"也包含了城市里的居民。唯有认识到以上这些特性，我们才能更好地理解策展人及其对双年展做出的努力。

四、共享的历史——过去与他者

上海面临的问题可以在其他城市找到，也在关于现代性的讨论中随处可见。

①　Wang Ban, *The Sublime Figure of History: Aesthetics and Politics in Twentieth—Century China*（王斑：《历史的崇高形象：二十世纪中国的美学与政治》），Stanford, Calif: Stanford University Press, 1997, pp. 6—7.

②　Reinhart Koselleck, *Vergangene Zukunft: Zur Semantik Geschichtl Zeiten*（柯塞勒克：《在早期近代之消逝的未来》），Frankfurt am Main: Suhrkamp, 1979.

③　Raymond Williams, *Marxism and Literature*（雷蒙德·威廉斯：《马克思主义与文学》），Oxford, Eng.: Oxford University Press, 1977, p. 206.

④　Martin Puchner, *Poetry of the Revolution: Marx, Manifestos, and the Avant—Gardes*（马丁·普赫纳：《革命之诗：马克思、宣言与先锋艺术》），Princeton: Princeton University Press, 2006, p. 2.

⑤　许江：《设计危机与超设计使命》，方增先、许江主编：《第六届上海双年展：超设计》，上海书画出版社，2006 年版，第 11 页。

许多学者意识到现代性带来的时间的真空性。阿兰·布迪厄认为我们所处的文化缺少"对时间的任何想法"。他认为："明天以后的时间都变成了抽象，昨天以前的时间又无法理解。"①弗雷德里克·杰姆逊也意识到我们回到了黑格尔体系中的"历史的终结"，一种对于历史意识的准确把握消失的症状，这对杰姆逊来说，意味着"整个未来的液体化"。② 其他学者则注意到我们这个时代缺少人的能动性的参与，未来可能一并消失。③安德里亚斯·胡伊森指出："当我们越快地进入一个没有信心的未来，我们就更多地意识到有必要慢下来，我们更应在过去的回忆中寻找答案。"④

针对担忧未来的哲学问题，艺术提供了一套解决方案。双年展试图构建一个曾经存在却被当今忽视的上海历史。这其中的两个例子分别是 2010 年展出的"城市的皱纹"和 2012 年展出的"上海方舟"。这两个展览不约而同地将过去视为我们这个后现代主义所能拥有的最好的避难所，一个可以改变我们生活中时间性问题的重要环节。之前提到的阿兰·布迪厄在观察我们 1980 年后的时代时，关注到它"没有革命，没有政治上的创新，没有任何创造力……我们正处于一个弥留的中间状态，在古老，没有活力的过去和一个充满虚假商业化和一个用武装保护未来之间"。⑤

现代的马克思主义思想家假设了一种我们同时缺少历史与未来的情况。杰姆逊认为现代的文学和文化已经无法接纳将过去的时间和未来的时间作为自己的定位标志的事实。⑥特里·伊格尔顿（Terry Eagleton）表示同意，并认为在 1970 年后的保守主义下，"我们的历史感知已经逐渐变得迟钝，这反而迎合了那些有权

① Alain Badiou, and Alberto Toscano. *The Century*（阿兰·布迪厄：《世纪》），Cambridge：Polity Press，2007，p. 105.

② Fredric Jameson，*The End of Temporality*（弗雷德里克·杰姆逊：《时间性的终结》），*Critical Inquiry*，Vol. 29，No. 4 (Summer 2003)，p. 704.

③ Amir Eshel，*Futurity：Contemporary Literature and the Quest for the Past*（阿米尔·艾舍尔：《未来性：当代文学与对过去的诉求》），Chicago；London：The University of Chicago Press，2013，p. 176.

④ Andreas Huyssen，*Present Pasts：Urban Palimpsests and the Politics of Memory*（胡伊森：《现在的过去：城市羊皮纸与记忆的政治》），Stanford, Calif：Stanford University Press，2003，pp. 21—25.

⑤ Alain Badiou, and Cécile Winter. *Polemics*（阿兰·布迪厄：《论辩》），London：Verso，2006，p. 38.

⑥ Fredric Jameson，*Postmodernism，Or，the Cultural Logic of Late Capitalism*（弗雷德里克·杰姆逊：《后现代主义，或晚期资本主义的文化逻辑》），Durham：Duke University Press，1991，pp. 16—25.

力者的希望，即我们不会再去想象一个与现在的世界大不相同的另一种可能性"。① 这种"时间的末端"或是"历史的危机感"都是对于过去和未来的抹除，只活在当下。② 当然，现在的学术界对于这种悲观的、认为未来液体化的想法已经产生了质疑，这些学者向我们展示了如何在当今的社会环境里依然可以维持一种对于未来的感知。③

与此同时，我们也可以从艺术作品中看到在与过去相关的印象里隐藏着的对于未来的希望。其中的一个例子即是法国艺术家 JR 的跨越全球维度的作品：城市的皱纹。这一系列作品质疑了城市与其居住者的回忆。作为 80 后的 JR 意识到城市里的青年一代无法感知时间的流逝，也无法理解历史的重要性，更无法理解历史隐藏的与每个个体的历史经验及与整个人类的历史经验紧密相关的事实。JR 也深刻意识到回忆随时会消失得无影无踪，特别是当在代表这个城市回忆的老年人离开我们的时候。将老年人的回忆与城市的建筑放置在一起想象，JR 想告知观者：不要遗忘老年人传递给青年一代的历史的重要性。为了搜集素材，JR 会亲自采访上海的老年居民，与他们谈论他们的记忆以及与这座城市一起承载的历史。在采访的过程中 JR 拍下照片，放成巨大的画像粘贴在城市里废弃房屋的墙上。这样的巨型肖像完全震撼了观者，而这个震惊正是艺术家所期待的，正如 JR 所说："改变世人看世界的方法，也就是改变了事物本身。"④"城市的皱纹"是一个国际化的展览，它在各个城市将老人，以及城市本身的皱纹展现给城市里的居民看。如今，这个展览除上海外，还曾到过西班牙的卡塔赫纳、美国的洛杉矶和古巴的哈瓦那。⑤

JR"城市的皱纹"让其观者经历了另一种现实（如图一）。这并不是真实现实的完全再现，而是一种真诚的体验和一种被无意识唤醒的记忆体验，这种无意识的记忆是与本雅明所谓的"有意识的功利记忆相区分的"。并不是图片的真实性吸引

① Terry Eagleton, *After Theory*（特里·伊格尔顿：《文学理论之后》），New York：Basic Books，2003，pp. 6—7.

② Fredric Jameson, *The End of Temporality*（弗雷德里克·杰姆逊：《时间性的终结》），*Critical Inquiry*，Vol. 29，No. 4 (Summer 2003)，p. 704.

③ Amir Eshel, *Futurity：Contemporary Literature and the Quest for the Past*（阿米尔·艾舍尔：《未来性：当代文学与对过去的诉求》），Chicago；London：The University of Chicago Press，2013，p. 15.

④ Magda Danysz, and Emile Abinal, *The Wrinkles of the City*（JR：《城市的皱纹》），A Project by Jr=Cheng Shi Ji Li：(exhibition, Shanghai, Gallery Magda Danysz, from 23 October to 11 December, 2010)，Rome：Drago, 2010.

⑤ http://www.jr-art.net/projects/the-wrinkles-of-the-city-shanghai.

图一　JR，《城市的皱纹》系列艺术品代表之一（Rome：Drago，2011）

（图片源自网络）

了观者，也不是它的展演价值和颜色的展示，而是那一张张饱经沧桑的脸、被弃置的房屋以及那些具有强烈人性的岁月积累的皱纹给予了画像一种特殊的"灵韵"。整组分散至上海各个房屋墙面的画像强调的是个体的居民，每一个人都有自己的灵魂和回忆，但却又是一个整体，一个整合了共同居住在这个城市里的见证。画面上的老人被照片捕捉的瞬间，正是他们沉浸在自己无限回忆中的瞬间，他们闭着眼睛，或思考，或微笑，这样生动的画面绝不是为了拍照而刻意做出的样子，也正因为如此，他们的脸部表情并不是僵化的或者可以被归类的。本雅明谈到过"早期的人们看到摄像机时，呈现出非人类和僵死的表情，似乎照相机记录了人和照相机的相似处却不回赠一个关注"。[1] 当这些画像放置在一个以熟悉的城市风景线为背景的整体相片中时，这些充满人性化的画像给予了这座城市一种新的人性化精神。

第二个例子不但重新回溯了这个城市和城市里的人的历史，还重新调动这个历史去指引一个可能性的未来——市民与外来居民的和谐共处。当大都市逐渐变成跨国际劳动力的集中地时，也拥有了跨文化的身份。跨国际化对于一个城市的定位以及其居民对于这个城市的忠诚度有着重要的影响，这也决定了这个城市脱

---

① 　Walter Benjamin，*Illuminations*（瓦尔特·本雅明：《启迪》），New York：Schoken Books，1968，p. 188.

离国家城市，而和其他国际城市相比拟的可能性。① 城市是来自各国的人们相聚的场所，也是多元文化产生的场所。而一个国际性大城市国际性的表现不仅在它的电信基础设施和国际公司的多少，而更在城市里多元化的生存环境。

"上海方舟"（Rescue：Shanghai Ark）（如图二）展示了上海历史的一个切片：在"二战"中作为拯救三万犹太难民的天堂。这个展示寓意强调上海的开放，在简介中写道："第二次世界大战期间，德国法西斯大肆迫害犹太人，慑于纳粹的淫威，欧洲多国拒收犹太难民。而在此刻，上海向犹太难民敞开了大门。""上海方舟"集合了一百多张由以色列摄影大师于 1927 年至 1957 年间，在上海南京东路171 号的摄影工作室拍摄的照片。照片中既有犹太人也有上海人。驻上海的以色列领事馆领事点评道："这些照片讲述了真实发生在上海的故事，包括照片中的人、犹太社区的故事，犹太人在上海找到了庇护、工作、成功和天堂的故事。"② 照片的顺序也表示犹太人和当时上海居民友好生活在一起的场景。

图二　Sam Sanzetti,《上海方舟》系列艺术品代表之一（中国，2012）

（图片源自网络）

---

① Saskia Sassen，*The Global City：New York*，*London*，*Tokyo*（萨斯基娅·萨森：《全球城市：纽约·伦敦·东京》），Princeton, N. J.：Princeton University Press, 1991, p. 88.

② http://www.isconshanghai.org/web/event.php? id＝93.

这个特殊的展览意义重大，它意味着当灾难来临时，生存的办法便是互相帮助，而这正是 2012 年双年展的副主题：共存。虽然过去在讲述上海的历史时，犹太社区的存在并没有作为其主要构成部分，然而通过上海双年展，这个犹太难民的历史被重新唤起。这样一种共存可以实现超越"我们"和"他们"之间的界限。在"二战"中，德国正是由于指认犹太人是"他者"才对他们实行辨别、排斥甚至迫害。而当犹太人逃往上海，他们没有被认为是"他者"，从而结束了痛苦的经历，这种多种族共存的历史被重新唤起和塑造，意在作为指引现在上海新一轮多元化发展的灯塔。这个过去意在开拓人们曾经拥有的一种能力——关心并指涉真正的社会问题，通过人类主体去掌握未来。[①]

这段历史在两个方面丰富了展览的意义：第一，与犹太社区共存的历史暗示着上海在过去有这个能力去适应并融合多种族的文化，并且也预示着同样的能力可以适用于上海现在所处的全球化语境；第二，犹太人大屠杀被认为是人类历史上最黑暗的一个时段，然而，上海和当时的上海居民并没有对悲剧置之不理或者闭目不见，相反，他们适时地采取行动加以干预，这段过去便被赋予了重量和意义，这个意义正是汉娜·阿伦特（Hannah Arendt）所指的"诞生性"（natality），一种人类主体性与可能改变未来的憧憬。

对于"诞生性"的理解与对于过去和未来的理解紧密挂钩。即使在几十年前，当学者提出"我们怎样才能将未来视为一个开放的和可以改变的空间"时，阿伦特已经通过提供"诞生性"这个概念予以解答。[②] 在《人的境况》一书中，阿伦特首次构建了"诞生性"这一关键词。"诞生性"指的是每一次出生的瞬间都表示一种"修改"未来世界的可能性，所以每一个瞬间都意味着改变未来的可能。阿伦特本身是犹太人，且经历过"二战"。她身处于一个对个人能力深表怀疑的年代，却反而重申了个人行动的重要性，因为这个行动会改变个人的命运。她对于人类可以重新塑造所处现实以及对她所面对的境况的理念深信不疑。在 1952 年，阿伦特写

① Amir Eshel, *Futurity: Contemporary Literature and the Quest for the Past*（阿米尔·艾舍尔：《未来性：当代文学与对过去的诉求》），Chicago；London：The University of Chicago Press，2013，p. 14.

② Fredric Jameson, *Archaeologies of the Future: The Desire Called Utopia and Other Science Fictions*（弗雷德里克·杰姆逊：《未来考古学：乌托邦欲望及其他科幻小说》），New York：Verso，2005. Also see Russell Jacoby, *Picture Imperfect: Utopian Thought for an Anti—Utopian Age*（也见拉塞尔·雅各比：《不完美的图像：论反乌托邦时代的乌托邦思想》），New York：Columbia University Press，2005，p. 5.

道："我们通过反思来捕捉过去，通过维持来把握现在，通过行动来掌握未来。"①在同一篇文章中，阿伦特强调无论是意识到自己所处环境无可救药，或者意识到只要变换一种行为方式便能干涉通向未来的道路，这两种情况同样重要。②

阿伦特提出的"诞生性"重申了人类主体可以制定并重设人的未来的可能性。即使社会的变化无法避免，这些变化也不应简单地理解为负面的，即不应简单理解为外来居民涌入城内与原有住户形成对立关系。相反，应用一种积极的姿态去寻找社区内部的能力，并寻求共存。如此这般，双年展所展出的"上海方舟"应是诱发这一系列思考和取消二元对立的"我们"和"他们"间的重要一环。③

五、消费和创意性生产

全球性资本扩张不但影响了各国各地，还影响了人们的日常活动和日常经验，从而制造出一种"异化的消费文化"④。对这种异化的消费文化的关注解释了为何多期上海双年展持续关注生产这一元素，而且更重要的是，双年展不予强调最后的成品，而是强调成品完成之前的过程。在此，我将先进行理论框架上的讨论，再具体分析双年展的展品。

早在《1844年经济学哲学手稿》中，马克思便指出生产环节中的"异化"，即工人被自己所生产的产品异化，因为产品一旦被生产出来，就被他人剥夺从而脱离了工人的手。后马克思主义学者延承这一思考，指出了消费环境中的异化性，即消费者在消费和使用产品中被异化。埃里希·弗罗姆（Erich Fromm）指出消费文化中的异化主要寄存于"占有商品"的模式取代了"成为所购物"的模式。占有模式把物品视为贪婪的私人财产，而成为模式则建立在群体的共同经验、共同活动的基础之上。⑤弗罗姆将"占有"和"成为"作为完全对立的存在，并指出，只有当人类从占有模式转变为成为模式，才可以脱离心理和经济上的大灾难。占有模式无

---

① 英文翻译：We capture the past through reflection(Sinnen), the present by sustaining(Erleiden), and the future through action(Handeln).

② Arendt, Hannah, *Ursula Ludz, and Ingeborg Nordmann*（汉娜·阿伦特：《思索日记》），Denktagebuch: 1950 Bis 1973. München: Piper, 2002. I; p. 208. 所引内容写于1952年，早于《人的境况》的发表日。

③ 《上海方舟》，许江、李向阳主编：《重新发电·第九届上海双年展》，上海当代艺术博物馆编，上海雅昌彩色印刷有限公司，2012年版，第481页。

④ Douglas Kellner, *Media Spectacle*（道格拉斯·凯尔纳：《媒体奇观》），London: Routledge, 2003.

⑤ Erich Fromm, *To have or to be?*（埃里希·弗罗姆：《占有还是生存》），New York: Harper & Row, 1976, p. 128.

法让其消费者满意，因为物品已被异化，并在消费者无法参与的过程中完成，商品甚至遮掩了"生产"这一事实，不让消费者发现其背后的生产关系和权力关系。法兰克福学派的西奥多·阿多诺曾将艺术与大众产品做区分，因为后者的功能主要是取乐与使人分心，而艺术却具有解放性质的潜在性。当艺术有了自己的主动权，它便能拒绝物化的思想，拒绝主流的秩序，同时提供一个"另一个世界"的想象和图景。

从 2004 年起一系列的上海双年展都洞察到了消费文化的霸权主义和消费社会的景观性存在。面对这些问题，双年展提出了两种解决方案。第一，将艺术生产的过程重点揭示出来；第二，指出通过参与这个过程，便可以将人的主体性与艺术相融合。通过参与艺术制造的过程，不但可以将人们的创造力和对于艺术的感知力重新唤醒，也可以平衡对消费文化的总体依赖性。

2004 年双年展的主题是"影像生存"，这暗示了事物的存在与事物的视觉可观性的区别。照相技术和摄影技术大大提升了事物的可观性，然而，其负面的作用却是将三维物体缩印成了二维的平面。一个二维的平面图片剥夺了去认知图片背后的生产、矛盾以及解决矛盾的多种因素。商品同样如此，商品的表面将社会关系隐藏起来，而剩下的只有图片——商品物化后的最终形式。

2006 年的"超设计"更是直接且猛烈地批评了工业艺术。如上所述，"超设计"即"非普通设计"，不是为了大量生产而设计，而是为了表达艺术家自身的创意而设计。这个设计的想法即使稍纵即逝，却也是被称赞的。与实用设计不同，具有创意的设计会缩小并消除创作人和他的产品之间的鸿沟，从而减少了创作人被异化的幅度。对于艺术来说，一件艺术品存在的最高价值就在于它消失的一瞬间，而它的意义则在于那一瞬间内最大地得到体现。例如双年展中，在一个黑暗的房间中设置许多可以发出微弱光芒的灯泡，然后每个灯泡只有一瞬间被点亮，由于这样一种瞬间性，这份艺术作品没有办法被保存，也没有办法被完全记录。这样的艺术作品通过确立自己的非消费性来讽刺消费文化。2010 年的"巡回排演"同样顺着这个逻辑，强调了不断变更的排演过程和这种不确定性，而非最终的结局。这种主题的双年展的目的旨在使得生产背后的工序和机械透明化，从而使观者理解景观背后发生的事件和过程。

由此可见，上海双年展并不是一个边缘性的发生，它紧密地融合了国际危机下对于艺术创造和艺术消费的关注的问题。上海双年展不仅关注这些问题，而且更将之与另一个国际性的因素相联系：与其余城市双年展的主题保持一致，例如 2006 年的塞维利亚双年展和 2007 年的莫斯科双年展。

雅克·朗西埃(Jacques Rancière)在谈论到 2007 年的莫斯科双年展时，强调其对于商品霸权性的关注。他说，"如今，似乎人们对于人权和人类自主性的普遍性追求被另一种普遍性取代了：商品的普遍性，或者说，对于商品普遍性的某种定性的概念"。① 这种试图消解商品崇拜的尝试并不只存在于艺术领域，同时也在上海市民的日常生活中有所体现。面对上海市民消费崇拜的习惯，许多艺术家试图解释成为消费者并不是居民必须承担的社会责任，也不是其唯一的社会责任。艺术家试图摇醒那些沉睡在商品构建的梦幻里的人，增强他们的主体意识，从而减少被异化的程度。双年展同时也为城市出谋划策，正如上海 2012 年双年展宣言所说："热电厂建筑功能的重新定位和开发，并不只是废旧资源的再利用，而是整个城市生态的反思和重新设计。"② 这种能量是一个比喻，不同于石油或者天然气，这个能量来源于合作，也来源于商品资本与人文资本的和解。这段宣言想象了一个不只是进口商品的城市，而是一个出口人文资本的城市。

综上所述，上海双年展不但质疑艺术的生产，同时还提供了一套与实践并行的理论上的关注。结果是理论与实际的结合与互相支持，这里的理论并不高深，而是直接指涉在上海的艺术现状；实践也并不通俗，而是结合理论对于大问题的关注。上海双年展由此不应被视为一系列没有达到国际标准的艺术展，而应该被视为不断探索都市现存问题的场所，在失败中寻找另一种可能性的不断尝试。③ 上海双年展的意义重大，它不但反思了上海历年的文化生产过程，而且强化了文化生产的功效及其对城市文化发展的贡献。双年展起着如指南针一般的功能，它理解现在并指引未来。

（作者简介：赵婷婷，斯坦福大学东亚语言文化系博士）

---

① 雅克·朗西埃：《在莫斯科双年展 2008 年 12 月 17 日的发言》，http://2nd.moscowbiennale.ru/en/rancier_report_en/。

② 《主题展》，许江、李向阳主编：《重新发电·第九届上海双年展》，上海当代艺术博物馆编，上海雅昌彩色印刷有限公司，2012 年版，第 67 页。

③ Martin Puchner, *Poetry of the Revolution: Marx, Manifestos, and the Avant—Gardes*(马丁·普赫纳：《革命之诗：马克思、宣言与先锋艺术》)，Princeton: Princeton University Press，2006，p.226.

上海市非物质文化遗产生产性保护现状的调查报告

刘　慧

华东师范大学民俗学研究所 2012 级博士、硕士研究生近三个月的田野调查，以静安、长宁、卢湾、黄浦这四个上海核心城区作为主要研究对象，走访了 85 家生产性非物质文化遗产保护单位，对上海非遗生产性保护企业的基本情况有了总体性认识，对其在生产性保护中创新发展所面临的问题和困境进行了宏观与微观的考察，力图展现上海作为国际化大都市和中国文化产业发展一线城市的非遗发展路径，从而为更好地实践中国非物质文化遗产生产性保护做出一些有益的探索。

一、问题的提出

非物质文化遗产生产性保护是指在具有生产性质的实践过程中，以保持非物质文化遗产的真实性、整体性和传承性为核心，以有效传承非物质文化遗产技艺为前提，借助生产、流通、销售等手段，将非物质文化遗产及其资源转化为文化产品的保护方式。"生产性保护"是当前我国非物质文化遗产与立法保护、抢救性保护和整体性保护并列的基本保护方式之一。在非物质文化遗产中，包括传统美术、手工技艺、传统饮食和传统医药、炮制类等在内的传统技艺类项目具有转化为文化产品的市场基础条件，通常被列入"生产性保护"类企业。生产性保护的核心理念是对非遗的"活态传承"，特别是在经济全球化和工商业文化快速发展的今天，通过政府、市场、企业、传承人以及保护主体的多方介入，把传统遗留物转化为一种非遗产品和文化商品，使其得到传承并存在于人们的日常生活中，建构一种新的消费观，这将是未来都市化、城镇化背景下文化遗产向文化产业转化的主要方法。

从 2003 年联合国教科文组织颁布《保护非物质文化遗产公约》算起，对"非遗"这一概念的实践与探索已过去了十多年。在这十几年中，中国掀起了一轮又一轮的申遗热潮，国家机关、各级政府、相关企事业单位、高校、基层组织以及领导干部、专家学者、传承人、文化工作人员、商人，甚至普通的消费者、老百姓都或多或少地卷入了这一场热潮中。非遗——无论是作为一个科学概念还是作为普通的商品符号、知识信息——正在走近人们的日常生活。当然，围绕非遗的相关知识谱系，也不可避免地产生了更多新的观点、概念、提法和思考，比如：活态传承、生产性保护，等等。虽然这些观念本身就与文化保护之间有着不可调和的矛盾，但正是在这诸多的话语中间，形成了一股文化实践的张力，这种力量伴随着非遗过去的十几年，未来仍将继续。

　　非遗强调的是传承人的本位的保护方式，因此在很大程度上决定了被成功申报的非遗项目，它的发展路径和延续方式必然会随着传承人的更迭呈现出不同的历史面貌，这种变还可能依然是很个体化、精英式的结局。而且，活态传承作为保护的必然要求也不断地给制度的制定和政策的落实带来了难题，因为只有当政府的引领行为变成一种全民理解并参与的日常生活实践之后，传承才可能真正"活"起来，否则，文娱团体和传承人演出式的活态传承，生产的只能是被暂时消费的"非遗"。更重要的是，对于一项完全被建构起来的话语体系，我们不能只考虑企业或个人应该如何迎合"生产性"，而是应从反向思维入手，去考察"非遗""活态传承""生产性"这些概念在实践中的真实遭遇，如若不然，语境改变，我们的思路就会同保护实践相左，甚至出现贻笑大方的结果。进而，本调查的目的在于通过对非遗生产性保护单位和传承人的走访，通过"去非遗化""去生产性"的反思手段，调查"生产性"在基层非遗实践中遭遇到的话语困境和现实难题。

　　2012 年年初在北京全国农业展览馆举办过一次"中国非物质文化遗产生产性保护成果大展"，这次展会由中央十几个部委联合主办、特邀全国各地市近百个项目参展，且作为生产性保护实施一年来的政绩展示，无论是项目水平和经营状况，都是卓有成效的。2012 年下半年，在上海体育馆东亚展览中心，上海每年一度的民博会（民族、民俗、民间文化博览会）顺利举行，其中上海本地的"非遗"仍然是展览的重要组成部分，且大多数具有生产性保护资质。类似的展会在全国各地还有很多，无论其规模大小，带给民众的感觉就是：作为一种精神财富的"非遗"可以是看得见的、真正活态存在着的。当然，抛开展览的政治因素和商业因素，甚至不考虑任何"文化""非遗"这样概念化的符号，传承已久的民间技艺、绝活和美轮美奂的艺术飨宴之所以得以称扬，并不是因为有了非物质文化遗产这样的标识，而是因为在各自的行业和艺术领域，有着一批长期坚守和创造的"人"，这些人正是通过今天非遗对文化的重新定位来实现他们从普通百姓到精英身份的转换，所以，通过生产性手段保护"非遗"的目的就是在尊重传承人各自行业和艺术背景的前提下，来实现他们在"非遗"语境下的继续成长。

生产性保护一方面强调要保持非物质文化遗产的本真性特征，另一方面要求应适当地进行技术创新和艺术的再生产。二者之间需要很好地协调和把握，特别是在产品设计上要做到从传统中发现新的价值元素，同时又要把现代理念融入传统的载体中去。非物质文化遗产从根本上讲是大众的、人民的，因此只有坚持用大众的眼光来思考自身的艺术创作和艺术生产，才能把握生产性的精髓，脱离艺术规律和民俗要求的遗产传承最终只能走向死胡同。因此是否要进行创新将是非遗在生产性这个新的语境下必须思考的首要问题。我们认为，民俗和非遗最重要的表现形态就是精英性质的，它是由精英引领、大众参与的文化消费行为，每一项被成功申报的非遗项目都代表了一个地域甚至一个民族最精华的文化成分，这种成分是保持在传承人血液里的东西，因此要牢牢依靠传承人去感受一种文化形态的走向，而不能用行政命令和学者的思维来左右文化主体的表达权。从这个意义上讲，创新也是在一定文化语境中的创新，没有文化基质的传统是没有创新力的，因此，生产性的非遗项目本身就标志着这些工艺具有强大的创新内驱力，如果因为成功申报了非遗就要求这些原本自然生长发展的民间技艺绝活标签化、意识形态化，结果只会给后人留下遗憾，正是因为非遗的活态要求，生产性的提法才呼之欲出。

二、上海非物质文化遗产生产性保护的整体现状

截止到 2012 年 12 月，上海市级非遗项目中共有 85 项传统技艺类项目归属于生产性保护的范畴（见表 1），分为手工技艺、传统饮食、传统美术和传统医药药物炮制类 4 大类，其中手工技艺类 29 项、传统饮食类 25 项、传统美术类 27 项、传统医药药物炮制类 4 项。

表 1　上海市非遗项目传统技艺类结构表

分类	手工技艺	传统饮食	传统美术	传统医药药物炮制
项目数(个)	29	25	27	4
百分比(%)	34	29	32	5

　　从项目的生存状况来看(见表2)，传统饮食类有17个项目、手工技艺类有11个项目、传统美术类有16个项目、传统医药药物炮制类有4个项目分别被列入"好"和"比较好"之列，占总数的56%，"差"和"比较差"的项目共14项，其中传统饮食类有3项，手工技艺类有10项，传统美术类1项，约占总数的16%。总体来看，近半数生产性保护项目的生存状况较好，尤其是与大众日常生活关系比较紧密的项目具有较好的自我造血功能。

表 2　上海非遗生产性保护项目的基本生存情况①

生存状况	手工技艺 (29项)	传统饮食 (25项)	传统美术 (27项)	传统医药药物炮制(4项)
好 (0—1分)	1. 传统钱币生产的手工雕刻技艺 2. 传统龙凤旗袍制作技艺 3. 民族乐器制作技艺 * 4. 老凤祥金银细工制作技艺 * 5. 三林刺绣技艺	1. 王家沙本帮点心制作技艺 2. 南翔小笼馒头制作工艺 3. 杏花楼广式月饼制作技艺 4. 功德林素食制作技艺 * 5. 梨膏糖制作技艺 6. 老正兴本帮菜肴传统烹饪技艺 7. 五香豆制作技艺 8. 鼎丰乳腐酿造工艺 9. 上海黄酒传统酿造技艺 10. 神仙酒传统酿造技艺	1. 吹塑纸版画 2. 海派剪纸艺术 * 3. 金山农民画艺术	1. 余天成堂传统中药文化 2. 六神丸制作技艺 *
比较好 (2—4分)	1. 中式服装盘扣制作技艺 2. 古陶瓷修复技艺 3. 朵云轩木版水印技艺 * 4. 钩针编织技艺 5. 海派绒线编结技艺 6. 培罗蒙奉帮裁缝缝纫技艺 *	1. 小绍兴白斩鸡制作技艺 2. 凯司令蛋糕制作技艺 3. 高桥松饼制作技艺 4. 本帮菜肴传统烹饪技艺 5. 国际饭店京帮点心制作技艺 6. 上海老饭店本帮菜肴传统烹饪技艺 7. 枫泾丁蹄制作技艺	1. 奉贤乡土纸艺 2. 海派玉雕 * 3. 顾绣 * 4. 竹刻 * 5. 三林瓷刻 6. 罗店彩灯 7. 海派紫砂艺术 8. 建筑微雕 9. 上海细刻 10. 何克明灯彩艺术 * 11. 海派面塑艺术 * 12. 印章艺术雕刻 13. 石雕	1. 竿山何氏中医文化 2. 敛痔散制作技艺

　　① 评价标准为产品利润收益、传承人数量、工艺完整性以及其在同类产品中的市场占有率综合得分相加。有"*"标记的为国家级非物质文化遗产代表性项目。

生存状况	手工技艺 （29项）	传统饮食 （25项）	传统美术 （27项）	传统医药药物 炮制（4项）
一般 （5—6分）	1. 徐行草编工艺 * 2. 汉字印刷字体书写技艺 3. 曹素功墨锭制作技艺 * 4. 周虎臣毛笔制作技艺 * 5. 亨生奉帮裁缝缝纫技艺 * 6. 石库门里弄营造技艺 * 7. 罗泾十字挑花技艺 8. 海派旗袍制作技艺	1. 钱万隆酱油酿造工艺 * 2. 郁金香酒酿造技艺 3. 崇明老白酒传统酿造技法 4. 上海米糕制作技艺 5. 羊肉加工技艺	1. 紫檀雕刻 * 2. 奉城木雕 3. 象牙篾丝编织 4. 上海宣传画 5. 连环画 6. 灶花 7. 月份牌年画 8. 海派绒绣 * 9. 棕榈叶编织 10. 烙画	
比较差 （7—8分）	1. 手工织带技艺 2. 药斑布印染技艺 3. 鸿翔女装制作技艺 4. 乌泥泾手工棉纺织技艺 * 5. 京剧服饰制作技艺 6. 土山湾手工艺 7. 土布染织技艺 8. 法华牡丹嫁接技艺	1. 涵大隆酱菜制作技艺 2. 绿杨村川杨菜点制作技艺		
差 （9—10分）	1. 鲁庵印泥制作技艺 * 2. 马陆篾竹编织技艺	三阳泰糕点制作技艺	海派黄杨木雕 *	

从列入生产性保护的四大类项目的结构上来看，传统饮食类和传统医药药物炮制类项目的总体生存状况较好，25个传统饮食类项目中，约80%以上的项目自我生存发展状况良好，个别比较差的传统饮食类项目由于其所属企业性质受制于体制机制的束缚，难以灵活和自主地经营。传统医药药物炮制类项目都属于"好"和"比较好"的生存状况。

从生产性保护类项目企业来看，手工技艺、传统饮食、传统美术和传统医药药物炮制四个类别的差异较大。其中，50%的手工技艺类项目没有特定的生产企业；传统饮食类项目基本都有相应的企业和门店，其中本帮菜肴传统烹饪技艺则有老饭店、老正兴等多个企业共同经营；传统美术类和传统医药药物炮制类的大部分项目也面临着有传人无生产企业的现状。

从生产性保护类企业的经营规模来看，虽然约60%以上属于中小企业，年收入在100万元以下，但也出现了企业总销售额亿元以上的企业（见表3），约占

15％左右，其中传统饮食类项目居多，以王家沙本帮点心为例，节日期间的收入可达到每天 20 多万元。

表 3　年销售超过亿元的保护项目（企业总销售额）

手工技艺（3 项）	传统饮食（6 项）	传统美术（2 项）	传统医药药物炮制（2 项）
1. 民族乐器制作技艺 * 2. 老凤祥金银细工制作技艺 * 3. 钱币生产的手工雕刻技艺	1. 南翔小笼馒头制作工艺 2. 杏花楼广式月饼制作技艺 3. 鼎丰乳腐酿造工艺 4. 上海黄酒传统酿造技艺 5. 国际饭店京帮点心制作技艺 6. 功德林素食制作技艺 *	1. 海派紫砂艺术 2. 海派玉雕 *	1. 余天成堂传统中药文化 2. 六神丸制作技艺 *

总体而言，上海非物质文化遗产生产性保护工作尚处于起步阶段，其发展落后于国内其他地区。2011 年 10 月文化部公布"第一批国家级非物质文化遗产生产性保护示范基地公示名单"，涵盖 39 项国家级名录项目，涉及 20 个省（自治区、直辖市），上海无一入选。综合考量，主要存在以下几方面的问题。

第一，缺乏生产性保护的统筹规划发展和战略部署，政府、社会民间组织和企业间没有形成有效的合力。目前上海对于非遗生产性保护项目的开发尚无整体性的规划部署，各个项目主要依靠自身的资源和老字号品牌效应在市场上单打独斗，部分市场空间狭窄的项目处于传承人依靠一份热情在苦苦支撑的局面。这一方面由于政府的财政投入、政策扶持力度不够，单纯依靠政府资助无法促使"非遗"项目实现规模生产；另一方面，由于项目种类繁多，项目产权不清晰，外来资本的投入也存在较大风险，投资方大都持观望态度，政府、企业、保护单位和传承人、以及社会民间组织等多方力量之间没有形成有效的合力。

第二，非遗企业的产品开发局限于功能价值（使用价值）上，文化价值尚未得到充分开发，"以文兴文"的良性循环没有形成。从非遗的价值体系来看，功能价值、文化价值、社会价值、审美价值并存，在生产性保护中，价值挖掘，特别是文化价值的体现尤为重要。而上海非遗企业的产品中以其使用价值为主，如传统饮食的价值仍然体现在吃的层面，卖的是产品，充其量比一般的食品手艺和口味更胜一筹，但没有体现出非遗独特的餐饮文化价值。以梨膏糖为例，虽然也在中药养生概念上有所创新，但并没有挖掘蕴含在其中的上海说唱文化的价值，而还是依然停留在单纯地卖糖，卖老字号产品，缺乏在文化上做文章的理念和意识，与一般的商业经营无异。在非遗文化元素的提炼、创意设计，符号价值的运营和知识产权的交易等方面有待进一步深入和强化。

第三，非遗企业现代企业制度和职业经理人的缺失，使其在市场运作、营销方式方面能力明显不足，成为制约发展的瓶颈。"非遗"生产性保护必须借助市场的渠道，才能形成影响力，目前上海非遗生产性保护的问题一方面是社会上对非遗项目的认知度还不够，非遗文化价值的市场认同度也不够，缺乏忠实的消费群体，另一方面，由于现代企业制度和职业经理人的缺失，非遗项目保护单位或传承人在市场运作、营销方式方面的能力不足严重制约其发展。比如许多好的产品由于缺乏市场营销和运作，出现了"养在深闺人未识"的现象，无法做大做强。

第四，非遗企业产权不明晰成为其缺乏活力的体制障碍。在调研中发现，不少非遗生产性保护企业由于存在产权不明晰，体制不健全，缺少内部激励机制，企业人员开拓创新的积极性不高，经济效益不显著。比如亨生西服、龙凤旗袍等著名老字号被开开集团兼并，老凤祥被中国铅笔二厂收购，曹虎臣被新世界集团收购，这些非遗企业大多由母公司派遣经营者承包，按照一般生产企业的方式经营，通常自负盈亏，因此，非遗文化在自我传承和创新发展过程中缺乏内在的动力。

第五，项目技艺传承方式单一、资金和人才来源匮乏是非遗企业的普遍问题。尽管非遗企业在传统技艺方面具有个性化特色，但在传承和创新中，不同的企业面临着一些普遍问题。在相关非遗企业的座谈会上，几乎所有的企业都提出缺钱、缺传人、缺好的传承机制等问题。比如，市区两级的传承补助资金和相关扶持政策不到位，一些项目陷入生存困境；传承人待遇低、年轻人没有学习兴趣，致使不少项目后继无人；一些老字号企业的体制机制不顺畅，没有良好的激励机制，也影响了生产性保护的开发积极性。

第六，利用非遗元素进行产品创新开发，存在着知识产权保障问题。非物质文化遗产作为智力成果的特性，与知识产权客体之间存在着深刻的内在联系，同时非物质文化遗产所蕴藏巨大经济价值的实现取决于其在一定范围内的产业化。因此，非物质文化遗产的生产性保护必然会碰到知识产权问题。基于对非物质文化遗产的可持续发展实践，目前尚缺乏阻止未经准许而将非物质文化遗产要素据为己有、控制传统群体之外的人对非物质文化遗产的商业使用，不能使非物质文化遗产的传承人和持有人获得公平合理的补偿，也缺乏促进非物质文化遗产的利用和发展等方面的专职工作机构。这一方面导致社会成员对非遗元素的滥用和非遗权益人知识产权的屡遭侵犯，另一方面也使得非遗项目单位宁愿使非遗元素荒废，也不愿意让其他社会成员开发利用。

此外，非遗的生产性保护还没有与正在蓬勃兴起的文化创意产业形成较好的良性互动关系。文化创意产业是指依靠创意人的智慧、技能和天赋，借助于高科技手段对文化资源进行创造与提升，通过知识产权的开发和运用，生产出高附加值的产品，具有创造财富和增加就业潜力的产业特点。尽管我国在对文化创意产业进行分类和确立发展的重点时，充分借鉴了欧美、亚太等国家和地区的分类体系，并结合中国国情，确立了以促进工业化、城市化和现代化为主要特征的文化创意产业统计分类体系，但是，在以媒体产业、艺术产业、工业设计、建筑设计、网络信息产业、软件与计算机服务业、咨询服务业、广告及会展服务、休闲娱乐服务、文化创意相关产业等十大类为主要支柱产业的文化创意产业体系中，中华传统文化元素作为重要的文化资源，双方却没有达成有效的结合。如果我们把传统文化元素、现代科学技术、产品及其服务与市场通过创意元素有机地结合起来，可以有效地提升文化产品内容与形式的创新力、扩大文化价值观的影响力、增强文化对产业的辐射力与文化传播的吸引力和提升全民文化素质。因此，通过借助高科技和多媒体等创新手段，将传统文化中的精髓较完好地延续下去并进一步发扬光大，这样既有效地传承了传统文化，又在内容和形式上有所创新。

三、城市核心商业区的非遗保护模式与产业发展路径

从本质上讲，大都市的城市精神就是消费文化，而非物质文化遗产来自历史的积淀和记忆，上海作为中国城市文化的发端，更是诞生了一大批老字号企业和工艺形态，相比于中国传统农耕文明的保守性和固定性而言，这些从城市消费文化中遗留下来的工艺水平和技术更具开放性和流动性，它是整个城市向前发展的文化财富。从某种意义上讲，当初的老行当能够立足和发展并成为今天的老字号，正是由于它们代表了一个时代的文化风尚，在市场占有率和产品知名度上拥有了成为遗产的可能性。当然，产品不是非遗保护的目的，留住工艺和文化创造的精神才是目的，但话说回来，没有产品这个目的作为手段，也不可能实现作为手段的技艺这个目的。在遭遇消费社会和城市工业化之后的非遗，必须从生产性保护中汲取经验教训，而上海本地的每一个非遗项目都有一段重要的创业历史和

发展过程，这个过程就是生产性保护最好的借鉴。

（一）舌尖与指尖：作为产业缩影的黄浦区"非遗"发展现状

本次调研所涉及的黄浦区非物质文化遗产项目包括传统技艺、传统饮食、传统美术和传统医药药物炮制4类共16项，其中传统饮食类9项、传统美术类2项、手工技艺类4项、传统医药药物炮制类1项。（见表4）黄浦区是上海市非遗生产性保护单位最为集中的区域，特别是豫园、城隍庙一带，集中了几乎所有的海派饮食企业和产品。

表4　上海市黄浦区生产性保护部分非遗项目

序号	类别	项目名称	保护单位地址
1	传统饮食	上海老饭店本帮菜肴传统烹饪	上海市福佑路242号
2		五香豆制作技艺	上海市闵行区立跃路1768弄88号2号楼
3		功德林素食制作技艺	上海市南京西路445号
4		梨膏糖制作技艺	上海市浦东新区东方路3643号
5		老正兴本帮菜肴传统烹饪技艺	上海市黄浦区福州路556号
6		小绍兴白斩鸡制作技艺	上海市金陵东路422号2楼（后门）
7		杏花楼广式月饼制作技艺	上海市黄浦区福州路343号
8		南翔小笼馒头制作工艺	上海市黄浦区豫园路85号
9		国际饭店京帮点心制作技艺	上海市南京西路170号
10	传统美术	海派玉雕	上海市福州路542号2楼综合办公室
11		印章艺术雕刻	上海市福建中路392号
12	手工技艺	培罗蒙奉帮裁缝缝纫技艺	上海市福建中路香粉弄38号
13		曹素功墨锭制作技艺	上海市金陵东路422号5楼
14		周虎臣毛笔制作技艺	上海市金陵东路422号5楼
15		老凤祥金银细工制作技艺	上海市漕溪路258弄26号
16	传统医药药物炮制	六神丸制作技艺	上海市黄浦区汉口路239号

根据调查，80%的企业都还坚持传统的手工制作，但有部分企业已经开始使用机械化、自动化的大规模生产，如梨膏糖、五香豆就因为原有的操作工艺难以满足市场需求，也很难符合国家食品安全管理的相关规定，而逐步实行机械化生产。部分企业存在员工不足、稳定性差，尤其是面对脏、苦、累及待遇和相关劳动保障不能令员工满意的情况下，这种问题更加突出，曹素功墨锭制作技艺就面临这样的难题。

原材料方面，大部分企业都有充足良好的货源，个别企业如小绍兴更是有专门的养殖基地和屠宰场，它们在食品安全形势严峻的情况下，能够以充足良好的原材料保证口味和质量。雷允上药业西区有限公司在天然麝香量较少且难以获取的情况下，以人工麝香成功替代天然麝香，保证了六神丸的生产和药效。调查中还发现部分企业受"酒香不怕巷子深"的思想影响，在营销宣传上相对被动，很少在媒体上主动宣传，且多以扩大市场为直接目的，对其本身蕴含的非遗要素挖掘不深，没有进行很好的价值提炼。销售交流方面，六神丸远销香港、东南亚，老凤祥、印章雕刻等承接全国订制，小绍兴发展出了40家加盟店，梨膏糖、五香豆开起了网店，即使是老饭店、老正兴这样主要是堂吃的传统饮食类非遗项目，也开发出许多外卖食品服务；且大多数企业都能够积极参与同行间的交流，并且与国内外其他单位的交流也较为频繁，在这一点上，行业协会发挥了积极的作用，促进了产业本身的发展与创新。

总体而言，黄浦区非遗产业集群效益较好，但目前的成就大多源于企业原有的发展基础。调查问题概述如下：

第一，政府缺乏统一规划，政策、资金不到位。非物质文化遗产的生产性保护，不仅需要政府多个部门的配合，也需要企业、传承人及社会民间组织的积极参与。但目前上海市尚无整体性的非遗生产性保护开发规划部署，加之黄浦区各个非遗项目的层次不同、特点各异，各个项目主要依靠自身的资源和老字号品牌效应在市场上单打独斗，而政府各部门、企业、保护单位和传承人以及社会民间组织等多方力量之间也未能形成有效的合力。另外，政府的政策扶持、财政投入力度不够，相关政策资金的不到位也是制约非遗生产性保护的因素。

第二，企业对非遗的认识不足。企业员工甚至其负责人对非遗的概念、价值、意义等理解不够深刻，由此对非遗的工作重视程度不足。而有些企业对于生产性保护的理解则更为浅显，只单纯追求产品的经济效益，忽视了非遗的真实性和整体性，对非遗项目所蕴含的文化价值视而不见，未能进行充分的开发。这一问题在传统饮食类非遗中体现较为明显，如梨膏糖虽然开拓出网络销售的新渠道，但仍只限于单纯的产品销售，传统销售方式——文卖、武卖的说唱艺术——没有被很好地挖掘和利用，文化价值没有很好地体现出来。

第三，宣传不足，企业营销滞后。虽然目前非遗保护运动进行得如火如荼，但公众对于非遗的认知广度和深度仍有待提高。如老凤祥虽然品牌很响，但很多人并不知道老凤祥金银细工这项国家级非物质文化遗产。另外，许多企业缺乏现代化的市场运作和营销方式，而且社会大众对非遗项目的认知程度普遍较低，尤其是对于传统饮食类非遗项目而言，如果企业对其文化价值的宣传力度不够，很难发展扩大消费者群体。

第四，传承方式单一、资金和人才来源匮乏。目前黄浦区各非遗项目的传承方式比较单一，仍然以师徒传承为主，现任传承人大都年龄偏大，传承人后备力量薄弱。由于学徒工待遇低、学习周期长、年轻人兴趣不大等原因，许多非遗项目缺少年轻力量。另外，市区两级的传承补助资金和相关扶持政策不到位，传承人审批机制不合理，也是挫伤企业及传承人积极性的主要因素。

(二)老字号与 CBD：传统与现代在这里集结

静安、长宁、卢湾三区是上海市的核心城区，特别是作为传统的商业中心，从南京西路到陕西北路，静安区更是拥有独具特色的上海商业文化，这里诞生了包括今天非遗项目在列的很多家老字号企业和商业品牌，近百年的积淀使这里的日常饮食、服饰、工艺技术成了沪上独具魅力的文化遗产，当然，它们共有的特点就是都具有相当的投资价值和市场化运作潜质，尤其是在商业中心聚集的区位优势下，每一种技艺、行当的创业经营史都是弥足珍贵的精神财富，亟须我们调查和研究。通过对比分析，我们将这一区域的生产性项目做了归类：

表 5　生产性保护中的两大趋势：企业主体型与传承人主体型

区	项目名称	类别	市场化及运营方式
静安区	凯司令蛋糕制作技艺	传统饮食	隶属上海梅陇镇(集团)有限公司，西点连锁
	王家沙本帮点心制作技艺	传统饮食	隶属上海梅陇镇(集团)有限公司，中餐小吃
	鸿翔女装制作技艺	手工技艺	隶属上海开开(集团)有限公司，名牌、百货
	龙凤旗袍制作技艺	手工技艺	隶属上海开开(集团)有限公司，非日常商品
	亨生奉帮裁缝缝纫技艺	手工技艺	隶属上海开开(集团)有限公司，精英服务
	鲁庵印泥制作技艺	手工技艺	私人化经营，历史口碑，秘方模式
长宁区	古陶瓷修复技艺	手工技艺	文物专业领域，传承人主体，技巧型
	朵云轩木版水印技艺	手工技艺	特殊专业工种，技巧秘方型
卢湾区	海派面塑艺术	传统美术	艺术欣赏类，传承人主体，技巧型
	海派绒线编结技艺	手工技艺	艺术欣赏类，传承人主体，技巧型
	海派剪纸艺术	传统美术	艺术欣赏类，传承人主体，技巧型

1. 集团效应：上市公司推动遗产转化

据调查，凯司令、王家沙是上海两家非常著名的饮食品牌，前者以西式餐点著称，后者以中式小吃闻名，现都以公司制经营，并同属于梅陇镇集团①，获得投资的老字号企业纷纷建立自己的连锁经营模式。作为西方餐饮文化的西点制作技艺，凯司令能挤进中国非物质文化遗产名录，更是代表了都市老字号品牌的实力和市场影响力。无论是挖掘传统元素还是紧跟年轻人的口味，不同的发展模式，紧跟市场的"非遗"，这就是成功企业对生产性保护的理解。从非遗研究的角度来说，除了精湛的工艺技术能代表非遗，更重要的是一种符号传递，这些老字号品牌本身就意味着传承人和遗产经营者敢于开拓市场。从民俗传播的角度来说，这些老品牌想在今天立足，更需要一定的媒体力量进行介入，只有广而告之、立足市场，才能引领风尚。如果作为饮食行业的非物质文化遗产不能被世人知晓，实在令人无法理解，饮食行业的原则就是生产适合老百姓胃口的食物，而今天被申报成功的制作技艺也将给予传承人对明天心怀希望的力量源泉。总而言之，保护一项非遗，就是维护一个品牌、保护一个符号、传承一种文化。

上海开开集团作为老上海制衣行业的投资大亨，旗下拥有鸿翔女装、龙凤旗袍和亨生西服三大老字号品牌，这三个有着不同定位的制衣技艺同时也被列为非遗生产性保护计划之内，它们传承百年的裁缝技艺以及成熟的公司经营模式势必会给国内更多类似非遗项目提供借鉴。② 在面对现代服饰多样化需求和国际化奢侈品行业的冲击下，三大老字号制衣技艺同样面临着复杂的市场环境，如何整合这些上海老品牌，如何保存这些技艺，创造属于这个时代新的市场影响力，相关企业和个人都进行了很多尝试。近年来，这些老字号品牌积极走传承、创新发展之路，将经典与时尚、传承与创新融合起来，设计出既可 T 台走秀又便于日常穿着，同时满足于不同层次消费群体的海派经典服饰。

所谓"大树底下好乘凉"，以企业为主体进行申报的非遗项目，往往更适合进行生产性保护的有益尝试，因为长期在市场中经营，对行业状况和未来发展都十

---

① 上海梅陇镇（集团）有限公司旗下有梅陇镇、绿杨村、王家沙、凯司令四个老字号的餐饮与饮食品牌。

② 上海开开（集团）有限公司是国有资产授权经营的集团公司，被列为上海市 54 家重点扶持大型企业集团之一。目前集团总资产达 30.5 亿元，年销售逾 29 亿元。集团自 1996 年组建至今，通过不断改革创新和卓有成效的资本运作，已从服装制衣业为主发展到医药业、百货业、外贸和出口加工业、毛纺业、房地产业，成为跨地区、跨行业、多种经营、投资多元化的集生产、批发、零售于一身的大型企业集团。集团的核心企业——上海开开实业股份有限公司，是 A 股、B 股上市公司。开开集团的"开开"衬衫是"中国名牌产品""国家免检产品"。"开开"商标是"中国驰名商标""上海市著名商标"。集团还拥有"鸿翔""蓝棠""博步""第一西比利亚""龙凤""亨生"等一批沪上服装服饰、皮鞋知名品牌，集男女服装、童装、皮装、中装、皮鞋生产、销售于一身。集团已连续多年排名"中国服装行业十强企业"之列，并被中国服装协会授予"中国服装行业优势企业"称号。

分了解，作为工艺部分的生产技术更是可以依托产品收入来维持。时任上海开开集团董事长陈惠泉表示："我们尽最大的努力将这些老品牌保护起来，至少先活下来，再谈发展。这些老品牌不能在我手里死掉。"当然，作为现代商业投资行为，开开集团汇集着上海众多知名老品牌，包括开开制衣、鸿翔制衣、龙凤旗袍、亨生、第一西比利亚、蓝棠博步、雷允上等。这些老品牌分属开开集团三个板块：上海雷允上药业西区有限公司、上海鸿翔百货有限公司以及开开制衣有限公司。如果没有更广阔的市场前景，或者不进行技术创新和产品开发，非遗只能作为一种遗留物永远地放在公司博物馆里，而无法成为活态传承的东西，因此注重老品牌的凝聚效应，整合类型，对这些老品牌所蕴含的文化资源和市场潜力进行综合开发，这将是三大制衣技艺重新迈向品牌战略的前提，没有这个前提，生产性保护在企业里只能是一个招牌符号，而永远不能走向实践。

投资开发与保护传承并重将是老字号企业发展并行不悖的两条路径，例如，龙凤旗袍与逸夫职校签订校企联营协议，从学生开始定向培养传承人，由旗袍技艺老师傅授课，学生可到工作室实习。鸿翔百货与东华大学服装设计系合作，一年以后通过市场化途径引进设计师、样板师以及样衣工等。建立设计中心，在品牌定位、营销和宣传方面提供服务。虽然鸿翔百货一年才赚 100 万元，但公司特别注重创新发明，一次性投入 300 万元建立设计中心。在关注婚庆、高龄福寿、出国访问等仪式性服饰消费的同时，设计中心也必须关注都市白领阶层的消费需求，用老手艺做出多样化的服装。特别是老字号企业一贯的消费群体，包括文化精英、艺术家、文化名人，要做到"量体裁衣"。或者根据节气、节日等时间民俗来制作针对性的产品，比如：亨生根据夏季西服散热防汗的需求制作适合都市工作需要的夏日西服。同时邀请全国各地名师加盟，为顾客建立服装档案，运用传统工艺带给消费者终身的服务享受，即将单纯的卖产品变为卖服务，促进产业转型。如今，静安区已经将南京西路的老字号店面统一规划至陕西北路，形成"老字号一条街模式"，这样的探索正是一种类型整合和群聚模式，将整个商业街区打造成文化街区，还原非遗传承的文化空间，从而保证经济效益和社会文化效益的共赢。

2. 精英模式：专注传承，力保技艺血脉

在调查中发现，手工技艺有着很多不同的类别，有的讲究技巧性、审美性，有的依靠对秘方的掌握，还有的依托复杂的工序模型。例如，古陶瓷修复、木版水印、印泥制作这三种可谓国宝级的非遗技艺，它们都共有一个特点，那就是属于小众或是专业领域内的技术，相比于饮食、服饰和传统美术来说，其传承和保护都无法依靠更大的市场需求和文化受众，比如剪纸、雕刻这些技艺只是在地域特色和艺术水平上有差别，传承不好并不会造成工艺的全部丢失，但是像鲁庵印泥这样的特殊配方和技艺，就很可能在历史变迁中丢失。而且小众技艺的特点是高精尖的技术成分，比如古籍修复、文物修复，更是要将研究放在应用之前，而光有研究没有应用前景也不行。再比如木版水印技术，可谓是特殊行业中的手工绝活，相比于现代水印技术的复杂程度来说，更能显示这门手艺的独特性。文物修复是高难度的手工技艺，而古陶瓷修复又是文物修复中难度极大、品质要求极高的一门技艺。随着社会的发展、工艺材料的进步，文物修复的理念也在更新，即既要修得牢，利于保存和展出，又要为多年后材料更新时的再次修复留下空间。

例如，海派剪纸是一个概括性的术语，可能在非遗项目申报上能更好地说明上海本地剪纸艺术的特色，但真正要具体说明和传达什么是海派剪纸，则需要告诉时代和历史谁代表了海派，因此无论是周立波的海派清口还是李守白的海派剪纸，重视艺术家个人的独特创造，并从它们个人的生命史中汲取非遗传承的精神所在，才是今后一个时期非物质文化遗产工作要做的事情。失去了人的主体性，也就会失去非遗和民族文化的主体性，而人是需要和民族民俗民间文化进行互动的，李守白剪纸艺术中关于"上海石库门风情""上海童谣"的创作正说明了个人的生活记忆以及地方文化的特殊魅力才是传承人和整个非遗保护要关注的地方。也就是说要具体保护好海派剪纸艺术、海派石雕、玉雕乃至其他非遗生产性项目，就必须从艺术家的每一次个人创作中展开。首先，要明确生产性保护的前提是尊重各项工艺美术发展的自身逻辑和规律，而非意识形态化和学术化的条条框框，进而，在各个项目自身的领域里，更是要通过"去非遗"的手段才能真正保护好非遗，也就是说没有技艺的进步和创新，没有新的艺术产品推出，没有时代文化的提炼，非遗就无法走到生产性保护这一环节；其次，是在知识产权和价值认定上给予非遗传承人个人独特贡献的肯定，一个非遗名称和牌子并不能完整地把这些民间文化滋养出来的精英们写进历史，而是要从具体的细致入微的产品认证上建立比较完善的非遗鉴定机制；最后，在城市文化建设中要尽力推出这些精华形态的东西，并且把培养现代城市文化非遗传承人作为新的目标，在国际化、现代化、都市化的城市文化语境中培育新的接班人和艺术人才，这是非遗必须"遭遇"的时代背景，更是非遗生产性保护绝处逢生的美好机遇。

调查显示，上海工艺美术研究所作为承担着大部分非遗技艺传授的社会机构，因为单位改制，其经济体制由国家拨款的事业单位性质转变为自负盈亏的企业性质，企业与专业技艺人员均为维持生存而忙于完成生产经营，现上海工艺美术研究所面临的专业老龄化状况已十分严重，目前除一名学艺一年的专业人员外，其他三位技艺人员的平均年龄已达 62 岁。因此，非物质文化遗产保护工作要想进一步落到实处，首先还是应该从文化层面来进行保护，即便是暂时不能实现产业开发，也必须从社会公益性的角度予以保护传承，只有将文化服务作为大城市非遗市场化运作的前提来抓，才能保证非遗拥有更多的人力资源和社会参与。在今天看来，小众可能就是非遗，而生产性保护就是要将小众的东西还原到一个文化遗产的大众语境中进行传承，来自国家的财政投入固然重要，但是来自社会和民间的公益基金也是解决保护过程中财力不足的关键。特别是随着我国工艺市场的兴盛和对工艺品投资的增多，非物质文化遗产中的技艺更是保证这个市场干净、纯正的关键所在，没有高精尖的技术，就没有真品出现，快餐式的消费品很容易就会把这些小众技艺消灭掉，所以商业化运作本身的风险性决定了它们需要公益基金的护航，而且公益力量要延伸到研究性单位和社团具体的传承人身上，以一种科研经费的方式来支持民间工艺大师的工作。

四、结论：在整合中实现转化

总的说来，上海这一文化空间仍然处于全球急剧变化的商业背景下，所有非遗项目都面临着相当大的保护难度，无论是传习场所、市场前景、资金投入还是人力资源成本，都是十分现实的问题。作为生产性保护项目的遗产单位和个人，经营自己的手艺和产业就像是在和时间赛跑，一方面要想方设法把品牌做大做强从而实现经济效益，另一方面却又不得不投入大量的时间成本来维持工艺本身的血脉。如果要将这些生产性项目经营好，就必须采取必要的行政干预手段，政府要从"雪中送炭"转向全方位的市场支持，变"输血"为"造血"；否则，政府和国家方针政策的滞后性必然导致非遗保护主体的力不从心，加上传承人的自然消亡不可避免、公司模式需要的资本和运营空间一时难以满足，必须要将有限的政策资源运用到最需要的地方。一个具有几千万人口的国际大都市，其居民文化消费的潜在需求仍然值得挖掘，而且随着流动人口数量的急剧增加，社区居民和商业街区都需要一定的文化融入手段，因而，非物质文化遗产的生产性保护路径就不仅是生产具体的物质文化产品，更多的是要通过非遗与市民和新移民的融入度来提供更多、更好的文化服务。目前政府较易做到的就是在公共文化建设方面利用各类非遗项目开展一些综合性的文娱活动和民俗展示，而进一步要做的应是为每一个项目的具体进驻公共服务体系开路，比如：农户＋企业、传承人＋社区＋协会、工厂＋博物馆＋传习所＋文化观光旅游线，等等。

本调查主要关注企业对非遗的具体认识，综合不同意见，其共同的心愿是产品与技艺并重：一方面要生产市场需要的消费品，另一方面要保持手工技艺的独特性。我们认为，生产性项目是一个整体，不能把工艺、饮食和民俗严格地区分开，应全部整合为地域文化空间，比如作为文化展示的豫园、召稼楼、三林、七宝古镇本身就具备民俗展示的条件，我们可以在一年一度的民俗节日中，将生产性项目展示常态化，或允许民众自发成立非遗民间社团，由生产性项目的民间力量自我组织，联合非遗中心、高校等社会文化公益人士形成非遗保护的民间群体，从而能够集思广益。

据了解，在上海各大类非遗项目中，民间文学正面临濒危，但这同样也可以借助文化产业来进行市场运作，比如可以借助《故事会》这样的讲述平台，来进行民间文学的再传播。当然，任何一项活动都会伴随着利益分割的问题，这些关系都是今后一段时间需要去协调和处理的。其中，项目单位（传承人）、主管部门、专家学者、市场渠道都各自有着自己的理解和疑问，本着本真性、整体性、保持核心技艺和流程的原则，上海各类生产性非遗项目的传承人和经营者都在利用各自占有的社会资源，积极开拓路径，希望能借此创造更多的社会财富。同时，政府及相关文化部门也在积极为非遗事业创造条件：2012 年 6 月，上海市文化广播影视管理局联合财政局共同起草了《上海市市级非物质文化遗产保护专项资金管理办法》；2012 年 7 月 22 日，首届上海非物质文化遗产精品拍卖会举行，有力地提高了非遗的市场鉴定水平并确定了非遗精品定价制度，拍品涵盖了金山农民画、嘉定竹刻、曹素功墨锭、海派石雕、玉雕和朵云轩木版水印等十二项国家级非物质文化遗产技艺，文化产品总成交额达 700 多万元；而全社会的联动机制可以从非遗同教育的结合中窥见：复旦大学、华东师范大学、上海师范大学、东华大学、浦东新区教育学院实验中学、上海行健职业技术学院、逸夫职业技术学院、长乐霍尔姆斯职业学校，等等，诸多职业院校和高等学府都在积极参与。我们既希望能将非遗传习纳入基础教育文化课程的评价体系，同时也望将大众—文化学者与工艺专家—企业—政府这几大文化主体板块连接起来。

总之，无论是投资拍卖、项目建设，还是借助公益基金，都要具有国际眼光，以打造民族品牌、海派特色为目的，通过营销攻略、品牌战略和管理策略来实现对这些优秀遗产的再经营，从而实现向文化产业转化的中国都市文化发展新模式。

（作者简介：刘慧，华东师范大学社会发展学院博士）

嘉兴：城市有机更新中的历史文化遗产保护

嘉兴市文化广电新闻出版局（嘉兴市文物局）

三十多年前，我国著名建筑学家吴良镛提出了城市建设"有机更新"的理论构想，即城市是一个有生命的机体，需要新陈代谢。城市的新陈代谢，是一种逐渐的、连续的、自然的变化，遵从其内在的秩序和规律。至 21 世纪初，吴良镛先生再次提出了"积极保护、整体创造"的新观点，就是要将遗产保护与建设发展统一起来，不仅要保护文化遗产原有的风范，又要使新建筑具有时代风貌。有机更新是一个互相关联的整体，实现更新是城市发展的方向与目标，强调有机便是城市建设的路径与方法。

对于文化遗产保护来说，城市有机更新既是机遇，也是挑战。嘉兴为我国历史文化名城，应当实施文化遗产保护工程，深化历史文化名城保护工作，从而传承文脉，提升品位，实现城市发展与遗产保护的和谐共生。

一、涉及有机更新区域内文化遗产之概况及价值

为实现全面建设创业创新城、人文生态城、和谐幸福城的战略目标，加快推进新型城市化和现代化网络型田园城市建设，市委、市政府制定了《关于嘉兴市中心城区城市有机更新的实施意见》和《嘉兴市中心城区城市有机更新三年行动计划》，总体要求是"两年打好基础、五年明显见效、十年基本完成"，有机更新是今后嘉兴城市建设一个时期的中心工作。

本轮有机更新以嘉兴市区二环以内及东栅老街区域为重点，对于集中成片的 14 个片区（包括南湖湖滨片区、子城广场片区、三塔路片区、博海路片区、文生修道院片区、火车站片区、城隍庙片区、人民剧院片区、杉青闸片区、城东路片区、城北路片区、民丰冶金片区、电控厂片区、东栅老街片区）进行更新，力争实现改善人居环境、完善基础设施、保护生态环境等 9 大目标。

从这 14 个片区的分布情况看，大多位于嘉兴老城中心区域，其中子城广场片区、城隍庙片区、人民剧院片区位于环城河以内的古城核心保护范围内，文生修道院片区、杉青闸片区、三塔路片区位于大运河文化遗产保护范围内，南湖湖滨片区位于全国重点文物保护单位南湖中共"一大"会址东岸，约占三分之一的南湖岸线。上述片区是古城格局保护、控制及文化遗产保护、历史风貌协调发展的重点区域。

从这些片区内文化遗产的保存情况来看，不仅数量众多，而且分布集中，根据嘉兴市第三次全国文物普查数据统计，目前除博海路片区和城东路片区暂未发现文物外，其余 12 个片区共有 56 处不可移动文物。其中，各级文保单位 23 处（占市本级文保单位总量的 29%）、文保点 13 处（占市本级文保点总量的 9%）、历史建筑 20 处（占市本级历史建筑总量的 29%）。可以说，相对于此轮城市有机更新的 28 平方公里范围，文化遗产分布密度非常之高。

分析区域内的历史文化遗产，主要体现出以下几个方面特征。一是时间跨度长、年代沿袭有序。区域内最早可追溯嘉兴建城的东汉末年的子城遗址（二十年前开挖地下商城时有大量东汉器物出土），至隋唐时期的京杭大运河、宋代的瓶山、明代的血印禅院牌坊等，清代更为集中，如子城、城隍庙大殿、明伦堂，等等，近代则有天主教堂、高家洋房、宏文馆，以及绢纺厂、冶金厂、民丰造纸厂等众多工业遗产。建筑是凝固的历史，这些文化遗产无不真实地诉说并见证着嘉兴 1780 多年的城市历史文脉，是嘉兴历史文化赖以生存、发展、延续的鲜活载体，保存至今弥足珍贵。二是类型丰富、形态各异。就文化遗产的分类来看，有古建筑 11 处、古遗址 1 处、古墓葬 1 处、石窟寺及石刻 1 处、近现代重要史迹及代表性建筑 42 处。既有中国传统阁楼式建筑的子城谯楼，又有西风东渐的典型代表天主教堂；既有象征江南水乡的京杭大运河，又有平原城市的制高点瓶山；既有反映嘉兴近代民族工业兴衰历程的各式厂房，又有侵华日军留下的火车站炮楼，可谓类型全面，特征鲜明。三是价值高、标志性强。区域内有全国重点文物保护单位（已列入世界文化遗产预备名单）1 处，省级文保单位 6 处。如京杭大运河是嘉兴最具全国性乃至世界意义的文化遗产，子城是嘉兴历代州府衙署所在地、古城的中心坐标，天主教堂丰富了嘉兴城市建设的风格，而瓶山则是古城形态变化的点睛一笔，其历史性、艺术性、科学性等方面的价值十分突出。实际上，区域内集中了嘉兴城市历史文化遗产的精华。

二、城市有机更新中加强文化遗产保护之意义

城市是市民的居所，也是市民的精神家园。文化遗产见证着城市的生命历程，承载和延续着城市文化，也赋予人们归属感和认同感。然而，在当前城市化、全球化的快速发展阶段，城市发展正面临着文化空间破坏、历史文脉割裂、城市记忆消失、城市面貌趋同、城市环境恶化等问题，文化遗产、文化生态和城市文化特色的保护正处于最紧迫、最关键的历史阶段。我们应该深刻地认识到，文化遗产所蕴含的历史、科学、艺术价值具有不可复制、不能替代的重要性和独特性，因此，在新一轮的城市有机更新过程中，加强文化遗产保护的意义十分重要。

（一）加强文化遗产保护，是深化历史文化名城保护、传承历史文脉的重要基础

文化是一座城市的"根"与"魂"。从新石器时期马家浜文化开始，历经数千年留下的文化遗产，是嘉兴城市发展的历史见证，是构成历史文化名城的核心要素，也是传承嘉兴城市历史文化的重要载体。本轮有机更新片区大多处于古城核心区域，文物古迹分布密集且价值突出。在有机更新过程中，应当尊重每一个片区的历史和现状，尊重居民的生活习俗，保护好留存下来的有形和无形的文化遗产，这是确保更新获得成功的基本条件。要通过对历史文化遗产的保护，找回城市记忆的碎片，延续城市的文脉，为城市的可持续发展创造广阔的文化空间和良好的生态环境。

（二）加强文化遗产保护，是彰显城市特色风貌、提升城市文化品位的重要举措

嘉兴作为典型的江南水乡古城，城市布局因水而生、临水而建、沿水成街、依水而兴的特色，形成了"运河抱城，八水汇聚"的独特水乡风貌，以及"越韵吴风，水乡绿城"的城市文化特色。在本轮城市有机更新的过程中，要更加注重保护、挖掘、展示体现嘉兴地域特色的历史文化遗存，积极营造现代化网络型田园城市的特色风貌，进一步提升城市文化品位，实现城市建设与文化内涵提升的完美结合。

加强文化遗产保护，是实现保护成果惠及民众、促进经济社会协调发展的重要途径。城市的发展是一个"新陈代谢"的过程，既不能割裂传统文化，又要促进

城市可持续发展。文化遗产是记录城市过去的"史书"，是联结现在与将来的"纽带"，也是每个生活在同一城市空间中的居民的共同记忆。推进文化遗产的有效保护和传承利用，是事关民众切身利益的重大民生工程。具体到本轮有机更新的每一个片区，要把重点工程建设、经济结构调整、生活环境改善、生态环境整治、人文生态保护、土地开发利用、加强城市管理等有机结合起来，破解经济发展、遗产保护与群众利益之间的矛盾，真正实现文化遗产保护成果惠及于民，实现经济、社会、文化、生态的可持续发展。

三、城市有机更新中加强文化遗产保护之对策措施

"有机更新"之含义已经从理论上阐明了如何正确处理城市建设与文化遗产保护的关系问题，而此轮城市有机更新便是这一理论在嘉兴城市建设中的具体实践。树立保护第一、持续发展、以文化为灵魂的观念，遵从遗产保护的原则和方法，采取"积极保护、整体创造"的整体构想，是实现城市有机更新和文化遗产保护双赢的必然要求。

第一，要树立遗产保护优先原则。文化遗产作为嘉兴先民精神文化的重要载体，是嘉兴城市有机更新的基石和文化基础。第三次全国文物普查表明，当前可供我们选择保护的文化遗产已经不是太多，而且其生存状况及环境大多不容乐观。为此，一方面，要树立文化遗产保护的危机感和紧迫感，面对快速发展的经济社会，必须要争分夺秒地既为前代又为当代，更为后代，把更多珍贵的文化遗产抢救下来，列入保护之列；要扩大文化遗产的保护视野，从点到面，从文化线路到文化景观，从物质要素到非物质要素，等等，实现内涵与外延的扩展，从而把各类历史文化遗产，包括"工业遗产""商业遗产""校园遗产"和反映不同时期的历史建筑及传统文化等无一例外地保护下来，做到应保尽保、没有缺失、类型俱全。另一方面，文化遗产的稀缺性、脆弱性及不可再生性这一特征，决定了在任何时间、任何情况下都必须树立保护优先的理念，要按照《文物保护法》的规定，坚持"保护第一"原则，正确处理城市发展与遗产保护的关系。因此，在实施城市有机更新的过程中，一旦片区内新建设施与遗产保护出现矛盾时，就必须牢固树立遗产保护优先之原则，应当围绕文化遗产做规划设计，科学处理好古与新、高与低、大与小等关系，从而避免城市建设遇上文物动辄拆除或迁移的被动状况，实现文化遗产保护工作的主动性。

第二，要强调遗产保护的整体性。"有机更新"的突出特点是改造后城市仍然是一个协调统一的整体。每个片区的更新也是同样道理。要深入研究更新地段及其周围地区的城市格局和文脉特征，在更新过程中遵循城市发展的历史规律，保持该区域城市肌理的相对完整性，从而确保城市整体的协调统一。北京菊儿胡同的改造就是一个成功的范例，既实现了建筑的现代化，又与原有的院落融为一体，保持了地段的特色。吴良镛先生在归纳菊儿胡同住宅工程实践成果时指出，所谓"有机更新"即采用适当规模、合适尺度、一句改造的内容与要求，妥善处理目前与将来的关系——不断提高规划设计质量，使每一片的发展达到相对的完整性，这样集无数相对完整性之和，可以促进旧城的整体环境得到改善，达到有机更新的目的。因此，城市有机更新并不是以大拆大建、求新求变为目的的新一轮旧城改造，而是要实现历史文化名城的文化与生态的自然景观相统一。只有注重城市风貌的连绵变化与文脉承接，才能使更新后的城市准确地体现出历史信息的完整性以及景观的协调性。在涉及片区内各类文化遗产时，也必须强调保护的整体性，例如，子城片区的有机更新就应当将子城、天主教堂、沈曾植故居和瓶山进行综合分析、整体设计，针对其不同价值、不同形态、不同环境予以不同的展示与呈现。大运河市区段的保护整治同样如此，否则，单纯的个体保护或者就保护论保护必然缺乏整体感，失去协调性。

第三，要突出遗产保护的重点性。中心城区寸土寸金，保护文化遗产和提高利用效率是一对天然的矛盾。如果在保护工作中机械地强调保护，一味地要求建设让路，片面求全，不突出重点，这既不现实，又无可能，势必会影响到城市有机更新的开展。首先，对于文化遗产而言，"保"是必须的，但如何保护，实现怎样的保护程度，需要我们创新工作思路和工作方法。我们认为，判断保护的基本标准即是文化遗产的价值。对于价值极高的文化遗产，不仅要保护其本身，还要保护并拓展其周边空间，通过有机更新，使其成为展示嘉兴城市历史文化的重要标志；对于有一定价值的文化遗产，则主要是保护好其本体，注重其周边建筑的协调性；而对于价值相对一般的文化遗产，能保则保，如确实影响到该区域建设的，则可采取整体平移保护或拆除后异地重建等办法。因此，遗产保护中，一定要对片区内有现有或更新的方法。其次，就嘉兴市本轮中心城区城市有机更新的14个片区而言，保护的重点便是子城广场片区，该片区的文化遗产价值高、规模大、类型多，历史文化底蕴十分深厚，可以说，如果该片区更新成功，那么整个城市有机更新也就基本达到了目的。我们建议，将子城区域的功能定位为"历史文化核心区和文化休闲旅游区"。在下一步的有机更新过程中，要以子城考古发掘成果为依据，科学编制并实施《子城区域保护规划》，按照核心保护区、建设控制区、风貌协调区三类区域进行保护、控制和规划建设，保护子城的原有格局和历史环境，修复城楼并恢复部分城墙，打通城门中轴线，建设子城城市遗址公园；要把区域内其他文物古迹、遗址古迹、居民、宗教建筑及园林等展示历史文化的各类标志物在空间上有机组织起来，修复天主教堂钟楼，加固保护大堂遗址，既要处理好教堂广场与沈曾植故居之间的连接过渡，更要实现天主教堂区域与子城遗址公园区域的相互协调；以中山路为轴线，打开子城谯楼、天主教堂钟楼以及瓶山三处标志性文化遗产的空中视廊，使之成为城市中心重要文化景观。最后，对于历史文化名城而言，水系是血脉，民居建筑是肉块，而城墙、官署则是其骨干。因此，保护重点更应侧重于象征古城历史、政治、文化的子城、城隍庙、明伦堂等公共建筑。城墙、城楼是一座城市兴起的象征，见证着城市的历史；有城必有城隍庙，城隍是一座城市的守护神；而明伦堂是孔庙内的重要建筑，在古代文化生活中占据着重要地位。为此，要把子城、城隍庙大殿、明伦堂三处的规划设计放在突出的位置加以考虑。

第四，要实现保护与利用相结合。城市是一个活的有机体，强调历史风貌与特色的保护，也不是单纯的静态保护，而是要把保护与城市的未来发展结合起来，真正实现城市的可持续发展。历史文化名城的保护与发展，就是要正确处理好新与旧的融合，处理好文化遗产保护与当地环境改善的结合，并使文化遗产保护成为促进经济社会发展的积极力量。保护是手段，利用是目的。要把文化遗产保护与提升城市文化品位结合起来，与发展现代服务业结合起来，与实现城市转型升级结合起来。事实上，所有的文化遗产都曾有其原有的功能，因此，保持延续其历史功能或按照现代城市发展赋予其新的生命，使之为当代人服务，这才是城市有机更新题中的应有之义。比如：天主教堂、瓶山、落帆亭等完全可以延续其原有功能；运河市区段在原有的交通运输功能失去后可开设水上巴士，缓解城市交通压力，同时发展水上旅游；传统的城墙主要是防御保卫功能，今后谯楼和扩大规模后的城墙可成为登高观景之地；子城遗址公园要在改善遗址周边环境的同时，让市民拥有高雅的文化休闲场所，使遗址保护真正成为惠及群众的民生工程；有的历史建筑可改造成商务办公、社区活动中心或管理用房，特别是众多的工业遗产，只要在保护外部建筑风貌的前提下，完全可以对其内部进行改造，发展文化创意、餐饮服务、文化娱乐及仓储等特色产业，从而将文化资源优势发展成为产业优势，拓展文化遗产资源的增值服务领域，实现经济效益和社会效益的有机结合。

第五，要做到规划设计与工程实施相衔接。在推进城市有机更新过程中，首先要坚持规划的超前性、权威性、操作性理念，立足城市的发展实际，突出以文化为灵魂，高水平编制中心城区城市有机更新和历史文化遗产保护的专项规划，充分听取社会各界的意见建议，科学确定有机更新区块的用地性质、开发强度和建筑风貌等主要规划指标，详细指导有机更新重点区块和项目的更新与整治。然而，要把规划方案付之于现实，具体实施者的理念也非常重要，否则最好的方案如果因为操作不到位，其效果也会受到影响。只有做到规划设计与工程实施相衔接，才能真正体现出文化品位。前些年，梅湾街、月河两片历史街区的保护整治工程，同样的设计却产生了明显不同的效果，主要还是由于工程管理者对于文化遗产保护观念的差异。文化遗产保护必须遵循真实性、完整性、延续性、可识别性的原则，月河历史街区的保护整治实施过程较好地贯彻并体现了这一原则，因而得到了专家、民众的普遍认同。为此，建议在此轮城市有机更新中，要及时建立文化遗产保护协调机制。如涉及文物修缮项目的设计与审批应按国家有关法律、法规的要求，由文物部门负责，工程实施可由建设单位负责，同时文物部门参与施工过程，及时提供业务咨询和指导，以保证文化遗产保护项目的工作水平，真正把嘉兴打造成有声有色、形神兼备的人文生态城市。

《北京折叠》的善治寓言和郝景芳的乌托邦想象

曾 军

科幻作家郝景芳的《北京折叠》继刘慈欣的《三体》之后，再次代表中国作家获得科幻文学界的最高奖"雨果奖"。这一事件又一次激发了评论界对于中国科幻文学的关注和热情。不过，与对刘慈欣《三体》的欢呼声相比，现有的评论在"是否将郝景芳的《北京折叠》视为科幻文学"这一问题上却颇为犹豫，因为"太现实、不科幻"成为众多读者的第一直感，人们关注的更多的是其批判现实的一面，而对于其可能的乌托邦想象的维度则感到颇为棘手。有鉴于此，我们需要重新理解《北京折叠》所描绘出来的"未来/现实"，并重新思考其"现实批判"与"未来想象"之间的关系。

一、《北京折叠》描绘了一幅怎样的"未来/现实"图景？

《北京折叠》想象的究竟是"未来北京"，还是只是披着未来外衣的"现实北京"？这是一个非常让人纠结的问题。① 在正面回答这一问题之前，首先需要思考的，是《北京折叠》究竟描绘出了怎样的"未来/现实"？我们可以从"城与人"以及"人与人"两个方面来分析。

（一）城与人的关系

小说最具科幻色彩的描写应该就是北京折叠的过程了。郝景芳分别是从北京城外货车司机的视角和身处折叠裂缝中"偷渡"的老刀的眼光来展现北京折叠的过程。从外部来看，北京折叠的过程就像一个巨大的魔方，翻转、重组，小说分别

---

① 《雨果奖颁错了？〈北京折叠〉是一部关于不平等的现实主义小说》，《南都观察》，http://www.wtoutiao.com/p/26eQrIE.html。

用"卑微的仆人"和"苏醒的兽类"这两个比喻将北京这座城市进行了人格化的描写；从内部来看，北京折叠的裂缝强调的则是对个体的挤压以及对其生存环境的撕裂。无论从哪方面来看，北京折叠的过程，都可以被称为小说中最具想象力的"科幻奇观"。

但是这一奇观性的场景并未带来震惊性的体验。相反，小说反反复复强调的，是这一奇观场景的日常性。在北京城外高速公路上的货车司机眼里，折叠北京（小说的英文版选取的是处于进行时状态的"Folding Beijing"）既没有那么惊悚恐怖，又没有那么新奇怪异，司机们是"在困倦与饥饿中欣赏这一幅无穷循环的城市戏剧"。对于像老刀、彭蠡那样的第三空间的人来说，北京折叠意味着必须在转换前的最后一分钟钻进胶囊以进入昏睡的状态；而对于第二空间的人来说，折叠转换的启动也并非意味着令人恐惧的危险即将来临，而是充满"街上撤退时的优雅"："从公寓楼的窗口望下去，一切都带着令人羡慕的秩序感。九点十五分开始，街上一间间卖衣服的小店开始关灯，聚餐之后的团体面色红润，相互告别。年轻男女在出租车外亲吻。然后所有人回楼，世界蛰伏。"换言之，折叠北京并不像科幻小说通常所显现的试图给人一种奇观场景或者城市作为人的异己力量的压迫感。它就像太阳东升西落、四季春暖花开一样，呈现的是一种日常性的自然状态。北京折叠其实就是日常生活逻辑本身。

（二）人与人的关系

诚如马克思所言，"人的本质不是单个人所固有的抽象物，在其现实性上，它是一切社会关系的总和"①。当小说开篇即写出从垃圾站回到家而浑身脏兮兮的老刀形象时，所有读者都会在第一时间做出判断：这里描写的是一个处于社会底层的人物。随之而来的，便是从经典马克思主义直到晚近的文化研究的"底层理论"等各种相关理论资源的引入，进而在"底层叙事"的前提下展开对小说文本的解读。但是，小说究竟是在何种意义上来对老刀进行的"底层"定位？

"底层"的概念来源于葛兰西。在《狱中札记》中，葛兰西用"底层阶级"（Subaltern Class）来描述意大利南部尚不具备阶级意识的农民。② 而到了印度的古哈、查特吉等人的《底层研究》（又译为《庶民研究》）那里，"底层"开始与"阶级"脱钩，

---

① 中共中央马克思、恩格斯、列宁、斯大林著作编译局编译：《马克思恩格斯选集》（第一卷），人民出版社，1995 年版，第 56 页。

② ［意］葛兰西著，曹雷雨等译：《狱中札记》，中国社会科学出版社，2000 年版，第 21 页。

用这一单词"指称南亚社会中被宰制的或处于从属地位的下层，不论是以阶级、种姓、年龄、性别和职位的意义表现的，还是以任何其他方式来表现的"。^① 这一概念进入中国学术语境之后，"底层"更多地被阐释为"被压抑的阶层"（南帆语）^②、"断裂的社会"中的下层即"穷人"（蔡翔语）^③等。很显然，《北京折叠》三个空间的设计就来自这一"底层社会"的理论模型，而老刀就是在这个断裂的社会中被压抑到没有丝毫反抗意识和能力的底层。从"底层"概念的演变可以发现，经典马克思主义基于生产力与生产关系而建构起来的阶级理论已不能再用来有效地分析进入后工业消费社会的社会关系的现实。在《北京折叠》中，身处第三空间的主体不是从事工业和农业生产的工人或农民，而是从事垃圾处理的服务人员（虽然中国也将他们称为"环卫工人"），而高居第一空间的城市治理者是由行政（白发老人）、金融（依言）和管理（吴闻）精英组成的。他们与第三空间的垃圾工之间并没有非常紧密的基于生产力与生产关系的社会关系纽带。也正因为如此，整个小说所呈现的人与人之间的社会关系，更准确地说是一个基于社会分工的阶层区隔：拥有行政资源和经济资源的人位于社会上层，靠出卖体力和低技术含量的人员则处于底层。

不过，如果认为社会阶层与三层空间处于绝对一一对应、彼此隔绝的状态，那就错了。在第一空间中，还有着为第一空间的人提供低端服务的第三空间的老葛们；在第二空间中，还有着为了获得进入第一空间资格而准备先到第三空间积累管理经验的张显。很显然，这三个空间之间的社会阶层具有某种混杂性和流动性的特点。

但是现在的问题是，这种"混杂性"和"流动性"究竟有多强？首先，三个空间与三个阶层的对应关系仍然是居于绝对性支配地位的；三个空间的设计初衷也正是对三个阶层拥有资源的固化方式。其次，尽管第一个空间中会有不同空间里的人"杂居"，但"杂居"的另外两个空间里的人占据绝对少数，因此，在每一个空间里，始终存在的都是该空间中占支配性地位阶层的生活方式的总和，而没有多元多样的可能；最后，流动性的凝滞成为折叠北京最重要的社会特征。"凝滞"是相对于"流动"而言的概念。在鲍曼的《流动的现代性》中，"流动"的英语是"liq-

① 陈燕谷：《印度的庶民研究》，《天涯》，2005 年第 6 期。
② 南帆等：《底层经验的文学表述如何可能？》，《上海文学》，2005 年第 11 期。
③ 蔡翔：《底层》，《天涯》，2004 年第 2 期。

uid"，直译应该是"液化"，意味着马克思在《共产党宣言》中所说的"一切稳固的东西都烟消云散，一切神圣的东西都将被亵渎"，在现代性面前，所有的传统不是彻底消失，而是其整体性瓦解而变成了碎片、汇入了现代性的大潮之中，处于不稳固、不定型、不确定的状态。在《北京折叠》中，三个空间的城市结构设计正是这种流动性被耗散之后又被重新固化的表征，或者说，走到了现代性的反面。①

二、《北京折叠》中的治理术

《北京折叠》中社会关系的确立采取的是"去阶级化"的视角，关注的是基于社会分工而形成的阶层区隔的现实。阶层与阶级的区别在于，阶级形成的基础是生产力和生产关系的关系，只有卢卡奇之后的西方马克思主义，才又增加了"阶级意识"的概念；而阶层的形成一方面包含着阶级形成的各种要素，另一方面更强调非阶级属性的日常生活方式甚至趣味的趋同。阶级强调的是对立，是统治与被统治的关系，而阶层关注的是差异、区隔，这一差异和区隔既包括向下和向下的方向，也包含平行对等的状态。因此，阶级对立才会有斗争、才会引发革命、希望改变统治与被统治的关系而创造"新世界"；而阶层区隔强调的则是流动，希望通过治理而形成"共同体"。也正因为如此，有评论指出，"北京折叠，消费苦难的科幻正在告别革命"，甚至说郝景芳"太保守"。② 进而，理解《北京折叠》的路径应该是"治理"而非"统治"，我们需要关心的，是《北京折叠》的治理术。

在《安全、领土与人口》中，福柯强调了"治理术"的三层含义：第一，"由制度、程序、分析、反思以及使得这种特殊然而复杂的权力形式得以实施的计算和手法组成的总体，其目标是人口，其主要知识形式是政治经济学，其根本的技术工具是安全配置。"第二，"在很长一段时期，整个西方存在一种趋势，比起所有其他权力形式（主权、纪律等）来说，这种可称为'治理'的权力形式日益占据了突出的地位，这种趋势，一方面导致了一系列治理特有的机器的形成，另一方面则导致了一整套知识的发展。"第三，"'治理术'这个词还指这样一个过程，或者说这个过程的结果，通过这一过程，中世纪的司法国家在15、16世纪转变为行政国家，而现在逐渐'治理化'了。"③为此，福柯从西方文明史的发展过程中，梳理

---

① 曾军：《美学的凝滞，或凝滞性美学》，《探索与争鸣》，2013年第12期。
② 帼巾巾：《北京折叠，消费苦难的科幻正在告别革命》，http://chuansong.me/n/575275451954。
③ ［法］福柯著，钱翰、陈晓径译：《安全、领土与人口》，上海人民出版社，2010年版，第91页。

出人牧领制度到国家君权再到机构治理的治理术演变过程，关注到从灵魂的牧师神学到对人的政治治理再到对社会的安全配置的知识范式的转变。福柯的"治理术"，为我们提供了思考"治理"的几个基本要点：治理是法律等强制统治手段之外的"计算"和"手法"；治理处理的不是领土、主权，而是"人和事"；"治理就是对事情的正确处理"，因此，治理是有价值向度的，即"善治"。而要展开对《北京折叠》的治理分析，离不开几个基本问题：治理主体是谁？治理机制是怎样的？我们该如何判断治理的性质？

在当前"治理"概念使用过于泛化的今天，似乎什么都可以成为"治理"，治理主体似乎既可以是特定的人，也可以是特定的机构，甚至诸如城市本身也可以作为治理主体。

治理者往往会被等同于最高权力机构或拥有至高权力者。《北京折叠》中出现的最高治理者应该就是那个白发老人。他无疑具有无上的权威，即使是在第一空间的五百万人之中，这位白发老人也是如众星捧月一般，被奉如神明；他还能轻易地否决吴闻提出的改进治理技术的建议，甚至拥有延迟启动折叠程序的核心权力——这一细节的设计参照了美国总统拥有启动核弹程序的机制。但是，即使是这位白发老人，他也属于折叠北京中的市民，参与整个北京折叠的生命循环。从这个意义上讲，白发老人也属于整个治理体制之中的人。白发老人拥有延迟折叠开关时间的能力，但他也不可能为所欲为。北京折叠的自动化要求反过来也对北京折叠的整套安全配置的设计者本身带来巨大约束——这一矛盾也正是科幻文学一直在处理的问题：技术虽然是人类发明的，但技术进步的逻辑是个人所无法控制的；正如机器人虽然是人发明的，但机器人最终将获得智能上的自主性，在摆脱人类控制的同时反过来成为对人的行为的约束和控制。北京折叠虽然只是一个城市治理的空间隐喻，但其运行逻辑却如技术与人的关系一样充满着悖论。还有一个细节特别值得重视：在小说中，所有的人物都有自己的姓名，唯独这位白发老人，采用的是无名者的形象方式。很显然，第一空间中，在吴闻、秘书以及依言那里，这位白发老人的名字肯定是熟知的，因此，在平时的交往中没必要"直呼其名"，但对于老刀而言，白发老人经常在电视上出现，但从来不去关心他是谁，老刀对最高治理者的陌生（不在意）只有一种可能的解释：老刀觉得这个人与自己的生活毫无关系。如果确是这种情况，则说明北京折叠治理机制的"自动化"已经运行得非常有效了。白发老人的权力超越了封建专制国家的君主和民主共和制的总统——两者都强调最高治理者的名正言顺和在场感——而被置于治理机制前景的，只有"机构/机器"本身。

除了白发老人，类似吴闻这类的管理精英、依言那样的金融人才其实也是参与折叠北京治理者的角色。吴闻已经拿出了自动化垃圾处理技术的方案，而这套方案如果推行，将直接导致第三空间两千万清洁工人的下岗，可见这一治理术会产生多大的社会影响。秦天的同学张显愿意到第三空间去做管理人从而获得管理经验；秩序局的条子显然也是维持三个空间秩序的治理机器。即使是老刀，虽然身处底层，但他从事的仍然是城市治理中不可缺少的环节——垃圾处理。从这个意义上说，几乎所有的折叠北京的居民，一方面身处被治理的位置，同时又从事着不同层面城市治理的工作。这种"治理者/被治理者"兼备的特点正是对当下城市社会治理的形象表达。

如果说上述治理主体的分析还主要停留在人与人的社会关系的层面的话，那么，从小说最大的隐喻——"北京折叠"（即"折叠北京"）——的角度来看，还存在着一个更高层面的治理关系：城市对人的治理。尽管这座折叠北京是由治理者精心设计并由像老刀父亲那样的外来民工所建造的，但整个北京折叠的机制却并非导向"人为性"，而是日趋"自动化"。如前所述，北京折叠的全过程尽管具有某种不可思议的奇观性，但小说却在各个方面强化这一折叠过程的日常性。如果去掉"北京折叠"这一奇观想象，将之转换为太阳东升西落，月有阴晴圆缺，我们会发现，北京折叠过程相对于绝大多数的北京市民（除了特殊状态下的白发老人及其秘书外）而言已经进入绝对的自然状态，虽然人人皆知其是为人建构的，但人人都很遵守这一约定俗成的规则。这一城市治理的自动化设计，也成为福柯所分析的"全景敞视监狱"的最佳印证："这是一种重要的机制，因为它使权力自动化和非个性化，权力不再体现在某个人身上，而是体现在对于肉体、表面、光线、目光的某种统一分配上，体现在一种安排上。这种安排的内在机制能够产生制约每个人的关系。"福柯更进一步地将这种自动化、非个性化的制约命名为"无面孔的目光"。①

---

① 〔法〕福柯著，刘北成、杨远婴译：《规训与惩罚》，生活·读书·新知三联书店，2007 年版，第222 页。

三、善治寓言与郝景芳的乌托邦想象

正如众多评论者和阅读者所感受到的那样,《北京折叠》所呈现的并非一个好的人类理想社会的图景,而更像是对当下社会阶层区隔日深的社会现实的隐喻式再现。但是,这一判断的依据是什么呢?

小说预设的故事发生的时间正是折叠北京被建造完成五十周年的时刻。这一时刻究竟是指向过去,还是指向未来?小说没有提供一个相对明确的时间标尺,比如说公元 3000 年之类。那我们只能通过小说中提供的一些细节来推测性地进行历史时刻的定位。首先,小说没有特别明确的"公元纪年"的时间标识,但有基于格林尼治标准时间"几点几分"的时间意识。因此,大体可以判断,小说所描写的应该是人类社会进入现代社会以来的故事。其次,从小说描写的生活场景来看,垃圾处理方式仍停留在人工处理阶段,脏乱差、生活环境的恶劣以及步行街喧闹鄙俗的场景只能让读者将之对应到现代化初期的社会现实——这些场景的描写可以在 19 世纪批判现实主义的众多经典作品中找到,也很容易让人联想到中国进入现代化进程初期的城市景观和社会现实;等老刀到了第二空间,便出现了高楼、步行街、霓虹灯、宽敞的学生宿舍,等等;而第一空间给予老刀的第一印象则是更加空旷开阔的街道、花园和洋房,折射出来的是欧美发达国家式庄园小镇的镜像。这三个城市空间的想象对应于现代社会以来城市化进程的三个完全不同的历史阶段,但郝景芳将它们进行空间化的并置性处理,意在强调对于中国城市发展存在严重的不均衡、不平等现象。再次,在小说中,还有一个极为重要的时间标识,就是"五十周年庆"。也就是说,小说故事所发生的时间被限定在了折叠北京建成之后的第五十个年头。因此,这里就出现了一个"折叠前的北京"与"折叠后的北京"的历史性区分。再加上老刀的父亲就是折叠北京的建造者,而这批建造者其实是为了建设折叠北京而来的移民工人(小说中并没有特别标明他们是否为农民工,但这一点并不太重要),因此老刀属于"外来务工二代"。从小说中这些时间细节的显示来看,我们只能做出一个基本的判断:郝景芳是以"科幻"之名,将"北京折叠"的未来场景与"现代化初期的鄙俗生活"进行了拼接式处理。

因此,这一时间揭示出的小说意义的指向不是指向未来,而是指向过去和现在,是为了在一个已经处于折叠北京半个世纪——相当于人的大半生——老刀即出生在折叠北京建成之后,而秦天、依言、糖糖等更是折叠北京后出生的。即使

是像老刀那样还多少有一点点折叠北京建成之前的"记忆"的话，那么，对于秦天们而言，折叠北京的生活环境及其社会结构则处于先在的、"从来如此"的状态。因此，反思折叠北京，也便具有了两种截然不同的视角：一种是内在性视角：从身处于折叠北京之中的人的角度，来看这一套治理机制是否有效、是否"正确"；另一种则是外位性视角：将折叠北京视为一个独立完整自运行的治理装置，来判断其是否符合人性、符合人类文明的理想。

从内在性视角来看，折叠北京中各个社会阶层的人都在不同程度上对其所处的治理环境持不太满意的态度：老刀过着日复一日的垃圾工的生活，即便没有另外两个空间的生活对比，老刀"也知道自己的日子有多操蛋"，除了工作的脏、累之外，最重要的是生活没有一点改善的希望。于是他把希望寄托到想让糖糖受到更好的教育上来。张显虽然初出茅庐，但对折叠北京的现行体制也心存不满，并有一整套的改革方案："现在政府太混沌了，做事太慢，僵化，体系也改不动。……等我将来有了机会，我就推快工作作风改革。干得不行就滚蛋。……选拔也要放开，也向第三空间放开。"吴闻身居高位，致力于让这个折叠体制运行得更加有效，因此，他的方案是用更自动化的技术来替代人工。在他的方案被白发老人否决后，只能露出"迷惑、懊恼而又顺从的神情"。依言对自己的婚姻并不满意，但又不愿意放弃。即使是白发老人，也有疲惫、紧张的时刻。但是，这些不满是否构成了他们对折叠北京这一整个治理体制的不满呢？答案显然是否定的。

第一，各就各位。即社会各阶层对自己所处的社会地位是基本认同的，即使是身处底层的老刀，对自己做垃圾工的命运也是认同的：他父亲是外来务工参与折叠北京的建造者，建成之后被千挑万选才获得这份工作。"他从来没去过其他地方，也没想过要去其他地方"，也"不嫌弃自己的工作"。很显然，底层的人对自己生活状态的认同（不管是积极的认同，还是无奈的认同）是构成折叠北京社会结构稳定的重要基础。

第二，流动机制。必要的阶层的向上流动是维持社会结构稳定有效的重要保障。因为只有在"向上流动"的过程中，才能激发低一个社会阶层的人的奋斗动力，才能够为高一个社会阶层的人输送新鲜血液。向上的流动不仅能够吸纳来自低一个社会阶层的精英，而且还有助于形成以上一个社会阶层为主体的支配性的意识形态。小说关注到了社会阶层之间的流动机制，如接受更好的教育、到更艰苦的地方获得基层锻炼以及入伍参军转业等。

第三，价值共识。社会稳定与阶层固化还有一个重要的因素就是不同的社会阶层之间形成的价值共识，这是共同体形成的重要前提。虽然老刀考了三年都没能考上大学，不得不接受子承父业做垃圾工的命运，但是在他的价值观念里，通过接受更好的教育仍然是获得阶层地位提升的重要途径。在这方面，身处第二空间的秦天、张显等人也都是同样的看法。无论身处哪个社会阶层，正在从事哪种职业，《北京折叠》中的各类人等无一例外地表现出了对本职工作的爱岗敬业，这也是颇为有趣的一个现象。通过自己的勤奋工作，获得在这个社会中的生活资源和生存权利，成为小说透露出来的价值共识的另一个重要特点。从这个角度来看，《北京折叠》确实不是一个宣扬对立、矛盾、冲突与革命的激进文本，而是一个主张认同、共识、和解与妥协的保守姿态。

从外位性视角来看，折叠北京的整个治理机制毫无疑问是建立在基于社会资源分配不均衡、社会关系不平等的基础之上。郝景芳自己的初衷也是想写一篇关于"不平等的小说"；她甚至想写一本《不平等的历史》，因为"到目前为止，对不平等的宣战还未曾取得真正的胜利"。[①] 因此，如果完全站在折叠北京之外，采取客观冷静的批判立场来分析，《北京折叠》正是这样一篇对不平等现象进行深刻揭露和鞭挞的批判现实主义的作品。

一方面，折叠北京的建设与规划本身就是一个基于社会阶层差异的不平等原则建造起来的。小说用精确的数字写出了只有少数的人才占有更多的时间、空间及其社会资源的现实：500 万人，24 个小时，一半的城市空间；2500 万人，16 个小时与 5000 万人，8 个小时，一共 7500 万人分享另一半城市空间的 24 个小时。这一空间结构构成了两个二元的社会结构：第一个二元结构是由第一空间与第二、第三空间构成的折叠北京的正反两面，暗示处于第一空间的社会阶层居于城市资源和权力分配的绝对优势地位，而第二、第三空间中的社会阶层则是处于相对弱势的位置；第二个二元结构是在折叠北京的另一面，在第二空间和第三空间之间所形成的内部的二元结构。如果说第一个二元结构属于绝对的不平等的话，那么第二个二元结构则属于相对不平等；从性质上讲，第二空间和第三空间同处于第一空间的另一面，因此以这两个空间为主体的社会阶层都属于"被统治"地位；但是第二空间在人均资源的分配比上又处于比第三空间更具绝对优势

---

① 郝景芳：《我想写一本〈不平等的历史〉》，http://blog.sina.com.cn/s/blog_645ddec80102w8qp.html。

的位置，如表现在时间、空间以及现代化工作学习和生活环境，等等。

另一方面，"中间阶层"作为流动（即向上流动）、缓冲（即缓和矛盾）和再生（即城市发展和社会进化）的平衡机制成为郝景芳反思"为什么不平等的历史如此漫长"的重要维度。三个空间"时空分配/社会结构"的设计显示出第二空间"中间阶层"的地位变得非常重要。第三空间与第二空间处于同一折叠城市的平面（即第一空间的反面），而且距离并不太远。第三空间的人能够通过接受良好的教育而获得进入第二空间的机会；而在第二空间的人同样可以通过接受更高等的教育以及在重要部门进行实习，从而获得晋升第一空间并成为第一空间社会阶层的机会。第三空间的人也可以通过入伍转业而获得在第一空间谋职工作的可能，但所从事的工作只能是第一空间中较低级的服务行业，其所属的阶层也是无法改变的（如老葛他们也能算是在第一空间里工作的"高级蓝领"）。因此，通过"中间阶层"向上流动是突破现有不平等关系的重要机制。正是因为有这种向上流动的可能性，使得第三空间的底层在不平等的社会现实面前，首先想到的是通过接受好的教育（如糖糖）、通过为社会做更好的服务（如老葛）获得合法上升的通道；如果这两条路都走不通，那也就只好认命（如老刀考了三年大学未果，便只能接受从事垃圾工的现实）。因此，这一流动机制恰恰是维持这一不平等机制的最重要保障，它能够有效缓解不平等的社会现实所带来的底层不满——不是不给你们发展机会，是因为你们达不到要求。同时，由于第二空间的人普遍接受了高等教育，且在更高层次的部门有过实习之类的工作经验，他们也能够比老刀们更理性、更深刻地分析和看待自己所处的社会现实。也正因为如此，老刀对社会的不满只能骂两句"操蛋"，而张显的不满则能够转化为改革的理想和抱负，但张显的方案并不是要彻底改变这一不平等的基础（即部分评论者所说的"革命"），而是帮助折叠北京的运行更加有效。

很显然，从内在性视角来看，折叠北京虽不如意，但还得接受，属于有缺陷的善治；而从外位性视角来看，折叠北京则属于虽然运行有效，但根基错误，是有效的恶治。对于身处折叠北京之内的老刀们的怒其不争，只有通过外位性视角来观察才能获得。

剩下来的最后一个问题可能更为麻烦：如果说《北京折叠》的本质其实是包含着诸多现实社会因素的善治寓言，是以"想象未来"的方式来"批判现实"的话，那么，郝景芳真正的乌托邦想象究竟是怎样的？在小说中，真正构成折叠北京最大威胁的不是社会阶层的区隔和流动性的凝滞，而是科学技术的进步。当吴闻拿出自动化垃圾处理方案去征求白发老人的意见时，白发老人的表情非常复杂，并坚决做出了禁止推广的决定。这一技术显然不是第一次出现，而且也绝对不会是最后一次被提出。老刀可以忍受脏、乱、差的环境以及一天只有 8 个小时的个人生活，也可以接受自己身处底层的命运，但当自动垃圾处理技术有可能替代他们时，老刀感受到了真正的威胁。由此可以看出，"人工处理垃圾"才是维持折叠北京运行五十年的最为重要的安全配置，而一旦这个配置被置换，将会真正导致三个空间格局的失衡。

因此，如果说郝景芳有相对明确的乌托邦想象的话，其思想的核心仍然是围绕科技进步来展开的：一方面，她意识到随着科学技术的发展，技术对人的控制将是全面、系统，并覆盖"全人类"的（而不只是针对某个特定阶级）；但另一方面，科技进步的不可逆（只能延迟）决定了科技的发展最终会打破折叠北京经过精心计算和设计的相对平衡，并促成折叠北京的瓦解。同时，她还认识到"人类中的精英"（社会上层）在未来"城市治理"中的支配性作用：一方面，知识精英是折叠北京的顶层设计者、实际操控者，也是延迟科技进步、维持现有平衡的稳定者；但另一方面，这批知识精英并没有真正反思折叠北京所赖以成立的不平等根源，因而只能维持这一机制并让这套机制运行得更好，而不是寻找彻底颠覆与变革、建立新的基于平等原则的新体制。也正因为这样，郝景芳的立场显得保守而非激进：她承认社会的分层和区隔，但不强调阶级统治与对抗；她强调价值共识和认同，但更鼓励勤奋努力和高雅。在《北京折叠》中，郝景芳似乎没有看出老刀式的底层和秦天式的中层拥有"革命"的内在动力，但这并不意味着"正在告别革命"。革命作为改造社会的手段其实并没有被完全放弃，但《北京折叠》的价值在于，它并没有为了某种乌托邦想象的实现而刻意制造革命。真正的革命就在将来，正如科技进步的趋势只能延缓但不可阻挡一样。

（作者简介：曾军，长江学者，上海大学文学院教授）

为什么折叠城市运行了五十年?

——论《北京折叠》中的维稳机制

刘慧慧

《北京折叠》向我们展示了一个三层空间并置的世界,郝景芳用细腻的语言生动地描画出不同阶层的图景,表现了人们在衣食住行、生活场所、职业身份以及机械化水平等全方位的巨大差异,反映出当代社会分配制度的不公以及社会阶层的固化。

这种差异和不公一目了然而又人人皆知,可是在小说中,为什么折叠北京运行了五十年,而集体无抗争?这涉及《北京折叠》中的维稳机制,笔者认为有以下几个方面。

一、时空划分的隔离

(一)信息鸿沟

折叠的北京城共分为三层空间:"大地的一面是第一空间,五百万人口,生存时间是从清晨六点到第二天清晨六点。空间休眠,大地翻转。翻转后的另一面是第二空间和第三空间。第二空间生活着两千五百万人口,从次日清晨六点到夜晚十点,第三空间生活着五千万人,从十点到清晨六点,然后回到第一空间。时间经过了精心规划和最优分配,小心翼翼隔离,五百万人享用二十四小时,七千五百万人享用另外二十四小时。"[1]

时空的隔离既是客观上城市折叠后的布局,也是有意无意进行群体分化的表现,它加深了各阶层之间互不了解的程度,它不仅隔离了人群,也隔离了人们真实对话的可能。

---

[1] 郝景芳:《北京折叠》,http://www.99lib.net/article/7090.htm,2016 年 5 月 5 日。

文章开头，当老刀在等待彭蠡的时候，几个少年在饭桌上议论：

> "人家那儿一盘回锅肉，就三百四。"小李说，"三百四！一盘水煮牛肉四百二呢。"
>
> "什么玩意？这么贵。"小丁捂着腮帮子咕哝道。[1]

文中的"那儿"指向并不明确，但在对话中无疑指的是超出小李、小丁这一生活水平的另一阶层，小李、小丁的语气充满了羡慕之情又表示难以理解。这番对话又表明：他们及其整个第三空间的居民尽管知道三个空间之间存在着巨大差别，但是对于这种差别，没有切身感受，他们无法真正地认识到。

而在后文第一空间里，当老葛给老刀带回宴会上的食物时，他们有这样一番对话：

> "哪儿能嫌弃呢。"老刀说，"有口吃的就感激不尽了。这么好的菜。这些菜很贵吧？"
>
> "这儿的菜不对外，所以都不标价。我也不知道多少钱。"老葛已经开动了筷子，"也就一般吧。估计一两万之间，个别贵一点可能三四万。就那么回事。"[2]

小李、小丁将一盘菜三四百元视为天价并感到难以理解，而老葛说的"也就一般吧""就那么回事"表明他对这些一两万、三四万元一盘菜的价格是习以为常，甚至稍有不屑的。此外，对于前者来说，他们只能带着自身的经验，在"回锅肉""水煮牛肉"这类他们可理解范围内的事物上增加价格，以猜测和想象去认识另外两个空间的生活；而老葛带回来的菜，甚至没有给出名称和描述，或许它已经超出了大众的视域，无从命名。这种鲜明的对比，凸显出不同阶层关于"常识"的巨大差异，揭示出了现代社会深刻的断裂——我们被封闭在不同的空间中，明知对方存在，却怎么也无法走入其中，只能靠对另一空间的想象来接受命运的安排。

上述对于菜价态度的细微对比反映了时空隔离下不同阶层人们生活水平的巨

---

① 郝景芳：《北京折叠》，http://www.99lib.net/article/7090.htm，2016年5月5日。

② 郝景芳：《北京折叠》，http://www.99lib.net/article/7090.htm，2016年5月5日。

大差异，以及不同阶层之间缺乏真正了解、信息不对等的事实。而小说中在另一方面更加直白地告诉了我们这一点，那就是在三个空间中，劳动量与回报的比例存在着极大的反差，人们接受了这种反差，在于他们对同等价格所附有价值的理解有天壤之别。

对于老刀这样一个垃圾工来说，他一个月一万块标准工资，"以速度换生命，以数量换取薄如蝉翼的仅有的奖金"[①]，糖糖二十万的学费对于老刀来说，不吃不喝也要 20 个月才能挣到，这就是天价，而他当下甚至没有时间积攒，只能通过偷渡冒险才能拥有这笔巨款。

对于秦天来说，二十万是支付给老刀的合理的"送信费"，而送信这一活动在老刀看来是不值二十万那么多的。老刀看到秦天给他转账后问秦天，"这笔钱是不是攒了很久，看他是学生，如果拮据，少要一点也可以"[②]，而不知道这对秦天来说，他的实习工资是"一个月十万块差不多"，二十万"这也就是两个月工资，还出得起"[③]。

进一步而言，对依言来说，她是被娇养的太太，凭着兴趣出来工作，"每天只工作半天，拿半薪"，当她和老刀见面并希望老刀为她隐瞒已婚事实时，她从随身钱包里立马拿出了五万块钱的纸钞，表示只是"一点心意"，在老刀犹豫的片刻间，她又从小包里拿出五万块。这总共十万块钱对依言来说显然也算不得什么，因为她说道，"我只带了这么多"[④]，而且我们能看出她的这种态度是真实的，因为这十万块只不过是依言一个礼拜的工资，甚至是她每天只工作半天的半薪。但是在老刀看来，这十万实在是太多了，即使是让他违背良心去隐瞒秦天，也不值这个价。

上述发生在三个空间内的三种交换在一方看来都是对等的、合理的，但在另一方看来却是不公平的，而最让我们感到悲哀的是，给自己的劳动价值贬值的一方恰恰是自身劳动价值被剥削的这一方。

二十个月的标准工资——两个月的实习工资——一个礼拜的半薪工资。

① 郝景芳：《北京折叠》，http://www.99lib.net/article/7090.htm，2016 年 5 月 5 日。
② 郝景芳：《北京折叠》，http://www.99lib.net/article/7090.htm，2016 年 5 月 5 日。
③ 郝景芳：《北京折叠》，http://www.99lib.net/article/7090.htm，2016 年 5 月 5 日。
④ 郝景芳：《北京折叠》，http://www.99lib.net/article/7090.htm，2016 年 5 月 5 日。

天价学费——送信费——"隐瞒费"。

老实工作——违规偷渡——违背良心。

我们从中看到的不仅仅是金钱数值上的巨大差别，更重要的在于他们三类人所代表的不同阶层以不同标准去理解劳动价值。

按照马克思政治经济学的观点，价值就是凝结在商品中无差别的人类劳动，人的存在价值就是其贡献的劳动价值。价值是看不见、摸不着的，它只有在商品交换中，通过一种商品与另一种商品相互对等、相互交换的关系才能表现出来。价格是商品同货币交换比例的指数，是商品的交换价值在流通过程中所取得的转化形式。我们发现，折叠北京的时空隔离，对这种价值的转化形式产生了根本的影响，无差别的人类劳动在货币转化过程中发生了根本性的差别。

秦天、依言与老刀交易的达成，不仅表明了第三空间的人不了解另外两个空间，也表明了另外两个空间的人不了解第三空间的生活状况。此外，张显曾向老刀询问第三空间的生活，又说他自己也想去第三空间住一段。虽然他想去的动机在于，他将来想进政府，而"他听人说，如果将来想往上爬，有过第三空间的管理经验是很有用的"。[①] 张显从未去过第三空间，他的想法既基于功利性的目的，也基于他对第三空间的不了解。没有知情权就没有发言权，因而张显对政府的抱怨和自己力图改革的"宣言"，难免给人幼稚、空洞之感，老刀不相信，我们也很难相信。

(二)矛盾内耗

社会矛盾总是存在的，按照现有的说法来看，《北京折叠》中不存在"敌我矛盾"，而进一步将"人民内部矛盾"转化为"空间内部矛盾"。在这种转化过程中，我们可以看到整体性的社会矛盾以内耗的方式被排解了，这种内耗既是前面时空隔离的结果，反过来也成为维稳机制的重要方面。

在小说开头，喧闹嘈杂的步行街上，人们吵吵嚷嚷，大声讨价还价；吃饭的少年发现菜里有沙子，不满地说着要找老板退钱；城市清理队的车辆缓缓开来，驱逐着小摊子。这其中蕴含了诸多矛盾的可能，但这些矛盾没有爆发，导致的不满情绪已经被人们归入日常。我们明白，讨价还价本就是双方谈判、互相妥协的

---

① 郝景芳：《北京折叠》，http://www.99lib.net/article/7090.htm，2016年5月5日。

过程，最后的结果往往是各退一步；吃到沙子，自然不高兴，但少年说要找老板退钱似乎只是说说，他继续捂着腮帮和别人聊天。尤其是人们对城市清理队的态度：城市清理队类似于现在的城管部门，小摊子"若走得慢了，就被强行收拢起来"，但是"没人会在这时候和清理队较劲"。① 无论是对摊主还是对吃饭的人，它都带来了麻烦，但是人们显然已习惯并服从了这种管理方式。

波埃西认为，人们自愿为奴的第一原因是习惯。"人们断言，他们永远是处于奴役状态的，他们的父辈就是这样生活过来的。他们认为，应当忍受恶，并且举出各种先例使自己相信这种说法。"② 在时空隔离下，同一阶层所处的生活环境是类似的，他们在群体内部找到先例，从而说服自己按照群体的道路生活。

各方面的竞争被划定在同一空间内进行，越是底层，人数越多，内部竞争越是残酷激烈。

老刀的父亲从一个折叠城市的建筑工人转业成为垃圾工，也是经历了从八千万人中被挑选并留下两千万人的淘汰过程。从幼儿园招生的描述中，更能深切地体会这一点："稍微好一点的幼儿园招生前两天，就有家长带着铺盖卷在幼儿园门口排队，两个家长轮着，一个吃喝拉撒，另一个坐在幼儿园门口等。就这么等上四十多个小时，还不一定能排进去。前面的名额早用钱买断了，只有最后剩下的寥寥几个名额分给苦熬排队的爹妈。这只是一般不错的幼儿园，更好一点的连排队都不行，从一开始就是钱买机会。"③幼儿园门口排队的家长，就像无数个老刀，他们和自己的孩子一起参与竞争，"不要让孩子输在起跑线上"反映了多少家长心中的焦虑和彷徨，却不知道另一空间的人们早就不在同一个维度上参与竞争了。

小说结尾处描述了一场爆发式的矛盾：房东老太太和租客阿贝、阑阑因为加收的取暖费发生争执。这些内部的小猫腻、小算计让人们将利益损失归咎于直接的交易对象，而非意识到是与外在于自己生活环境的支配关系有关。种种鸡毛蒜皮的琐事充斥在底层人民的生活中，让人厌烦而又不得超脱，在无解的情况下却又成为生活常态，成为强有力的束缚。"我们一定得有一种更简易的信仰，而那

就是习惯的信心，它不用强力、不用技巧、不用论辩就能使我们相信种种事物，并能使我们全部的力量都倾向于那种信仰，从而使我们的灵魂自然而然地沉浸于其中。"①

老刀感到疲惫，"他想让阿贝不要吵了，忘了这些细节，只是不要吵了。他想告诉她女孩子应该安安静静坐着，让裙子盖住膝盖，微微一笑露出好看的牙齿，轻声说话，那样才有人爱"。② 我相信，阿贝她们如同老刀一样，也希望自己是可爱安静的女孩子，但是她们都知道，这样没有用，在基本的生理需求都存在问题的情况下，讲求审美需要是无稽之谈。

时空的隔离让竞争和矛盾在同阶层的人们之间发生，人们习惯地将其归入日常，而这种方式模糊了底层人民真正需要反抗的制度关系，消耗了他们抗争的力量。

二、意识形态的统一

（一）流动方向：向上的一致

在《北京折叠》的空间制度里存在着流动的可能，概括来说，有老刀、彭蠡这样的"偷渡者"，也有老葛这样的"晋升者"，有秦天这样的"实习生"，也有张显口中镀金的"选调生"。

"水往低处流，人往高处走"，我们发现在小说中，不管是自下而上还是自上而下的流动方式，最终的流动方向都是往上指的。而在这种流动方向的背后，暗含着三个空间对于第一空间意识形态的服从。如果问三个空间里的人一个宽泛的问题——什么是好的？我们能够想象到回答方向的一致性，答案都会向第一空间靠拢。这种倾向，在老刀身上自然明显，也同样体现在小说里的其他人物身上。

老刀是三个空间的"见证人"，也是故事的"串联者"，从老刀的视角来看他对三个空间的描述，我们就能感觉到明显的评价倾向。对于第三空间，我们能看到的是"脏兮兮的餐桌和被争吵萦绕的货摊"③；第二空间则是"撤退时的优雅"④；老刀初到第一空间看到的景象是震撼人心的，宁静透彻的天空、动人的日出，这

---

① ［法］帕斯卡尔著，何兆武译：《思想录》，商务印书馆，1985 年版。
② 郝景芳：《北京折叠》，http://www.99lib.net/article/7090.htm，2016 年 5 月 5 日。
③ 郝景芳：《北京折叠》，http://www.99lib.net/article/7090.htm，2016 年 5 月 5 日。
④ 郝景芳：《北京折叠》，http://www.99lib.net/article/7090.htm，2016 年 5 月 5 日。

一片自然能使人超越日常、触摸生命。

老刀无疑知道第三空间生活环境的恶劣，所以他才不惜冒险去挣糖糖的学费。看完小说，很多人都说老刀是认命了的底层劳动人民，但我们不能忽略文中有一处是这样写的："（老刀）他上了小学、中学。考了三年大学，没考上，最后还是做了垃圾工。"① 四十八岁的老刀是认了命的，但是面对连续三年去考大学的老刀，我们不相信他是认命的，做垃圾工并不是年轻时老刀的首选。老刀或许因失败而认命，但他认的也是自己的命，却希望糖糖能够跳出命运的圈子，成为像他在第一、第二空间见到的那些淑女，"安安静静坐着，让裙子盖住膝盖，微微一笑露出好看的牙齿，轻声说话"②。

秦天和张显是第二空间的学生，秦天想去第一空间是毋庸置疑的，无论是为了依言还是为了他自己，"他对未来充满乐观，等他毕业就去申请联合国新青年项目，如果能入选，就也能去第一空间工作"。③ 张显表示想去第三空间住一段，"他听人说，如果将来想往上爬，有过第三空间的管理经验是很有用的。现在几个当红的人物，当初都是先到第三空间做管理者，然后才升到第一空间，若是停留在第二空间，就什么前途都没有，就算当个行政干部，一辈子级别也高不了"。④ 可见他的目的在于到第三空间镀金，最后成为第一空间的领导政要。

相对而言，老葛就是一个成功了的老刀，他以自身经历证明了通过教育晋升第一空间的可能，这种可能为无数第二、第三空间的居民留下了希望：只要努力，就能成功，知识改变命运。一方面，这样成功的榜样佐证了制度的合理性，另一方面，个人成功的过程鲜为人知：人们不知道老葛成功的背后有能吃苦，还有技术不错、赶上机遇等原因，同时也存在着"家里没背景不可能再升"⑤的障碍；个人成功的结果却是一目了然，他们为无数的失败者提供了失败的原因——不够努力而已，这使得人们把更多的错误归咎于自身，而忽视了制度本身的不平等。

（二）道德观念：向下的一致

在不同空间存在诸多巨大差异的同时，我们发现三个空间却共用一套道德原

---

① 郝景芳：《北京折叠》，http://www.99lib.net/article/7090.htm，2016年5月5日。
② 郝景芳：《北京折叠》，http://www.99lib.net/article/7090.htm，2016年5月5日。
③ 郝景芳：《北京折叠》，http://www.99lib.net/article/7090.htm，2016年5月5日。
④ 郝景芳：《北京折叠》，http://www.99lib.net/article/7090.htm，2016年5月5日。
⑤ 郝景芳：《北京折叠》，http://www.99lib.net/article/7090.htm，2016年5月5日。

则，或许五十年的时间还不足以彻底改变根深蒂固的道德认知，或许是郝景芳自己所说的"温情主义"，因而小说里我们找不到绝对的恶人。

主角老刀甚至颇具道德色彩，故事里的他本分老实、兢兢业业，却为了一个没有血缘关系的孩子去冒险挣钱。又例如，当老刀在秦天的公寓里洗澡的时候，"他很想多洗一会儿，将身上气味好好冲一冲，但又担心将澡盆弄脏，不敢用力搓动。"洗完澡后，他不愿意给别人增加麻烦，"他把自己的衣服洗了，又洗了厕所盆里随意扔着的几件衣服。生意是生意，他不想欠人情。"①这些我们认为符合现代文明的行为恰恰源自老刀这样一个来自底层、恪守传统的人，从中我们发现现代规则和传统礼教在老刀身上的接洽。此外，尽管他十分需要钱让糖糖上学，但在看到秦天给他付钱的时候，他认为秦天是学生，还主动开口说如果秦天拮据的话，他可以少要一点。

另外，当依言"贿赂"老刀，让老刀帮她向秦天隐瞒真相的时候，老刀表现出了愤怒，文中写道："他不自觉地站起身，感到恼怒。依言推出钱的样子就像是早预料到他会讹诈，这让他受不了。他觉得自己如果拿了，就是接受贿赂，将秦天出卖。虽然他和秦天并没有任何结盟关系，但他觉得自己在背叛他。"②这愤怒既是老刀对自己人格尊严的维护，也是老刀道德原则的体现。

而在整部小说中，我们并没有看到因空间差异、贫富悬殊带来的道德冲突，三个空间中对人的道德评价准则是一致的，社会整体崇尚文明礼貌、善良诚实等良好品德。

例如，依言在拜托老刀帮忙隐瞒真相时，她的反应是拿钱给老刀以表示"一点心意"，我并不认为这是依言在刻意侮辱老刀，而认为是她所在社会的习惯性的处理方式。在依言的反应中，我们明白，依言自己从内心也是无法认同这种"贿赂"行为的。尽管她占据买主的优势地位，但她在和秦天的关系中是一个骗子，在和老刀的交易中是一个贿赂者。无论怎么说，她都是理亏的一方，因而当她拿钱去拜托老刀时，表现得急切而又羞愧。

在和老刀的谈话中，她也一直为自己辩解："我不想让他以为我是坏女人耍他""她说虽然对秦天没有说实话，可是她的心是真诚的""也许我有一天真的会有

---

① 郝景芳：《北京折叠》，http://www.99lib.net/article/7090.htm，2016 年 5 月 5 日。
② 郝景芳：《北京折叠》，http://www.99lib.net/article/7090.htm，2016 年 5 月 5 日。

勇气和他在一起"①……

依言将一切推到未来，"留着可能性，让自己好过一点"，也为老刀找到了自我安慰的理由，他对自己说："也许她和秦天将来真的能在一起也说不定，那样就是成人之美。"②总之，不管在别人眼中，还是在自己心里，他们都不想成为一个不道德的人。

这种道德原则的表述或许是小说作者所寻求的人的生命意义的一个方面。郝景芳自己说，"我很难接受'生命无意义'，还是愿意让笔下人物寻找一点生命意义"③，尽管从小说结果来说，这种坚持有些无力，但我们不能否认他们确实持有对道德的肯定和追求。

道德是一种巨大的社会力量和人们内在的意志力量，道德评价关乎个人对自身价值的定位，继而影响人们的行动。道德观念的统一让人们感到"温情"，这种温情根于传统社会，而让人们乐于接受，但它掩盖了社会的残酷本质。不仅是道德观念，我们可以想象社会在其他方面也有着诸多共识，即统一的意识形态。齐泽克认为："信仰远非'隐秘的'、纯粹的精神状态，它总是物化在我们有效的社会行为之中。信仰支撑着幻象，而幻象调节着社会现实。"④信仰维持了社会的有效运作和社会结构的存在，而服从则是人们以无意义的既定方式接受习俗、社会生活规则和意识形态的要求，而不会质询其权威性。

郝景芳也在访问中谈到，在不平等的制度下，"大家也并没有因此而奋起抵抗，而且你还可以发现其中每一个人，都是在朝着他自己心中温情的方向去努力的"⑤。这里暗含着郝景芳的观念：承认个体在整个社会中的无力，但认为尽管如此，人们还是可以在个人层面尽力追求自己的价值。它反映了现代人的普遍心态，但很多评论者对郝景芳的这种"温情主义"持否定态度，因为从根本上来说它是消极的，而且更危险的在于，它服从于统一的意识形态，并论证了其合理性和必然性。

---

①　郝景芳：《北京折叠》，http://www.99lib.net/article/7090.htm，2016 年 5 月 5 日。

②　郝景芳：《北京折叠》，http://www.99lib.net/article/7090.htm，2016 年 5 月 5 日。

③　冯婧、郝景芳：《再见，大魔王》，http://culture.ifeng.com/a/20160928/50037987_0.shtml，2016 年 10 月 3 日。

④　［斯洛文尼亚］齐泽克著，季广茂译：《意识形态的崇高客体》，中央编译出版社，2002 年版，第49 页。

⑤　冯婧、郝景芳：《再见，大魔王》，http://culture.ifeng.com/a/20160928/50037987_0.shtml，2016 年 10 月 3 日。

确实，不平等不一定等于邪恶，但它一定意味着一种生存困境。而从客观上来说，若默认了残酷制度的合理性，肯定了人们因个人的无力而局限于个人层面的追求，必然会失去抗争社会不公、改革社会制度的力量。

《北京折叠》中老刀和彭蠡目睹了三个空间的差异，但最后都退守到原有的社会位置，他们反映了一种当数量庞大的底层人民在面对制度不公时，却集体无抗争的现象。这是维稳机制在起作用：折叠城市的时空隔离导致了各阶层之间的信息鸿沟，并将矛盾以内耗的方式排解；意识形态的统一使得人们服从于不平等的隔离制度，寄希望于以个人力量去追求发展的可能，道德等社会共识又为此掩护，让人们满足于"温情"。

那么面对这样的社会，真正的反抗主体是谁？小说没有给出答案。而笔者认为，无论如何，根本的反抗不能止步于对自身命运的愤慨，也不仅仅是质疑划分社会阶层的依据，而是要批判社会阶层的划分本质。

（作者简介：刘慧慧，上海大学文学院博士）

《北京折叠》

——具象的现实

许　秀

2016 年 8 月 21 日，中国科幻作家郝景芳的小说《北京折叠》顺利获得第 74 届雨果奖"最佳中短篇小说奖"。这是继作家刘慈欣的《三体》荣获第 73 届雨果奖"最佳长篇小说奖"之后，中国科幻作家第二次获此殊荣。延续了作家一贯文风，《北京折叠》虽然是作为科幻作品出场的，但其科幻性元素并不多，在书中我们看不到什么新型发明、新新人类、新兴技术等，我们看到更多的是赤裸裸的现实披露。

北京，作为中国经济、政治、文化、技术等都高度发达的城市代表，本身就包含着某种寓言性，中国未来的走向、中国人的未来命运将从这里首先呈现。因此，作者把小说的地点设置在这里，也使故事本身更具合理性和说服力。

《北京折叠》讲的是"未来北京"这座城市内部的折叠，高速截断在七环之外，所有的翻转都在六环内发生。生活在这个城市外部的人从高速路上瞭望，很容易就能发现整个"北京城"就像一座孤岛，自在地进行着它的伸展和折叠，与它之外的世界似乎没有什么联系和瓜葛。而生活在北京折叠这个空间内部的人——老刀，却只能看到他自己生活的这个区域内部，如果没有后来的"偷渡"行为，他根本就看不到三个空间的折叠以及其他两个空间的别样风貌。正是透过老刀的眼睛，我们惊奇地看到了整个城市内部机制的运作，看到了三个空间在财产、资源等分配上的严重失衡，才开始有了些许现实意义上的疑问和反思。

一、资源分配严重失衡

在郝景芳的《北京折叠》里，未来的北京并没有走上共同富裕的道路，反而随着市场经济的发展和工业化水平的提高，不管是自然资源还是社会资源的分配，三个空间都处于严重失衡的状态。这也是对意大利经济学家帕累托发现的"二八定律"更为深广的推演：不仅是社会财富，所有的社会资源在人口分配中都是不平衡的。

第一空间住着五百万人，拥有从清晨六点到第二天清晨六点满满二十四个小时的时间；第二空间住着两千五百万人，拥有从次日清晨六点到夜晚十点的十六个小时时间；第三空间生活着五千万人，拥有从十点到清晨六点的八个小时时间。第一空间的土地更"厚"，土壤里埋藏了配置物质。第一空间的阳光更充足，天空也更蓝。总之，第一空间的人口虽然最少，但他们享受的资源却是最好、最多的。他们穿的是西装，吃的是牛排，喝的是咖啡，住的是别墅，听的是歌剧，他们享受着一切最全新和最高端的设备。而这一切似乎是他们与生俱来的，他们只需要在干净整洁的办公室稍微用点脑力，工作小半天，钱就会滚滚进入他们的口袋。他们永远不必为了生计和别的什么问题而烦恼。

而像老刀这样的垃圾工，则过着截然相反的生活。尽管整座城市都是由他们的父辈建造起来的，但他们却从来都不是它的主人，他们永远生活在城市的最底层，做着生产和分解的工作。他们整个的生存状态就像是搬运粪便的屎壳郎，所生活的空间里只有漫长的黑夜和暗黄的人造光源，生命的六分之一都在这臭气轰天的垃圾堆里从事垃圾分类的工作，其他时间则钻入胶囊，受胶囊气体的催眠，陷入深深的睡眠，身体随着世界颠来倒去，头脑却一无所知，一睡就是整整四十个小时，到次日晚上再睁开眼睛，投入劳动。尽管他们辛勤劳动，获得的资源却少得可怜。他们从来没有享受过璀璨的阳光、和煦的春风，始终过着贫穷的生活，甚至还要为了房租和孩子的教育费而忍饥挨饿。

经济上的不均导致教育资源上的分配不均也越来越明显，对于第一空间的人来说，再昂贵的精英教育费用都不在话下；而对于老刀这样的家庭，把让孩子接受好的教育作为晋升第一空间的敲门砖这一愿望，将是他们生命无法承受之重。于是，有钱的人接受的教育越来越精英化，没钱的人只能接受普通教育，不管是经济还是知识水平，双方的差距都将越来越大，最终形成一条无法逾越的鸿沟。而这一切背后的操作者就是生活在第一空间的人，他们拥有绝对的领导地位和优势地位，掌握着整个城市的运作和资源分配。正是他们，强行减少第三空间人的生活时间，把他们塞到胶囊里，不让他们参与到社会的经济活动、政治活动中，让他们成了整个城市最可有可无的"透明人"。

二、社会分化严重，阶层流动困难

在日常生活中，虽然总在提倡要消灭剥削、消除两极分化，最终实现共同富裕，喊着喊着我们也觉得剥削和分化似乎真的淡化了。比如灰不溜丢的农民工和西装革履的高层白领可能在同一个站台上挤地铁，打工的小妹可能和贵妇名媛进出同一个超市。不同阶层的人群生活在同一个空间，拥有相同的二十四小时，享受着同样的阳光和空气，共用着众多同样的公共资源。

但当你看到工人为了不弄脏地铁座位而席地而坐，农民工为了省几块钱车费睡在肮脏的车厢过道时，你可能才会发现实际生活并非如此。差距依然存在，而且可能越来越大，在郝景芳的笔下，我们能清楚地看到她将社会分化这种现象进行了物理上的具象处理。

她按照社会学的方法将未来北京这座城市折叠成三个空间，三个空间分别对应着三个阶层的人，而这种阶层划分的主要依据不再是出身而是职业身份。第一空间生活的是技术和商业精英；第二空间居民的身份有一定的模糊性，主要是公司白领；第三空间生活的百分之八十是依靠清理垃圾为生的农民工。三个空间（阶层）的人各自按照自己的职业属性规律地生活着，之间几乎没有联系和交流。这也是当今社会的又一个重大问题：随着经济的发展，科技的进步，社会人员的区域性流动可能更加频繁和便捷。但是，社会各阶层之间的相互流动却愈加困难，阶层趋于固化。

《北京折叠》里并没有明显披露阶层流动，只是透过一些蛛丝马迹能发现一定的线索。

第一，政策上不鼓励联系和交流。第一空间的人在他们的系统中都有明确的身份记录，有机器人在四处巡逻，外人一旦进入就能立即被发现和处置。第一空间和第三空间虽然有官方通道，但是程序琐碎又复杂，像老葛这种高层想要去第三空间都得经过严格的程序，而老刀这种通过垃圾道偷渡到第一空间的行为更是违法行为。

第二，阶层流动途径少。从小说中我们看到阶级流动的途径甚少，老葛是通过参军这种政治途径一步步从第三空间爬到第一空间的；秦天和张显则是通过受教育爬上第二空间，要想再往上爬，就得有管理经验，尤其是在第三空间的管理经验。上流社会留下的职位就这么多，而人人都想进入上流社会，过上富裕的生活，于是一个工作岗位几千人同时竞争，最终成功挤入上流社会的人可谓少之又少。

第三，流动费用贵。像老刀这样最底层的垃圾工，他们已经在垃圾场工作了大半辈子，也不指望这辈子可以翻身做上流人了，他们只能把希望寄托在子女身上。但是，这种希望却也被金钱羁绊着。老刀想通过供糖糖上好的幼儿园，以后再上好的大学来改变她的命运，让她不再像自己这样在垃圾堆里度过一生，而是进入上流社会，成为像依言那样光鲜靓丽的淑女。可是现实是残酷的，老刀连给糖糖上好一点的幼儿园的钱都拿不出，他又凭什么来给糖糖搭建这一座通往第一空间的天梯呢？他现在是依靠"偷渡"这样危险的行为为糖糖暂时赚取了学费，以后的日子他又该怎么办呢？

小说虽然没有直接写老刀和糖糖最终的结果，但如果这样的社会体制不改变，我们能想到的她的最终出路只有两条：要么是垃圾工，要么是打工妹。阶层流动成本的急剧增加最终将导致阶层的固化，富人永远过着富裕、安康的生活，穷人则永远穷下去。

三、机器"人化"，人类"异化"

人类最初发明机器是想让机器帮人类做一些技术性高、难度性强的工作。比如，飞机的发明让我们免去了长途奔波的艰辛，短时间内就能领略到世界各地的大好河山；挖掘机的发明让我们摆脱了世世代代"愚公移山"的痛苦，使条条大路直接通到我们的家门口；收割机的发明让我们免去了"足蒸暑土气，背灼炎天光"的煎熬，让我们能够更加轻松地收获果实。

最初，机器的发明确实给人类生活带来无数的福音和便利，然而，随着人类在技术上的不断探索和突破，机器开始越来越人工智能化，在20世纪的时候更是成为最前沿、最热门的科学技术之一。发展到现在，人工智能已经完全可以模拟人的意识和思维，能像人一样思考，甚至超过人的智慧，机器的发明已不再是单纯地给人类带来益处，智能化的机器开始从各个方面威胁到人类的生存。

早在2014年，著名物理学家霍金就曾表示过对人工智能发展的担忧，他认为人工智能的发展可能会超越和替代人类。他在外媒的专栏中发文，对人工智能的发展再次做出警告，"科技已经摧毁了许多传统制造业和蓝领岗位，下一步可能给中产阶级带来类似灾难"。

霍金的担忧在很多科幻电影中都得到了清楚地展现，郝景芳这次又以文学的形式再次向我们敲响警钟。

一方面，机器抢占了人的工作岗位。由于资本家本身的原始积累追求低投入、高效益的本质特征，机器开始被广泛应用于工厂而代替工人进行劳作，被取代的工人则被赶到环境更加恶劣、待遇更加差的地方去。有的甚至被迫下岗，沦为无业游民。这其中，冲击最大的当数以制造业为主要产业的国家，如中国。失业率的上升直接导致底层民众生活水平的下降和贫富差距的拉大，这也必将影响整个国家的安全和稳定。

《北京折叠》中虽然靠把第三空间的人塞到夜晚，强行减少他们的生活时间，把他们全都蒙在鼓里这一办法暂时避免了这一问题，但一旦转换机器出现故障，第三空间的人全都看到了三个空间的巨大差距，这样的欺骗还管用吗？三个空间和平稳定的秩序还能保持吗？

另一方面，机器已经开始对人类进行改造，使人发生"异化"。马克思认为劳动是维持人类自我生存和自我发展的唯一手段，人类正是在使用工具进行劳动的过程中完成了自我的进化。而现实状况却是智能化的机器大量取代人，只留下护理、监督、服务等少数技术性要求超低的职业可供人们选择。正如现在的流水线工作，最核心和最具有技术性的工作都已经由人工智能完成了，工人只需要负责简单的组装和检查工作就行，根本不需要太多智力的思考。当人类长期从事这种千篇一律的工作后，思想毫无疑问会日益僵化，整个人的智力水平自然也会下降。人退化为最初的"机器"，机器变成最聪明的"人"。

像老刀这样每天严格按照第一空间人的时刻表生活的垃圾工，他们的生活完全失去了自主能动性，仿佛出于对生存的本能从而进行着各自的劳动，这跟冰冷的机器又有什么两样呢？有人可能又会说，机器的运用是社会发展的客观要求和必然趋势。那我想说的是发展固然重要，但离开了对人和人性的关注，发展就不可能成为真正的科学。发展的目标应该是改善人类的生活和社会安排，以便为人们提供日益广泛的选择来寻求共同的和个人的福祉。如果我们单纯地为了提高生产力和生产效率而放任机器的使用，总有一天我们会被机器反噬，变得毫无立锥之地。

四、社会矛盾复杂化

面对这个资源分配如此不公、阶层分化如此严重、生产机制如此不合理的社会现实，我们本能地以为会发生暴动或革命，但是实际上三个空间的人都相安无事地运行着，阶级斗争也并没有出现。这究竟是为什么呢？

其中的一个重要原因，在于社会矛盾开始多样化，传统的阶级矛盾论丧失了其有效性。在列宁看来，"所谓阶级，就是这样一些集团，由于它们在一定社会经济结构中所处地位的不同，其中一个集团占据另一个集团的劳动"。[①] 阶级是一种剥削体系，阶级对立的实质是剥削问题，剩余劳动与剩余价值的付出和占有是区分社会基本阶级的最重要标志。这种阶级分析方法的局限在于随着我国社会生产关系和社会成员结构的日趋复杂，社会矛盾也变得更加复杂而多样，不存在明确的剥削阶级与被剥削阶级，阶级斗争也就找不到发难的对象，简单的敌我矛盾阶级论已经不足以用来分析和解释现代社会。

就像在《北京折叠》中，我们并没有看到第一空间的人对第二、第三空间的人有明显的剥削和压迫。对于第三空间的人来说，垃圾场的工作虽然既肮脏又艰苦，但却是他们唯一的生存来源。随着机器的运作和普及，他们最后的这一点价值都将被剥夺，成为只消费不生产的"无用之人"。于是，垃圾场人力的保留似乎成了以白发老人为代表的第一空间人对第三空间人的怜悯，他们并不剥削和压迫老刀这样的人，而是留给他们一条活路。

正因为如此，生活在第三空间的人从来没有想过要与第一空间的人斗争，他们既没有找到可以独自生存的意义和最后的怀疑主义，也失去了斗争的底气和缘由。

另一个重要原因是第一空间的人将社会矛盾隐形化了。第一空间的人通过把第三空间的人都塞到夜里去，让他们感受不到通货膨胀和其他经济上的波动，也就给他们造成了一种相对稳定的生活假象，于是第三空间的人最终都会和温水里的青蛙一样，容不得他们反抗。

而以秦天、张显为代表的第二空间的人之所以能够对这种体制顺从，有三层原因：一是因为阶层固化已经相当严重，单凭几个人的力量是很难改变现状的。二是不管是生活条件还是工资水平，相对于第三空间的人来说，他们已经很不错了，所以他们还是有一定的优越感，不到"狗急跳墙"不会轻易与第一空间的人撕破脸皮。三是上层阶级留出的那万里挑一的"成功"仍然具有诱惑力，它始终能让

---

① 中共中央马克思、恩格斯、列宁、斯大林著作编译局编译：《列宁选集》（第四卷），人民出版社，1995年版，第11页。

第二空间的人保留晋升第一空间的希望并为之而奋斗。严格意义上来说，第二空间的人并不仇视这种金字塔式的制度，他们只是希望自己成为食物链的顶端。

除此之外，这种预设的"成功"，也始终是第一空间说服下层群众臣服的理由和借口。当下层阶级的人想要反抗甚至发起暴动时，他们随时都可以面不改色地说："看呀！我们这不是给你们留机会了吗？你们自己上不来只能说明你们不够努力或不够优秀，不怪我们哦！"因此，金字塔式的机制尽管存在着种种的不合理和不人道，但是三个空间却相安无事，依旧有条不紊地继续转换着。

五、总结

郝景芳曾透露，创作的契机就是她的生活所见。她曾经租住在北京北五环外的城乡接合部，楼下是嘈杂的小巷子、小饭馆和大市场。郝景芳想，"在这样的社会里，有一些人是可以藏起来的，藏在看不见的空间。然后再几个小时又进入另一个世界。我会觉得北京是几个不同空间叠加在一起，就进行了更夸张的衍伸"。[①] 郝景芳从日常生活中看出了异样，引发了她更深入的思考，于是诞生了《北京折叠》。

那么同样作为社会一员的我们，每天为生计而忙碌着，对于我们生存的这个世界，对于掌握我们身边的人和事又有多少了解呢？可以说，郝景芳作品的一大价值就在于她给我们提供了一个别样的视角，让我们学会时不时地站在远处去审视我们自己的生活，去仔细观察我们这个世世代代生活的土地，做一个稍微清醒的"活人"。

现实社会尽管存在着种种的问题和缺陷，未来还可能变得更加严峻和不堪。面对如此残酷的现实很多人或许要发出绝望的呐喊，但郝景芳没有，从《北京折叠》的写作上我们可以看出，她的态度很温和，她既没有严词厉喝，也没有悲天悯人，她只是在冷静地描述。正如她自己在获奖感言里所说："在《北京折叠》这部小说中，我提出了未来的一种可能性，面对着自动化、技术进步、失业、经济停滞等各方面的问题。同时，我也提出了一种解决方案，有一些黑暗，显然并非最好的结果，但也并非最坏的：人们没有被活活饿死，年轻人没有被大批送上战场，就像现实中经常发生的那样。我个人不希望我的小说成真，我真诚地希望未

---

① 《清华女博士写〈北京折叠〉获雨果奖》，http：// news. sina. com. cn/o/2016-08-22/doc-ifxvctcc 8192284. shtml，2016 年 8 月 22 日。

来会更加光明。"①

我自己也认为，不管未来会不会像郝景芳在文中所刻画的那样，当面对问题和困难时，我们都不能因为自己暂时无力解决就一味地装聋作哑、无所作为。我们应该时刻保持一颗清醒的头脑，积极思考解决问题的办法和途径，从而助力于推动整个社会结构由金字塔形向橄榄形过渡。

（作者简介：许秀，上海大学文学院博士）

---

① 凤凰文化：《郝景芳获奖感言：真的不希望〈北京折叠〉成为未来》，http：// culture. ifeng. com/a/ 20160821/49814359 _ 0. shtml，2016 年 8 月 21 日。

未完成的折叠

彭庆禹

  继刘慈欣《三体》之后，2016 年 8 月，中国 80 后科幻作家郝景芳凭借中短篇小说《北京折叠》力压群雄，摘得了科幻界的最高殊荣——雨果奖的桂冠。在小说中，郝景芳采用城市翻转的方式将北京城分割为三个壁垒森严的空间，并以第三空间垃圾工老刀的空间冒险之旅为视觉载体，通过展现由经济停滞、技术进步、人员失业等问题所带来的某种未来可能性，揭示出现代社会阶层的固化以及底层人民剥削价值的丧失。在此意义上，小说所具有的冷峻和丰富的现实价值获得了高度认可。可以看到，这条封闭、荒诞的城市循环链正在被种种的不可协调性所填充，并不断经历着自身的拥塞与膨胀。但是，正如历经波澜的老刀最终选择以"看看时间，该去上班了"作为对现实的回应，顺理成章的爆破式结局为何迟迟拒绝到来？本应发生的断裂又去了哪里？是作者的无心之过还是有意为之？细读《北京折叠》，或许我们也可以顺着文本的裂缝攀缘，来到另一个全新的视野之境。

一、社会流动的弹性机制

(一)流通渠道的多样性

  就目前对《北京折叠》思想性分析的主流观点而言，很大程度上集中于对"阶层固化"的讨论。这一问题作为小说的立足点并非空穴来风，而是与现实有着密不可分的关系。一般来说，在正常的阶层结构中，各个阶层的流动通道应该保持某种畅通性，尽可能地在资源等社会利益方面享有同等权利。但如今，随着社会转型进程的不断深入，"阶层固化"已经成为中国社会转型期阶层结构状况的客观反映，并且"在纵向和横向两个方向上均对上行流动通道形成闭锁之势"①。其中，在纵向层面上主要表现为代际流动的不对等，后者则体现在代内——如某行业内部的闭合趋势。

小说中，作者首先从物理意义上将北京城七环以内的区域划分为三个空间，每个空间经过折叠之后在地面轮流生活，以48小时为一个循环周期。其中，大地的一面——第一空间居住着的500万人口，享有从每天凌晨6点到次日凌晨6点的24小时时间段。翻转后的另一面——第二空间和第三空间，则拥有相当庞杂的人口数量，分别为2500万和5000万。人口上的绝对优势却并不意味着对时间的优先占有权：第二空间的时间起点始于第一空间结束时的凌晨6点，终结于当晚22点，共计16小时。这就意味着第三空间的居民所能有效利用的时间有且仅有晚上的8小时，即从22点到次日清晨6点。

除了最为显著的时间与人口的分配问题，各个空间还存在着不同层面的差异与不均：首先，开篇所呈现出的第三空间的熙攘、嘈杂和市侩，就和后文中第一空间的庄严、优雅和大气形成了强烈对比。其次，在商品流通方面，第一空间的通货膨胀传不到第三空间，老刀穿的裤子也拥有产自第三空间的显著特征；第一空间的依言一个礼拜就可以挣得10万块，可老刀每个月只有微薄的1万元薪金，但也从来没有见过1万块整钞的真实模样。在交通和治安上，第一空间居民乘坐的交通工具包括高级双轮车、无人驾驶车辆，特定区域还有小机器人逡巡以维护秩序，但这些对于来自第三空间的老刀而言都是完全陌生化的景观。第二空间与第三空间拥有一条特定的垃圾运送通道，第一空间与第三空间之间则没有连通的垃圾通道，还加以一道迅速启合的铁闸作为防护墙。就连恋爱、交友的条件对跨阶层也有着严格的限制，依言的父亲就曾告诫她不允许交往第二空间的男孩。通过对比可以发现，如果说第二空间已被边缘化，那么第三空间则完全被抛弃在了世界之外。

在老葛与老刀关于失业的交谈中，郝景芳已经明确将第三空间定义为了"底层"："……就是每次通货膨胀几乎传不到底层去，印钞票、花钞票都是能贷款的人消化了，GDP涨了，底下的物价却不涨。人们根本不知道。"②因此，我们可以将《北京折叠》中处在社会结构底端的第三空间视为一个相当规模的底层社会。再

---

① 杨文伟：《转型期中国社会阶层固化探究》，中共中央党校博士论文，2014年。

② 《北京折叠》(全文)，http://www.yjbys.com/news/451548.html，2016年8月24日。

结合前文的分析——从不同空间的政治、经济、社会生活领域的制度设置来看，第三空间与第二空间，尤其是与第一空间的阶层壁垒似乎正在逐渐加高，甚至难以产生任何交集。而社会流动日益趋于凝滞，长此以往将最终导致社会阶层结构的板结化。也正是在这个意义上，小说尖锐地披露了现代化进程中的中国社会现状，成为极为深刻的现实注脚。

但是，通过对于整篇小说的逻辑梳理，我们似乎并没有看到作者进行空间划分的具体依据——基于收入、身份或者职业等因素在这里都是含糊和不明晰的。恰恰因此，却催生出了另一种可能性——跨空间的人口流动。作为《北京折叠》的核心人物，老刀虽安身立命于第三空间，但他很清楚只有教育才能给死水般的生活带来转机。所以也正是为给养女糖糖挣得高昂的幼儿园学费，他冒险从垃圾道爬入第二空间，又从地表翻越到了第一空间。老刀早已深知，只要去第一空间的路径和方法正确，被抓住的概率就不大。有过多次前往第一空间私贩烟酒经验的彭蠡也知道，就连秩序局的条子也是例行公事，只要绝口不提钱的去处，最后总会相安无事。由于第二空间的秦天在去第一空间联合国经济司实习的过程中认识了依言，才委托老刀给远在第一空间的依言赠送礼物，并打算在研究生毕业之后申请去第一空间工作。秦天的室友张显则深谙官场晋升之道，早已计划到第三空间积累管理经验以作为升职到第一空间的优势条件。就连解救老刀于危难之中的老葛也是从小在第三空间长大，在获得大校军衔之后才申请转业，目前在第一空间负责处理政要。

不可否认，在社会转型的大背景下，不同群体之间的利益结构的确存在着某种失衡和分化。但是作者郝景芳在看似密不透风的阶层之墙里却设置了一道极具张力的隐性裂缝，从中制造了空间人口流动渠道的多样性。因而，第二、第三空间里的居住者在城市的循环管道内逆流而上，通过以教育、工作甚至偷渡来进入第一空间的方式，使得社会个体具有通过自身努力实现阶层上升的可能性。这种未来的不确定性一定程度上也就调适了三个空间的各种社会利益纷争，化解了威胁社会政治稳定的潜在风险与危机，起到了维持安宁稳定、缓解空间内爆的作用。

（二）教育：阶层复制、阶层流动或其他

老刀的父亲本是折叠城市的建筑工，城市建成之后，凭借强健的意志力在8000万同行中抓住了工作机会，成了第三空间里一名有着 20 年工作经验的垃圾

工。老刀则出生在折叠城市建造好的第二年，他上了小学、中学，考了三年大学均以失败告终，最后选择放弃学校教育而"子承父业"，也做了一个靠双手快速且机械地处理废料的垃圾工，至今已 28 年。

第一空间与第三空间之间利益格局的巨大失衡渗透在社会生活的方方面面，教育领域自然也难逃一劫。相对而言，第一空间的上层群体一般位于循环链的顶端，往往拥有更为优质的教育资源与教育机会。此时，教育作为一种代际传承的主要机制，以一种超越功利的相对自主性形式掩盖了权力的支配关系。"在一个不平等的社会治理结构和利益格局当中，异化的教育尤其是高等教育在某种程度上会沦为强化现行社会等级秩序的手段，使得各个社会阶层在获取教育机会的过程和结果中主动或被动地实现子代的阶层复制，并以文化的方式使之合法化、常态化。"[1]这样，就于无形中巩固了阶层边界，强化了某种封闭式的阶层内部循环，继续生产着社会的不平等结构。这也就是处于社会底层的老刀最终走上职业选择循环之路的一大原因之所在。或许，他并不嫌弃继续从事垃圾工的行当，甚至"每每在繁花似锦的霓虹灯下漫步，老刀就觉得头顶都是食物残渣构成的彩虹"[2]；又或许，他早已习惯自己做着和父亲一样的工作，却又充满着一种无法言说的无力感，只好将希望寄托在糖糖身上。但是，如果教育只是为了简单完成阶层复制的功能，为什么老刀还会期望通过教育来改变糖糖的人生呢？正如现代的教育制度为何仍然具有如此强大的生命力，高考依旧被认为是选拔人才最公平的手段？

正是由于教育的不公所带来的剧烈的"二代"分化现象，本没什么奢望的老刀便决定让一岁半的养女糖糖从小就接受优质教育，学习她喜欢的唱歌和跳舞。在疲惫的空间穿梭之后，他甚至希望糖糖不要像被艰难生活所压榨的阿贝和阑阑，而要成为像依言一样优雅的淑女。和老刀一样，第三空间的家长都清楚地意识到教育所能带来的一切改变，幼儿园还未开始正式招生，就有大部分的名额被买断，剩余的家长则苦熬排队，希望能为孩子争取到寥寥无几的机会。

"正如社会学家哈格维斯特曾经指出的：伴随社会的不断进步，教育将成为个体向上流动的主要途径；缺乏教育、教育失败将成为个体向下流动的基本原

---

① 杨文伟：《转型期中国社会阶层固化探究》，中共中央党校博士论文，2014 年。
② 《北京折叠》(全文)，http://www.yjbys.com/news/451548.html，2016 年 8 月 24 日。

因。"①实际上，早在中国古代社会，教育就被视为社会个体地位提升的主要手段之一。在等级森严的传统社会，主要由世家大族子弟凭借家世背景垄断选官，社会阶层的垂直流动微乎其微。而从隋朝开始正式实行、历经 1300 多年的科举制度，以成绩优劣作为人才选拔标准，不仅通过改善官员选拔制度缓解了社会矛盾，还给处于社会中下阶层的知识分子提供了向上流动的机会。在现代社会中，教育同样是主导社会跨阶层流动的主要动力，尤其对于底层群体而言，更是一个最重要的流动阶梯。

从幼年接受教育开始，我们便对"知识就是力量""读书改变命运"的论调深信不疑。"英格尔斯曾指出，经过急剧社会变迁的父母，都会寻求用与本人成长迥异不同的方式来教育孩子，在实践中有目的地进行调整，以训练孩子更好地适应父母眼中变化着的面对世界的能力。"②正如老刀虽然没有接受过大学的高等教育，但是他仍不遗余力地支持糖糖的教育，期待着糖糖可以拥有一个美好的未来，而不再蜷缩于被孤立的第三空间。诚然，教育在某种程度上改变了阶层结构，促进了社会的公平。那么为什么还是会有越来越多的底层学子放弃寒窗苦读，走上了浩浩荡荡的父辈大军的职业老路？如果说教育可以使得底层的劣势群体实现向上的社会流动，那么这种成功越界、跻身前列的可能性在今天还存留多少呢？

实质上，我们不能也无法在"阶层复制"与"阶层流动"的二元对立中探寻到教育的真相。但在今天的现实社会里，教育似乎已经成了整个社会机能运转下的冷却与缓和系统。一方面，它通过肯定个人奋斗的价值，无形中推动着老刀为糖糖争取上等教育资源，以微弱的光亮不断鼓励着人们一次次破茧而出；另一方面，它消解了原本复杂的种种矛盾，淡化了社会冲突，而将问题的焦点转移到以考试成绩为判断标准的个人能力上来，形成了"考不好—升不了—怪自己"的简单逻辑链条。但是，在探讨整个社会阶层结构的上行机制时，先赋性条件绝不可忽视，社会制度也难辞其咎。

---

① 程启军：《阶层间封闭性强化：中国社会阶层流动的新趋势》，《学术交流》，2010 年第 1 期。
② 陈丽：《城市底层群体的生存状态与社会流动》，南京大学硕士论文，2013 年。

二、技术悖论之后——何处安放的身体

（一）安置方式的创新

纵观历史发展轨迹，科技的每一次重大进步都会引起以人类生活方式为核心的深刻变革。而作为科幻小说，发达的技术要素也就理所当然地成了支撑《北京折叠》的巨型骨架，并对小说的发展起到支配性作用。为减少阶层流动率，郝景芳首先通过空间隔绝技术把北京城预设为三个空间，并且将所谓的"社会底层"人群安置在了最下层空间，分配着最低质的资源。当老刀穿越到第一空间，又因缘际会参观了"折叠城市五十年"的庆功宴后，他与同样来自第三空间的老葛终于能够在深夜把酒促膝、坦然相对。在交谈中，老刀似乎终于明白：只有通过对其塞到夜晚的方式以彻底减少第三空间居民的生活时间，才能在提供就业机会的同时，也保证经济发展的活力。老葛的话语云淡风轻，却不知为何浸润着一丝凉意，足以将整个现实描得透亮。可是，他并不想做第一空间的辩护者，"只是这么多年过来，人就木了，好多事儿没法改变，也只当那么回事了"[1]；老刀的身体被阵阵凉意裹挟着，他觉得自己可能接近了某些真相，这些真相让他见到了命运的轮廓。可是那轮廓就像天边忽明忽暗的云，刚刚妄图能捕捉它的形状，又被遥不可及打破了幻象。每天木然地做着同样的垃圾处理工作，老刀千疮百孔的心尽管已经变得空洞，却也能够沉默地扛下一切生活的泥沙。他一定知道自己在经历着一种什么样的生活，可是"他不知道了解一切有什么意义，如果只是看清楚一些事情，却不能改变，又有什么意义"[2]。

为了辅助空间隔绝机制下城市的正常运转，并减轻底层群体生存压力下巨大的绝望感，"休眠"技术——作为空间固化的表征出现了。正如城市其他的5000万人一样，彭蠡每天都会在空间转换前的最后一分钟钻进睡眠胶囊，接受胶囊定时释放出的催眠气体，然后陷入沉沉的梦境。身体颠来倒去，头脑一无所知，一睡就是整整40个小时。有过多次"穿越"经历的彭蠡自然也知道，和第一空间的生活比起来，自己的日子过得有多没劲。

于是，技术悖论问题如巨石般横亘在了人类社会的发展之路上。尽管技术通过分层的方式带来了自身生活的失衡，但在郝景芳笔下，老刀、彭蠡甚至更多第

---

① 《北京折叠》（全文），http://www.yjbys.com/news/451548.html，2016年8月24日。
② 《北京折叠》（全文），http://www.yjbys.com/news/451548.html，2016年8月24日。

三空间的群体却因受益于强大的"休眠"技术而得以保住了身体的存在。于是，一触即发的不满与愤怒终于像被一脚踩灭的烟头：人们各得其所，社会欣欣向荣。

但是，技术真的能够维持社会安定与稳定吗？除了寄希望于养女糖糖，为什么老刀不曾思考过自身的向上流动？彭蠡对现状心知肚明，为什么也安之若素？数以万计的第三空间居民只是基于能够"活下来"的纯粹愿望而心甘情愿地充当数字吗？

即便技术高度发达，中国古代形成的"宿命论"的影响仍然渗透在生活日常当中，使得人们在今天依旧对命运深信不疑。从传统主流文化来看，儒家思想所提倡的就是以宗法血缘关系为基础的道德伦理，即"君君、臣臣、父父、子子"的等级服从制度。"可见，这种文化提倡的就是盲从，要求人民各安其命。"①因此，孔子曾经提出"生死有命，富贵在天"的观念，孟子也有过"莫非命也，顺受其正"的类似表述。同时，儒家文化中的"和为贵"和"中庸之道"，道家文化中的"无为"和"不争"，使得"人们在为人处事的过程中……处处以'隐忍'的精神来对待生活与事物，也就造就了人们重节制、谦虚忍让、随遇而安、世故圆滑的行事风格"②。而回到当代社会，加之科技的进步导致了事物的瞬息万变，城市空间与阶层分化以一种在过去难以设想的方式出现在了大众视野里。以老刀为代表的底层群体手无寸铁，却不得不面对生活中越来越多的不确定因素，这种茫然的无所适从感也使"宿命意识"更加根深蒂固。

在此影响下，城市底层群体的流动意识自然就显得差强人意。"流动意识可以表明城市底层群体对社会流动的自觉程度，以及整个社会流动的普遍程度。流动意识关系到人们对于改变自己社会地位本身以及可能性的思考。"③老刀或许明白自己所处的社会地位，但是强烈的"底层化意识"，即深知实现这种改变的艰难，最终使老刀将向上流动的希望外化为了对社会结构固化的妥协与认同。从另一个侧面而言，社会流动意识的缺席恰恰又反映出老刀对于失衡的社会结构的感知。

（二）安置技术的革命

在"折叠城市五十年"庆典中，老刀无意间听到了吴闻与顶头上司白发老人的

---

① 刘晓宇：《论当代宿命论影响的深层原因》，吉林大学硕士论文，2009 年。
② 孙振波：《中西文学宿命意识比较研究》，辽宁大学硕士论文，2011 年。
③ 陈丽：《城市底层群体的生存状态与社会流动》，南京大学硕士论文，2013 年。

对话。吴闻提出的自动化处理垃圾技术不仅成本较低，而且完全有可能马上投入使用。但是大规模的产业结构调整必将伴随着工人数量的骤减，成千上万的垃圾工就此将面临失业的命运。因此，作者笔下的白发老人反对并驳回了吴闻的建议，保留住了第三空间垃圾工的工作，一定程度上弱化了社会冲突并维护了社会稳定。

但是，技术似乎又陷入了另外一个怪圈。由于科技水平和智能化生产的普及，一方面，它将人们从高危行业和烦琐劳动中解放出来，提供了极为舒适和便捷的生活；另一方面，我们也不得不思考，以机器为代表的技术成果的革新究竟在什么意义上可以代替人力。如果部分简单岗位可以局部实现这一取代，那么老刀和 2500 万垃圾工作为被取代的群体又将走向哪里？

通常，底层人群因为在经济、权力上的缺失而与其他阶层脱节，并逐渐被边缘化、孤立化，长期被视为社会剥削的对象。而今天，技术革命作为一股强大的合力注入时代洪流中，成为另外一股压制性力量，增添了主人公老刀身上所具有的悲剧色彩。因为在《北京折叠》中，"未来的穷人自始至终没有被社会剥削，而且他们创造不出任何价值，无法主动参与社会经济的运作，只能统统被'折叠'到晚上，尽量减少对社会的资源消耗"①，静候着的似乎是看得见的被淘汰的命运。对于老刀来说，问题甚至不是北京尚未折叠，而是世界从未向他展开。

于是，技术的伦理问题终于成为一个无法掩盖的事实，其中"人权伦理"又得以被放大和凸显。自古以来，人类对生命价值的叩问就未曾止息。在漫漫的追寻之旅中，出于对自身和群体的确证，每一个个体存在的特殊意义和价值逐渐被发现和认可。可是在小说里，当科技革命使得底层人民因为价值的缺失而被圈养起来时，他们的存在意义更多地就不是源于自身，而是来自被更高阶层所赋予。人权伦理一贯所强调的"……尊重人的尊严……尊重人的自由和平等"②，其最终落脚点就在于人的主体性特征，即人的自主、主动、能动和自由。但很显然，在《北京折叠》中，以老刀为核心的底层人群正在被动或主动地经历着自主性"被取代"以及选择性"被安排"的命运，继续在黑夜中的缝隙中残喘。

因而，《北京折叠》看似存在着不同空间、不同阶层间牢不可破的冲突对立，

———————————

① 《〈北京折叠〉的隐喻：未来的穷人连被剥削的价值都没有？》，http://money.163.com/16/0825/09/BVAB56FI002580S6.html，2016 年 8 月 25 日。

② 李俊平：《人工智能技术的伦理问题及其对策研究》，武汉理工大学硕士论文，2013 年。

但是郝景芳通过对社会流动弹性机制的设置以及在技术层面所做出的退让，客观上又避开了现代浪潮中威胁社会稳定的暗礁。从这个意义上来说，北京的折叠是尚未完成的。但是我们更应该继续反思，以教育为代表的流通渠道向上流动的希望到底有多少？在技术双重悖论的笼罩之下社会的稳定究竟能维持多久？或许问题背后的问题，才是对未来残酷社会的真正投射和隐喻。

（作者简介：彭庆禹，上海大学文学院博士）

《北京折叠》

——现代性分配艺术的批判

尹　倩

　　随着现代化进程加快、经济技术飞速发展，现代性逐渐被表征为人们的思维方式和生活方式，现代性即一种态度。福柯曾说过："人们是否能把现代性看作为一种态度而不是历史的一个时期。一些人所做的自愿选择，一种思考和感觉的方式，一种行动、行为的方式。"①现代人何以面对精神分裂、价值扭曲的世界，德国著名社会学家马克斯·韦伯对现代性问题提出两点揭示：理性化治理对现代人自我形象的重新塑造，技术专家和社会精英成为现代"精神气质"的核心表征；这个时代是自由丧失的时代。韦伯用"铁笼"隐喻现代世界"向一个完美人性的时代断念诀别"，并充斥着"无灵魂的专家，无心灵的享乐者"。② 文化理性化治理和技术对人的压制成为现代社会的两大重要命题。

　　郝景芳《北京折叠》的成功正是基于对现代性问题的深入思考。她想要表达，表达她感受到的"不平等"。于是，在《北京折叠》中，她建立了一个制度，把"不平等"推向了一个极致。③《北京折叠》对空间、时间和人口的分配正是理性地呈现"不平等"的极致状态。随着生产力的发展和机械技术的不断进步，人力逐步得到解放。她提出，如果下层人连被剥削的理由都丧失了该何去何从，被技术排挤出的人又该何去何从。由现代技术建造出的七环以内的北京，从物理意义上通过折叠、翻转等形式，被改造为三层空间，大地的一面是第一空间，五百万人口享有二十四小时；空间休眠，大地翻转；翻转后的另一面是第二空间和第三空间，

---

① ［法］福柯：《何谓启蒙》，《福柯集》，上海远东出版社，1998 年版，第 533 页。
② ［德］马克斯·韦伯著，康乐、简惠美译：《支配社会学》，广西师范大学出版社，2004 年版，第 4 页。
③ 郝景芳：《"生活苟且"与"诗和远方"根本就不冲突》，http://news. k618. cn/tech/201608/t20160808_8531573. html。

第二空间居住着二千五百万人口，享有十六小时，第三空间分布着五千万人口，享有八小时工作时间。时间分配的不均等，空间的翻转设置，《北京折叠》是如何采用现代性分配艺术来对资源进行重新整合，以建构稳定的折叠大厦的？

一、空间分配艺术：构建社会稳定因子

《北京折叠》对空间、时间、人口的分配，与其说是作者郝景芳的精心规划，毋宁说是在理性化治理系统中，由技术专家和商业精英运用技术对折叠空间进行的规模化治理。技术使空间的折叠成为现实，商业精英通过对资源的重组整合，保证整个治理系统的有效运转。通过占有空间大小的不同，我们可以辨别出城市居住者社会身份的尊卑差异以及垂直意义上的等级差异：谁处于社会顶层，谁是中产白领阶层，谁是社会底层。阶级矛盾往往源自两个方面，一是资源分配不均；二是权利与义务不对称。那么，技术专家和商业精英究竟基于哪些原则来对空间进行分配？空间分配的不均衡何以确保整个治理系统的稳定和平衡？

（一）空间分配的阶层属性何以维护社会之稳定

在社会学中，社会分层指的是社会群体基于他们所拥有的资源多少而形成的等级。马克斯·韦伯主张从经济、政治和社会三项标准来进行社会分层。经济标准，又称财富标准，是指社会成员在经济市场中的机会，即个人能够占有商品或劳务的能力；政治标准，又称为权力标准；社会标准即社会声望，来自他人肯定的评价和社会承认。《北京折叠》在进行空间分配时，通过具体"人设"的制定，不难发现身份、职业和社会属性是划分空间的关键因素。生活在第一空间的人大多服务于政府、银行、金融证券企业，他们拥有雄厚的经济实力、控制舆论的话语权力以及崇高的社会地位，这些身份表征与韦伯的社会分层标准一一契合。而白发老人作为第一空间人设的代表，他管理城市的具体运作，可以操纵空间折叠的时间、掌控三个空间的舆论话语、宏观把握机器和人力角逐的未来发展走向。老刀是一个垃圾工，作为底层工人生活在第三空间。贫穷、饥饿、教育、失业等都是老刀亟待考虑和解决的现实问题。生活在第二空间的人除了部分中产白领、高学历学生群体外，还有一部分身份属性不明晰、游离于第一空间和第三空间的群体。正因为第二空间这些主体不明确群体的存在，给三个空间之间的流动提供了某种可能性，从而使整个治理系统保持着一定的平衡和活力。

阶层固化是未来社会发展的趋势，全体社会价值观的一致才有可能保证治理

系统内部的稳固。自古以来，统治者在管理整个国家时，需要两方面的合力才能共同维持社会的稳定。例如，在西周宗法制下，形成了"周天子—诸侯—卿大夫—士"的宗法等级制度，居于金字塔顶端的是周天子，末端的是士阶层。宗法等级制度是用于区分不同阶层的纵向的力，而统治者所强调的"三纲五常"则是维持金字塔稳固的横向的力，两者之间合力的共同作用才能维持社会秩序的稳定。在《北京折叠》这一治理机制中，纵向的力是技术、资本和权力；横向的力是主流价值观构造的幻象和关系网络中的"漏洞"。技术、资本和权力绝大部分掌握在第一空间的人手中，三个空间的差异不言而喻。而在《北京折叠》这一治理系统中，借助治理机制中横向的力，则主要通过提供两个路径来保证社会机制运行的稳固。

一方面，基于社会价值观一致的正常流通渠道。主流价值观构造的幻象主要是通过教育等手段让人们相信，通过获得高等教育可以进入更高的阶层。例如生活在第二空间的研究生秦天，在和老刀交流时，曾表决心通过实习一定要留在第一空间；秦天的室友张显也想通过获得在第三空间的管理经验等寻求上升的渠道；生活在底层第三空间的老刀也坚信不疑，让糖糖获得更好的教育能给她带来更好的生活。而通过正常流通渠道提升社会地位，进入第一空间的还有老葛，他虽自小生活在第三空间，但通过读军校、研究雷达技术，逐步升为雷达部门主管；没有背景、没有关系的他通过申请转业调整最终也能在第一空间生存下来。这些例子，都说明主流价值观构造的幻象在空间流通机制中的表现和作用。"勤能补拙是良训""知识改变命运""教育能实现自我的突破，进升更高的阶层"，这些由治理者编织的美好人间幻象给人以希冀和慰藉、给人生存下去的勇气和力量。另一方面，基于关系网络中的"漏洞"以维系治理机制的稳定。《北京折叠》主要是运用夸张手法借助空间的"漏洞"来表征现实关系网中的漏洞。关系网的存在、漏洞的存在，使得紧张的"等级"阶层得以流动，社会治理系统不至于因过度紧绷僵化而崩溃。

(二)空间翻转的裂缝何以表征现实之漏洞

《北京折叠》对空间转换渠道的陈述，实则暗喻了现实关系网漏洞对整个社会治理机制的维稳作用。老刀从彭蠡设置的垃圾密道中，借助时空翻转的间歇，从第三空间进入第二空间；老刀避过铁闸，采取地表翻越的办法从第三空间前往第一空间。其中，老刀在不同空间转换的过程，体现了《北京折叠》物理空间中的漏洞，实则也在暗喻社会现实关系网的漏洞。例如，老刀在第一空间被巡逻机器人抓住，而有幸结识同有在第三空间生活经历的老葛。老刀为老葛讲述自己为给捡养小孩糖糖筹钱上幼儿园而穿越不同空间的事，之后，老葛为老刀的经历所触动，帮助老刀免于进监狱和受罚款。因此，关系网的建立不一定是物质财富，也可以是基于人性的美好、精神的共鸣。现实的漏洞可以给没有技术知识、没有话语权力，甚至没有经济实力的人以上升的可能性。郝景芳反乌托邦式的折叠空间中的留有人性温情的一面，从整个治理机制体系维度来看，也显得如此"功利"和"有目的"。

维持《北京折叠》治理机制的稳定因子基于这些关系网的存在、基于这些漏洞的存在。那么，当法律和"漏洞"相冲突时，治理主体该如何抉择？《北京折叠》看似没有给出答案，实则通过白发老人的行为已经阐明：当宣讲材料出现失误时，他可以选择控制空间翻转的时间节点，以保证话语权力的权威性和准确性。郝景芳的折叠空间里，没有谈对具体现实问题的解决办法，也许是因为类似"法律和漏洞"对于维持社会稳定的双因子悖论屡见不鲜。

二、时间分配艺术：按劳分配和按需分配的博弈

《北京折叠》中不同空间的人享有不同的时间，第一空间的人享有二十四小时的工作时间、第二空间的人享有十六小时的工作时间、第三空间的人享有八小时的时间。透过文本可以发现自上层世界到底层世界，建筑越来越高，生存空间越来越逼仄，生存时间越来越短；自底层世界往上层世界流动，空间越来越开阔，工作时间越来越长。

（一）现代性时间何以表征阶层属性

随着现代化进程的发展，理性化治理对现代人形象的重新塑造，技术专家和社会精英成为现代精神品格的核心表征。《北京折叠》中的时间作为一项重要的分配资源，其自身也是一个不断被商品化的过程，时间的商品化即时间的"去情感化"。埃米尔·杜尔凯姆认为时间是社会成员共同享有的一种时间意识，这种集体时间是所有时间进程的总和，各种时间进程彼此联结互为作用形成某种典型的社会文化节奏。换言之，杜尔凯姆将时间界定为集体意识的产物。

当时间不再是简单的钟表刻度，而作为一种集体意识的产物时，时间何以表征不同空间的阶层属性？换言之，《北京折叠》中对时间的分配艺术如何体现时间的阶层属性？在《北京折叠》中郝景芳借老刀之眼纵观第二空间的快节奏生活。老

刀在秦天房间的窗口望向街道：路上的人很多，匆匆忙忙都在急着赶路，不时有人小跑着；街上汽车很多，在路口等待的时候，不时有人从车窗伸出头，焦急地向前张望。在第二空间中，时间是一种有价值的商品，现代性快节奏的生活方式已经融进第二空间集体意识中，快节奏、加速度成为第二空间特有的属性特征。

随着工业社会的发展、机械技术的革新，在生产与消费的巨大刺激下，马克斯·韦伯再次强调理性化治理已成为一种时代精神。文化理性化治理机制、时间的理性分配，理性化已经贯穿人们社会生活的方方面面，现代性时间也因此而诞生。韦伯提出现代化时间所包含三个重要的隐喻：时间就是金钱；时间是一种有限的资源；时间是一种有价值的商品。① 《北京折叠》正是充分认识到了现代性时间的三重隐喻，根据不同空间对时间的不同需求而重新进行配置。另外，当现代社会的人们过于关注时间衍生出的各种价值时，易对时间的流逝产生一种恐慌和焦虑，形成一种时间焦虑感。而这种时间焦虑感正是处于现代社会的人们一种特殊的"现代性体验"。因此，由现代性时间衍生的时间焦虑感、快节奏生活、高速度工作已然成为第二空间人们的生活常态，并融入其独特的阶层属性。

(二)时间分配何以体现社会公平

在这里，阶级矛盾源自时间分配的不均和不同阶层人民权利与义务的不对称。很多人提出质疑：城市中占人口基数最大的贫困人口忍受着最少的时间和社会资源，极少数人却占有更多的时间和社会资源，社会分层极度固化，向上和向下的阶层流动通道均被封闭。② 这确是《北京折叠》呈现的一个潜在的隐喻，在食物、环境、生活用具这些基本的生活必需资源之外，易被忽略的更为重要的资源就是时间。在现实世界中，也许这就是底层人和金字塔顶端的人极少平等享有的资源。首先，这涉及按劳分配和按需分配问题：处于底层的人付出的劳动量和处于金字塔顶端的人付出的劳动量并没有统一的量化标准。技术时代的到来，机械手工解放人力是未来社会发展的必然趋势。处于第一空间的人提供智力支持和技术支持，维持社会正常运转；处于第三空间的人通过体力劳动来实现自身的价值。其次，从表面上看，时间的分配存有差异，根据马克斯·韦伯对现代性问题的揭示：文化理性化治理和技术对人的压制已成为现代社会的重要命题。从文化理性化治理背景下去考量时间自身的价值问题是实现折叠空间治理的必由之路。

---

① ［德］马克斯·韦伯著，康乐、简惠美译：《支配社会学》，广西师范大学出版社，2004年版，第79页。
② 王菲、须叙：《北京折叠，科幻壳 现实核》，《东方之窗（文化咨询）》，2016年版，第76页。

换言之，让更需要时间的人支配更多的时间，去维持整个治理机制的正常运行。最后，则是当技术实现对时间的压制时，人将何去何从的问题。诚如白发老人和吴闻的对话一样：

> "……批这个有很多好处。"吴闻说，"是，我看过他们的设备了……自动化处理垃圾，用溶液消解，大规模提取材质……清洁，成本也低……您能不能考虑一下？"
>
> 白发老人摇头，眼睛盯着吴闻："事情哪有那么简单的，你这个项目要是上马了，大规模一改造，又不需要工人，现在那些劳动力怎么办？上千万垃圾工失业怎么办？"

这批被技术排挤出来的人将如何安置？就业问题和生存问题都是最基本的社会现实问题。郝景芳提供了一种设想，通过引进把人催眠的胶囊，让这批人能尽量少地参与经济运作与社会活动。所以，《北京折叠》在时间上的分配艺术是在现代技术高度发展和文化理性化治理的背景下进行的。时间分配表面上的不均实则是折叠大厦中的相对公平，从而实现现代性社会中时间的最大价值。从另一种维度来看，郝景芳所呈现的这种相对公平的合理性是一种更为冷峻而严酷的现实感。

三、人口分配艺术：技术和经济的双向驱动

大地的一面居住着五百万人口，翻转后的另一面居住着七千五百万人口。1∶15的人口分配比率，《北京折叠》何以如此分配，换言之，这样分配的背后潜藏着人类怎样的生存困境？由阶层属性实现了对空间的分配，根据现代性时间的特点实现了对时间的分配，而技术的革新和经济的发展则实现了对人口的分配。一方面，技术的变革实现了对人力的解放，底层工人就业问题亟待解决；另一方面，经济实力在某种程度上和居住空间成正比。经济实力雄厚的人享有较大的生存空间，反之，经济实力薄弱的人只能占有狭窄的空间。且在实现 GDP 快速增长的同时，总会伴随通货膨胀、经济危机等现实问题，人口分配何以缓解通货膨胀而实现整个治理机制的稳定？

（一）人口分配技术何以缓解通货膨胀

现实生活中，当出现通货膨胀、经济危机、物价上涨时，受影响最大的群体

往往是中下层阶级。但是在《北京折叠》中，由于空间的区隔、时间的差异，人口按照阶级属性的分配，通货膨胀、经济危机却基本不会影响到底层人民。

随着现代社会的不断发展，人工成本上涨，机器成本下降，生产力的改造和升级，机器相比人力来说更加便宜。大规模机械化生产后，解放出来的人力，最好的解决渠道是彻底减少这些底层工人的生活时间。把他们塞到夜里，不再参与经济运作，使得通货膨胀、经济危机都不会影响到这批人。治理者印钞票，都被上层有贷款能力的人消耗。最后的结果是，GDP 得以增长，地下的物价却没有涨。

经济发展问题作为社会的不稳定因子，通过人口的分配而得以消解，这种假想使得《北京折叠》中的治理机制系统更趋于稳定。反观中国社会现实，"中国的转型是 13 亿人口的转型，是 8 亿到 9 亿农民的转型。其人口规模之大，变化速度之快，影响程度之深、覆盖范围之广、社会矛盾之复杂"①使得国家治理者管理难度加大。人口的规划问题直接与政治问题、经济问题挂钩，《北京折叠》中对人口的分配有其内在的逻辑性和必要性。

（二）人口问题的产生：技术对人的压制

根据马克思的理论，人的存在价值就是其贡献的劳动价值。如果机器在和人的竞争中一直处于优势领先地位，而绝大多数底层人还来不及实现自身的劳动升级和改造，那么，这批主要依靠体力劳动实现自我价值的群体该如何安排？这就是《北京折叠》在实现了对时间分配和空间分配后，呈现出人类所面临的最本质的生存困境问题。随着技术革命新时代的到来，最终剥夺人类时间的将不是人类自身，而是机械化大生产时代永不停歇自行进化的社会大机器。

《北京折叠》中老刀回想自己四十八小时的全部经历，让他印象最深刻的是最后一晚老葛说过的话。他觉得自己似乎接近了些许真相，见到了命运的模糊轮廓，可是那轮廓太远、太冷静，太遥不可及。老刀知道自己仍然是数字，在5128 万这个数字中，他只是最普通的一个。"如果是偏生是那 128 万中的一个，还会被四舍五入，就像从来没存在过，连尘土都不算。"老刀在三个空间来回穿梭，对个体在整个折叠空间中的意义和作用有了初步的认识和判断。当人民成为人口，成为社会治理机制中的数字符号时，人的价值和意义就会逐渐被整个技术机制消解。福柯在《治理术》中曾这样说道："人口是需要的主体，欲望的主体，

---

① 胡鞍钢、王磊：《中国转型期的社会不稳定与社会治理》，《国情报告（第八卷）》，2005 年版，第735 页。

但同时也是治理者手中的对象。"①老刀的欲望和需要就是攒钱给糖糖交幼儿园学费，最后老刀也模糊地意识到自己作为人口被第一空间治理的意义。可他最后没有抱怨社会的分配不均或是爆发革命的想法，而是仍然坚信糖糖能通过接受教育而改变自己的命运。由此可见，主流价值观构造的幻象对中下层人的作用和意义是不可估量的。

空间意义上鲜明的阶级构成，下层阶级努力劳作，上层阶级执掌社会。可我们却进入了一个重新定义"努力劳作"内涵的时代。在以往故事情节的矛盾冲突中，掌权者主要依靠剥削下等人的劳动才能维持自己的生存，可是如果技术取代人力，下层人连被剥削的理由都丧失又该如何？这已不仅是失业问题，而是对人口的治理问题。郝景芳并未在《北京折叠》中展开过多阐释，但最令人恐惧的是，随着技术的不断革新，上层阶级为了维持更优越的生活需要剥削下层阶级，这种二元结构使上层阶级在道德上负有的原罪都已失去意义，被技术彻底消解掉了。现代性分配艺术的批判是现代性重新塑造现代人形象的产物，其设计和考量基于现代性的思考，根植于技术革新和工业发展。但是，《北京折叠》这一看似稳定的治理机制中，不稳定因子"技术革命"的爆发就是一颗随时可以打破平衡的定时炸弹。

理性化治理对现代人自我形象的重新改造，技术专家和社会精英成为现代"精神气质"的核心表征。纵观全文，在理性化治理的背景下，《北京折叠》通过对时间、空间以及人口的重新分配，建构了一个乌托邦式的折叠大厦。通过对现代性时间的思考去考量时间分配的价值和意义，实现时间分配的相对公平；通过对空间的裂缝隐喻现实关系网的漏洞以及空间转换渠道的设置，在不同空间之间实现了流通的可能，使整个治理机制能保持一定的张力；最后，通过对经济和技术的作用，使人口的分配得以保持社会秩序的稳定。可见，这种考量和思考是郝景芳《北京折叠》现实经验的积淀，同时也彰显出现代性分配艺术的残忍和冷酷，将现实的不平等进行了合理而客观的呈现。然而，在这种分配艺术的背后，潜藏的技术对人的压制问题始终是一颗埋藏于整个稳定治理系统中的定时炸弹。

（作者简介：尹倩，上海大学文学院博士）

---

① ［法]福柯：《福柯文选》，生活·读书·新知三联书店，2001年版，第395页。

英语世界里的中国科幻

——论《北京折叠》的译文评介与海外接受

何霜紫

2016 年 8 月 21 日，郝景芳凭借《北京折叠》摘得第 74 届雨果奖最佳中短篇小说奖。雨果奖是 1953 年为纪念来自卢森堡的"科幻杂志之父"雨果·根斯巴克而设立的，它与"星云奖"堪称科幻艺术界的"诺贝尔奖"。这是继刘慈欣《三体》之后，中国作家再次折桂雨果奖，这是科幻跨越民族、国家界限的又一次例证。《北京折叠》描绘的是大约发生在 22 世纪北京城的故事，故事的主人公是生活在第三空间的以加工处理垃圾为业的老刀，为了给养女糖糖攒学费上幼儿园，他铤而走险穿越三层空间送信。小说的科幻因素集中在空间和时间的折叠上，而情节的基本元素都具有一定的当代现实性。在大家纷纷投身于小说情节剖析和社会影响效应研究之后，笔者希望从译介角度来探究中国科幻文学在海外传播的诸种问题，找到中国作家、海外译者以及熟悉遵守评奖规则等的"自觉"机制，以试图发掘其中的深层意义。

一、刘宇昆的文学翻译与"雨果奖"的评奖规则

两届"雨果奖"获奖作品《三体》和《北京折叠》的译者刘宇昆是美籍华裔科幻作家，也曾凭借《手中纸，心中爱》获得星云奖和雨果奖的最佳短篇故事奖，他是中国科幻走向西方英语世界的引路人。正因为刘宇昆自己也是科幻小说的作者，因此他对宏伟科幻世界的建构系统并不陌生。翻译科幻文学不仅对译者极富想象力的科学思维和知识体系有一定要求，更重要的是译者必须对中英世界的文化了如指掌，方能达到语境间自由切换于无形的效果，实现文学性、通俗性与科学性的高度融合。具有两者兼备的条件使得刘宇昆在中西文化的融合与差异中游走，并且能够在尊重原著的基础上创作出被西方英语世界读者接受的译本。除了《三体》

《北京折叠》外，他还翻译了陈楸帆的《荒潮》和《丽江的鱼儿们》、郝景芳的《看不见的星球》、宝树的中篇小说《大时代》，等等。未来中国科幻文学走向世界之路，必然少不了像刘宇昆这样专业的科幻文学翻译作品。

刘宇昆曾在一次采访中表示"我是美国人，讲的是美国的故事"。虽然译者的写作和思维是西式的，但他笔下的科幻世界是巧妙精致而富有诗意的，像充满生命灵气的折纸艺术品，如此有诗意而又令人回味的翻译是刘宇昆作为译者的可贵之处。刘慈欣曾在他的获奖感言中专门写道："翻译作品总是在跨越两个不同的文化和时空。就这本书而言，这座桥梁就是刘宇昆。"①

近年来随着大数据科技的迅猛发展，国际社会也掀起了科幻热的高潮。刘慈欣也认为，中国科幻正处于一个类似美国科幻"黄金时代"的阶段。社会变迁和技术经济的快速发展迫使人们思考未来，这些都成为中国科幻小说发展的沃土。《北京折叠》的这次获奖是中国科幻文学进一步走向英语世界的又一历史性标志。可见中国科幻文学在英语世界开始逐渐站稳了脚跟，也从另一方面证实了中国科幻文学在某种程度上已达到了国际标准。然而由于政治隐喻、现实软科幻、语言平淡等因素，国内评论界对《北京折叠》的态度始终褒贬不一。虽然这本书在国外的译介还只是停留在英语国家的视野且出版发行量有限，但不可否认的是，英语世界的外媒和海外大众对《北京折叠》的印象和喜好程度是决定《北京折叠》获得如此重量级世界奖项的重要依据。

许多人也许对"雨果奖"的评选过程不甚了解，因而笔者认为有必要进行简要说明。每年报名参加世界科幻协会评选的作品将受到大会会员投票甄选后提名，然后在获得提名后按固定程序确定最终的获奖作品名单。其中，不容忽视的是，这些作品获得参赛资格的前提是已被翻译为英文。这也是为什么亚洲科幻作家的作品在去年刘慈欣的《三体》获雨果奖前，从未出现在该奖项获奖名单中的致命原因。正如莫言获诺贝尔奖后坦言离不开"幕后功臣"葛浩文和"背后的瑞典女人"陈安娜，刘慈欣和郝景芳获雨果奖都离不开作品背后的华裔美国人刘宇昆（Ken Liu）。如果没有译者忠实而灵活、近乎完美的翻译，就没有今日轰动中国媒体界、受全国科幻文学界热议的《北京折叠》。作品本身独具中国文化特色，而通过译者在忠实原文下的适当归化改写策略的发挥，让《北京折叠》进入了世界科幻文

---

① https：//www.huxiu.com/article/161071.html？f＝index＿feed＿article.

学的视野，吸引了更多英语世界读者关注中国科幻文学。优秀的翻译是沟通不同国界文化的桥梁，因此笔者深知要探秘英语世界的中国科幻文学，就很有必要研究《北京折叠》的译文以及作品在海外的接受程度。

二、忠实原文的翻译原则与适应海外的读者策略

《北京折叠》凭什么斩获科幻文学界的"奥斯卡"雨果奖？笔者认为这很大程度得益于译者近乎完美的英文翻译。媒体界甚至有传言认为《北京折叠》是因为刘宇昆用英文重新写作之后才获奖的。中国科幻文学的异国软着陆吻合了西方世界想提升对神秘之都北京这座城市浅薄认识的期盼，从中看到了中国社会全新的切面。因此笔者认为，要想真正深入地去研究《北京折叠》的海外接受，必须以中英文对照的文本细读为前提，找到译者在其中运用的一些翻译策略，以期得出其译文被英语世界认可的可靠依据。

最为国人所熟知的翻译原则是由清代翻译家严复提出的"信达雅"三原则[①]，反映在白话文的表达中则意为忠实于原文、通达流畅、内涵雅致，许多优秀的翻译家正是秉持了这三大基本原则。通过对比刘宇昆的译文和原文，笔者发现其中最大的闪光点在于"化境"[②]，具体表现是译文在语境切换后，克服了语言习惯的差异而保持原有的风味。而最终在忠实原文基础上的适当侵入[③]就是体现译者主体性和实现海外传播的重点。基于这些翻译原则，笔者总结了刘宇昆译文的如下几大策略：精确的动词时态、一致的人称视角、直观的语义表达等。这些翻译原则的实践一方面保证了译文对原文的忠实准确，另一方面也更易于让英语读者接受和理解。

（一）动词时态的精确性

如果说在留学生眼中，汉语是一门博大精深、复杂多变、难以把握的语言，那么他们最难以捉摸的应该是汉语的动词时态。《北京折叠》被华裔美国作家翻译为英文，其最大的闪光点之一就是精确的动词时态，运用到叙事学领域，就是精确的时况表达。如在这里举一个最具代表性的例子：文章的标题 *Folding Bei-*

---

① 参照严复：《天演论·译例言》，中国翻译工作者协会、《翻译通讯》编辑部编：《翻译研究论文集（1894—1948）》，外语教学与研究出版社，1984年版。

② 钱锺书：《林纾的翻译》，《中国翻译》，1985年第11期。

③ ［美］乔治·斯塔纳：《通天塔之后：语言与翻译面面观》，上海外语教育出版社，2001年版。

jing，这里的"Folding"既可以理解为"Beijing"的修饰性定语成分，为"折叠的北京"，也可以理解为动词"Fold"的现在分词形式，突出强调北京被折叠的这一动作正在进行中。因此，简单的标题其实蕴含着双重时态与成分的辨析。虽然原文在时间叙述点上的表述十分清晰，有的甚至精确到分钟，但是时态的描述却很难分辨出是发生在过去、现在还是将来。然而译文全文通读下来，我们很容易得出《北京折叠》采取的是过去时态，其中包含了一般过去时、过去进行时以及过去完成时。时态的叙述方式在中英文中体现了较大的差异，而这背后就可能包含着跨文化语言研究的时态转化问题。精确的动词时态是构成英语世界阅读的重要标准之一，通过时态的确定，读者可以具体把握故事发生前后的时间逻辑。值得注意的是，英汉动词的"时间表示法"并不能在结构形式上完全对应，但是，英语译文为我们提供了一个很好的叙事导向：折叠故事的展开不是建立在此刻之上的预叙，而是建立在已完成的以现在为基础的对将来世界的构想，这与现实主义文学的叙述方式极为相近。

(二)人称视角的一致性

一致的人称视角在译文中主要体现在两个方面。一方面是通过设置状语或者主被动变换的方法适当减少人称视角的切换，另一方面则是原文的间接引语表达在译文中大多以直接引语的形式呈现。下面分别举一例佐证。

[例一]

老刀回家洗了澡，换了衣服。白色衬衫和褐色裤子，这是他唯一一套体面衣服，衬衫袖口磨了边，他把袖子卷到胳膊肘。

Lao Dao had gone home, first to shower and then to change. He was wearing a white shirt and a pair of brown pants——the only decent clothes he owned.

[例二]

所幸秦天是宽容大度的人。也许他早已想到自己将招来什么样的人，当小纸条放入瓶中的时候，他就知道自己将面对的是谁。

Luckily, Qin Tian was a generous soul. Perhaps he had been prepared for what sort of person would show up since the moment he put that slip of paper inside the bottle.

[例三]

秦天要老刀务必带回信回来，老刀说试试。秦天给老刀指了吃喝的所在，叫他安心在房间里等转换。

"Please bring back her answer," Qin Tian said. "I'll do my best." "Help yourself to the fridge if you get hungry. Just stay put here and wait for the Change."

《北京折叠》语言方面一个比较明显的问题是主语的频繁转换导致的混乱。例如第一个例子是小说原文的开篇，短短几个句子里，主语部分从老刀到衬衫到袖口再到老刀，来回跳跃了四次，相比之下，译文只用了两个主语，"Lao Dao"和"He"，而且指代是一致的，配合破折号的解释，就显得简明流利了许多。第二个例子中的原文表达重复冗杂，而译文就显得比较简洁明了、自然流畅，如此成全了"信、达、雅"标准中的"达"。"show up"意为"出现"，表示了原文中"招来"的意思。译文改变了逻辑主语，由秦天转为老刀，老刀"出现"也呼应了全文见证人的视点是老刀，因此老刀在其中占据着主导位置。而第三个例子中的译文将原文中的间接引语改为直接引语，除去了人称的复杂转换，并且表达更为直截了当，符合英语国家的语言和思维习惯，使语气更加生动直白。

(三)语义功能的对等性

中国科幻文学走出国门，同样面临着中国文学翻译的普遍问题，就是中文语境中许多词义在英语世界中较为生僻，直译过去将导致理解误区，因此得通过英语语境的转换来实现符合英语国家审美和习惯的语义表达。下表中是笔者在阅读中发现的几个意译现象。

原文	译文
没必要穿得体面	There were few occasions that called for the outfit.
这一次他不想脏兮兮地见陌生人	Today, however, he was apprehensive(惴惴不安，添加形容词，心理描写更生动) about meeting strangers without looking at least somewhat respectable.
时间不等人	time was of the essence
单人公租房	a single-occupancy unit
多操蛋，没劲	Shit, pointless. (俗语间的转换，不影响句义)

原文	译文
24 小时周期的分隔时刻	a process repeated every twenty-four hours.（与原文的分隔时刻不同，这里强调重复周期，强调的是转换间二十四小时时间的循环性）
欣赏这一幕无穷循环的城市戏剧	admired the endless cycle of urban renewal.（突出无穷、循环，淡出戏剧）
底蕴更厚	a natural emblem of their possession of a richer, deeper heritage（更深厚的遗产）
垃圾工	a waste worker; processed trash（翻译中，将老刀的工作性质概括得更加精确，"处理垃圾"更好地照应了后文的垃圾处理先进技术的升级即将威胁垃圾工生存）
辛苦摩擦手脚，低眉顺眼勤恳	toil diligently and docilely（意译为勤勉而顺从地劳作）
有一番眼高于顶的气质	gave off a haughty air.（傲慢的气息）
老刀脚踩风火轮	like Nezha riding on his Wind Fire Wheels（补充解释中国传统神话故事中的哪吒脚踩风火轮，引人想象，有意思）
受宠若惊	felt a bit uneasy
蛰伏	Went to sleep.

笔者发现汉译英的过程体现了语义功能的对等原则①，即原文中的"底蕴更厚"很好地被译为"更深厚的遗产"，其中就直接表达了第一空间的优越性在于与生俱来的资产。在英文语境中直白地表达中文语境中隐晦的内涵，并且为了增加情节的目的性表达，译者还进行了适当的句义补充。例如在老刀接受依言的保密要求前曾经历了剧烈的心理斗争，其中有一段译者增加的心理描写就是"This is what they think of Third Spacers"（这就是他们心目中的第三空间人）。这句话代表着第一空间和第三空间的心理距离，无形间也增添了读者的思考。

综合分析以上意译现象，其中大部分是在忠实于原文的基础上进行了语义补充，以达到方便英语读者理解的目的，其中不乏译者特别突出强调以满足读者阅读期望的情节，不可避免的是经典成语的语义消解在一定程度上也减弱了原语言的审美表达。尽管如此，在作品联结海外读者的过程中译者仍起着关键性作用，只有在译入语的语境中进行适当转换才能达到近乎完美的效果。由此可见译者在

---

① Nida, E. A. Language, *Culture and Translating*, Shanghai：Shanghai Foreign Language Education Press, 1993.

海外传播与接受中的重要性。

三、中国科幻文学的海外传播与接受过程的意义增殖

比较了《北京折叠》的中文原版与英语译文版之后，笔者发现英语译文版相较于原文没有略显逊色，相反却是更通畅与清晰了，并且译者还侵入了许多英语世界的普世价值观和意识形态而不显刻意，让西方读者读起来没有理解上的障碍和意义表达上的生硬感。通过译者的完美翻译，《北京折叠》在读者的接受层面实现了"意义增殖"。

目前中国科幻文学的翻译相对较为稀少，因此英语世界里的中国科幻也如同大熊猫般罕见珍稀。《北京折叠》获第74届雨果奖，当然与它在海外的传播与接受密不可分。只有通过读者的广泛参与和接受，才能实现中国科幻文学"走出去"的意义和目标。因此，笔者将从读者受众出发，围绕作品的海外传播和海外读者的接受两个方面，最后结合郝景芳关于《北京折叠》在国外的表态，进行资料收集，从而来研究《北京折叠》的海外接受。

首先在译介受众方面，《北京折叠》的海外推广受众大体上有两大群体：一是西方科幻界的核心读者，这些人混迹于各大科幻杂志，愿意接受新的科幻作品；二是对中国文学与文化有强烈好奇心的读者，主要的关注点在中国科幻文学对世界文化的影响力上。可以说，中国科幻文学不断扩大的世界影响力与综合国力的提升是离不开的。

同《三体》一样，《北京折叠》也是由华裔科幻作家刘宇昆翻译并推荐到美国的。早在2015年，《北京折叠》就已获得全球华语科幻星云奖提名。由刘宇昆翻译和编辑的中国当代科幻小说选集《看不见的星球》(*Invisible Planets*)也收录了郝景芳的《北京折叠》，它已于同年11月1日上市，由美国麦克米兰出版公司旗下的权威科幻小说出版商托尔出版社(Tor Books)出版，同时也加入了亚马逊等一些大型网络销售平台。《北京折叠》(*Folding Beijing*)的英文版在2015年被科幻电子杂志 *Uncanny* 刊载，她的《看不见的星球》英文版也已被科幻电子杂志 *Lightspeed* 买下。美国 *Clarkesworld* 杂志近年来基本以每隔一月的频率发表一篇中国科幻作家的英译作品，已发表作品包括张冉的《以太》、陈楸帆的《开光》等。这些出版社和杂志在英语世界有着广泛的知名度与读者群。这预示着在不久的将来可能会有越来越多的中国科幻文学登上世界科幻大奖的领奖台。科幻文学

的传播还有另外一个途径就是影视改编,《北京折叠》的影视版权已在 2015 年卖给了美国导演。西方科幻产业就经历了从杂志到畅销书,再到影视、游戏转移的过程而言,这预示了中国科幻文学的海外接受面将进一步得到拓展。

根据 *Uncanny* 科幻电子杂志刊载文章的相关链接①,笔者找到了国外许多关于《北京折叠》这部小说的报道,其中不乏一些经典的读者评论。在这个大数据时代,随着自媒体的发展,越来越多的读者受众选择在 goodreads(类似中国的"豆瓣")或者亚马逊上,甚至是个人博客或者"脸书"上发表书评。这些正是我们获取广大海外读者接受的有效途径。笔者在此筛选几个比较具有代表性的评论。《北京折叠》在 goodreads 网站上获三星半好评,其中网友 Tadiana 评了四星并认为:"这是中篇科幻小说的珍宝,它反映了不同阶层间经济和社会的差异与不公,甚至生活本质的不同。故事情节极具戏剧性,但每次紧张情节后又复归平静,可见郝景芳追求的不是戏剧化的故事情节,而更多的是生命细节。"②该评论获得的网友点赞数最多。美籍法国推理小说作家 Aliette de Bodard 评价《北京折叠》构筑了穷富对立的反乌托邦社会,但是未来肯定会越来越好。并且她还非常看好这是科幻小说走出中国的时刻,也是世界科幻文学的黄金时代。③ 高级软件工程师兼书评者 Marco Zennaro 在个人网站上发表评论:"通过不同文化的视角去看现在和未来的世界,当代中国的人口和经济增长,经济不平等以及科技、工程奇迹就是《北京折叠》的主旨。这是对未来的可怕设想,与十分微弱的希望共存。"④Jonathan Crowe 在关于中国当代科幻小说选集《看不见的星球》的书评中评述了整本书以及部分文章:正如 Ken Liu 所说,当代中国的文化具有复杂性和矛盾性,试图精练概括它是没有价值的,也是刻板片面的,《看不见的星球》这本书的主要内容是关于中国科幻小说的走向而不是它的位置,是介绍而不是定义。⑤

中国国内读者将《北京折叠》解读为一种文学上的政治隐喻,评论界大多将关注点放在诸如作品体现的社会阶层分化与特权存在的不公平现象;而海外读者的关注点却不在于此,国外的读者主要关注后半章关于机器化和自动化对人的影响

---

① http://uncannymagazine.com/article/interview-hao-jingfang/.

② http://www.goodreads.com/review/show/1717749096? book _ show _ action = true&from _ review _ page=1.

③ http://publishingperspectives.com/2016/07/dystopian-fiction-trending-globally/♯.WElyRmRB2rU.

④ http://books.zennaro.net/the-hugo-awards-2016-best-novelette.

⑤ http://www.jonathancrowe.net/2016/11/invisible-planets/.

的叙述，以及机器取代人可能造成的劳工失业后果。笔者整理了一些英语世界读者对《北京折叠》的热门评论发现：虽然其中不乏对中国科幻文学的质疑，但更多的是期待。在这些评论中，较为频繁的关注点主要集中于中国，甚至北京，因此《北京折叠》这部中短篇科幻小说给英语世界带去更多的是中国元素以及对未来世界的想象。

在接受 *Uncanny* 杂志的采访时，郝景芳表示小说的目的是"通过多重视角反映现实，书中的主人公们关心与日常生活相关的东西：家庭、爱、权力和财富，但读者能看到他们世界里的根本性不公平"。[1] 并且，她也在后来的雨果奖获奖感言中说道："在《北京折叠》中，我提出了未来的一种可能性，面对着自动化、技术进步、失业、经济停滞等各方面的问题。同时，我也提到了一种解决方案，显然并非最好的结果，但也并非最坏的。在这个悲伤的故事中，至少人们不会如同真实世界里上演的那样因饥饿而死亡，政府也没有送贫穷的青年人上战场。我个人不希望我的小说成真，我真诚地希望未来会更加光明。"[2] 因此，《北京折叠》被界定为是关于未来世界的科幻小说是合理的，在刘宇昆的翻译推荐下，随着海外传播的扩散，英语世界读者也将进一步认识《北京折叠》的文学价值，这也使得《北京折叠》在英语世界阅读过程中实现"意义增殖"。

（作者简介：何霜紫，上海大学文学院博士）

---

① http://uncannymagazine.com/article/interview-hao-jingfang/.

② 见郝景芳新浪微博，http://m.weibo.cn/2076852385/4011012125060543? uicode＝10000002＆moduleID＝feed＆featurecode＝10000085＆mid＝4011012125060543＆luicode＝10000198＆_status_id＝4011012125060543＆lcardid＝1076032076852385_-_4011012125060543＆sourcetype＝page，2015 年 8 月 21 日。

城市与公共文化

都市背景下非遗产业化传承群体的困境研究

苏长鸿

长期以来，非遗实践工作的展开主要以"传承人保护"为核心，而在此基础上，我们通常主要将眼光投向濒危项目的个体传承人，尤其高度重视个体传承人的生活状态。近年来，有学者提出了传承人类型化的保护模式，即"扶持性保护、引导性保护和开发性保护"[①]，联系当下都市非遗保护工作的产业化模式，我们再次提出，开发性保护类型下的传承人问题应该得到重视。在都市产业化语境下，我们着重探讨的是作为企业员工的产业化传承群体的传承困境。希望通过对产业化传承群体困境的分析来探索可持续的非遗传承路径。

一、都市非遗产业化相关企业调查现状

"产业化传承保护"是当前我国非物质文化遗产与立法保护、抢救性保护和整体性保护并列的基本保护方式之一。目前，这一保护方式主要是在传统技艺、传统饮食、传统美术和传统医药药物炮制类等具有转化为文化产品的市场基础条件的非物质文化遗产领域实施。下面将以笔者所调研的上海黄浦区主要产业化企业为例来说明。

---

① 孙正国：《论非物质文化遗产传承人的类型化保护》，《求索》，2009 年第 10 期。

表 1 上海市黄浦区生产性保护部分非遗项目

类别	项目名称	保护单位	传承情况	规模	生产销售情况
传统饮食	上海老饭店本帮菜肴传统烹饪	上海老饭店	传至第五代传人；第四代传人为李伯荣、任德峰		年销售额 6000 多万元
传统饮食	功德林素食制作技艺	上海功德林素食有限公司	目前传至第四代	两家自营的销售公司，另有 50 多个门店，包括店中店、土特产商店专柜等	2012 年销售总额约1.3 亿元
传统美术	海派玉雕	上海市海派玉雕文化协会	目前大多数传承三至五代	上海有 4000 多家与玉有关的企业，从事玉雕生意的人数为15000 多人。其中，500 家企业以制作玉雕为主，玉雕行业从业人员 4000 多人	玉雕协会将从基地面积、学生人数、学徒成就等方面进行考查，于 2013 年评选出 10 大传承基地
手工技艺	培罗蒙奉帮裁缝缝纫技艺	上海培罗蒙西服设计定制中心	目前已传承六代，代表性传承人分别为许达昌、陆成法、王兴祥、沈葆忠、吴文清、卢仁敏		走高端定制式路线；扩大品牌效益
手工技艺	老凤祥金银细工制作技艺	上海老凤祥有限公司	从清朝的费汝明开始，从费祖寿、费诚昌、陶良宝、边炳森、张心一至沈国兴、吴倍青等传承了整整六代人		主要消费对象既有企业单位、社会团体，也有私人用于收藏或送礼
传统医药药物炮制	六神丸制作技艺	上海雷允上药业有限公司	目前传至第七代，代表性传承人分别为雷允上、雷子纯、雷滋藩、雷显之、王式训、劳三申、张雄毅、陈逸红、俞仁伟、陈坤、金敏、王圣洁		年销售 2000 万盒，销售额约 1 亿元

"产业化,它是指将某种非物质文化遗产作为一个项目,以市场为导向,以效益为中心,通过现代化技术或企业化管理模式,对非物质文化遗产实施规模化生产或整体性开发与利用。"①以上非遗项目,无一例外都是实行了产业化生产,其中很多非遗保护单位还属于国企,从企业的经营规模来看,其年营业额都在百万元以上,也不缺乏年营业额在亿元以上的企业。企业良好的生产效益所形成的造血功能,在某种程度上为有着承上启下作用的非物质文化遗产提供了保障。基于调研,通过看得见的经济数据,我们可以肯定产业化保护模式的有效性。

但是,我们认为,此概念乃至工作模式中忽略了传承群体的地位。通过调查分析我们也发现,许多单位对非遗的认识不足,企业员工甚至负责人对非遗的概念、价值、意义等理解有误。而有些企业对于产业化的理解则更为浅显,只是单纯地追求产品的经济效益,忽视了非遗的真实性和整体性,对非遗项目所蕴含的文化价值视而不见。

二、都市非遗产业化传承群体的生存困境

著名作家、文化遗产保护的积极倡导者与活动家冯骥才认为:"传承人所传承的不仅是智慧、技艺和审美,更重要的是一代代先人们的生命情感,它叫我们直接、真切和活生生地感知到古老而未泯的灵魂。这是一种因生命相传的文化,一种生命文化;它的意义是物质文化遗产不能替代的。"②但现实是,非遗产业化传承群体作为都市企业传承空间的核心,其地位的被重视度与对"产业化"的热议度极不相称。都市背景下,非遗产业化传承群体面临着多种传承困境,从而打破了非遗传承的生态平衡性。

(一)主体身份的"模糊化"

有学者指出:"目前我国非遗项目代表性传承人主要有两种生活状态:传承人被政府接进城市生活、传承人仍然生活在乡村。"③笔者认为,在都市产业化语境下,还存在着第三种传承群体:都市产业化传承人。如果说生活在农村的传承人的困境来自生活的贫困,传承人被政府命名后因物质生活待遇得到改善导致他

① 苑利、顾军:《非物质文化遗产的产业化开发与商业化经营》,《河南社会科学》,2009 年第 4 期。
② 冯骥才:《民间文化传承人:活着的遗产》,《文汇报》,2007 年第 5 期。
③ 林继富:《"非遗"项目代表性传承人的文化身份——基于刘德芳的分析》,《中央民族大学学报(哲学社会科学版)》,2011 年第 4 期。

们的身份变得模糊，直至反思"我是谁"，那么，产业化传承群体则是对更贴近传承核心的"如何传承"这一问题做反省。

在传统家庭作坊里，手工艺人成才环境不容乐观，看得见的阻力来自"教会徒弟饿死师傅"的行业生存禁忌，看不见的阻力来自手工艺本身的不可量化。而在都市产业化背景下，传承群体的压力又呈现出新的特点。"对于传承人的资金扶持，不要用于生活条件的改善，要集中资金进行更重要的建设。"国家非遗项目老凤祥金银细工第六代传承人吴师傅说道。比之于民间艺人，产业化传承群体已经不再为生计发愁了，他们开始真正关心技艺的传承了。即便如此，工艺创作本身的难度、都市群体的生存压力、非遗项目的传承义务、企业的订单任务等依旧困扰着传承群体，导致其作为文化传承群体的身份变得"模糊化"，甚至丧失"文化传承人"这一神圣身份。

根据笔者的调查，产业化的"非遗"项目，都是作为企业的一个组成部分而相依相存的。这类产业大部分有经历合作化国营工厂、国有资产改制、再重组、个体经营、成立工作室等变迁，一些掌握手工技艺的传承群体，在企业激励制度下，或是由于成绩突出晋升为管理者而不再染指技艺，或是因为岗位原因离开原传承空间。总之，其企业者身份大大遮蔽了作为传承群体的身份。

"所谓非遗传承人，是指在遗产传承过程中直接参与制作、表演等活动，并愿意将自己的高超技艺或技能传授给后人的自然人或相关群体。那些在非物质文化遗产保护中发挥过重要作用者、那些热心学习传统但本身与传统技艺、匠人并不具有正式师承关系或水平尚未达到非遗传承人标准者，都无法获得非遗传承人的光荣称号。"[①]可以设想，如果长期不参加非物质文化遗产项目的讲述、表演、制造、展演、宣传活动，他们的传承能力自然而然地变得生疏而逐渐衰退，在非遗传承人"退出机制"制度下，理所当然地失去了担当代表性传承人的资格和机会。

（二）核心技艺的"边缘化"

老凤祥金银细工技艺至少包括技能、技巧、技术三个部分。制作技能是指身体的协调性和加工过程中表现出来的熟练度，技巧是指解决问题或形成个人风格的诀窍，技术则包括工艺流程、工艺法则、实体性工具等。很显然，这三个部分中技能是因人而异的、易变的，具有较强的体验性特点。技能高的人能出神入

---

① 苑利、顾军：《非物质文化遗产学》，高等教育出版社，2009年版。

化，达到艺术的境界，但技能不可传，全靠个人修为，它也就无法成为"共享性技术"。技巧虽然多少带有体验性，但它与技术类似，本质是相对客观的，比较容易量化，或加以口头、文字和数据描述。我们所说的产业化保护中的技艺，类似于这里提到的技能。产业化保护模式中，产品同样应该是凝结了技艺，还有群体传承人的情感、体悟及价值认同。也就是说，在科学的产业化过程中，我们无论执行怎样的生产理念和生产方式，机器是永远不可能替代核心技艺的。

金银细工加工生产以企业为依托，以市场为导向，但仍然是以手工操作为主，很难适应现代都市市场经济的发展节奏。因此，以塑制产品母样和模型为生产前提的产业化作业开始了。在调查过程中，我们了解到，企业理解的产业化保护为：一切以企业效益为主。产业化传承人，一方面是根据企业工作需要生产出相对应的产品，另一方面是依据公司产品的营销需要参与产品的现场生产技艺展演、展示，这是产业化传承的两个主要模式。

所以，产业化传承人不可能实现纯艺术化的生产，生产过程中也不会投入过多的个人原创，核心技艺只能被边缘化。尤其是对于金银器这种从原材料上因为稀缺属于不可替代性的产品，其技艺传承群体必须紧紧依靠企业所提供的生产平台来生产。而作为企业人，他们没有精力和时间从事业务以外的事物，而必须在规定的工作日内完成既定的工作任务，否则就会致使企业效益、信誉下降。这种几近摒弃创新的量化生产，造成的可预见性后果就是，传承群体谋生手段及唯一可依赖的资源的丧失。

（三）非遗产品的"概念化"

时任中国非物质文化遗产保护中心副主任田青说："在西方一些后工业化国家，人们已经重新发现了手的价值，最精致的西装，都是手工缝纫的，最有用有价值的玻璃，都是现场吹出来的。"[1]非物质文化遗产具有重要的历史认识价值、文化价值、艺术价值、科学价值与社会价值，这些构成了非遗价值体系的核心。产业化模式下，其显性价值为经济利益。非遗虽然有着巨大的经济价值，但是在整个非物质文化遗产价值体系中，这并不是它的核心价值。

产业化保护模式下，我们发现非遗产品有逐渐被"概念化"的倾向，其核心价值不断被淡化。同样以老凤祥金银楼为例，以金银细加工为主的产品订单，来自

---

[1]　徐艺乙：《非遗保护：重新发现"手"的价值》，《东方早报》，2009 年第 2 期。

全世界各地，大概分为：私人收藏、企业公司摆设、人情礼送等。无论是作为私人收藏以期金银增值，还是公司摆设彰显企业文化，更不必说复杂的礼物交换关系，人们已经不再关注其核心价值本身了。产业化实现方式是多种多样的，有的是一直用手工生产(传统手工艺)，有的从手工生产发展成机器生产；有的是直接生产，有的是间接生产；有的是直接消费而进行的生产(传统餐饮)，有的发展成商品或资本生产；有的强调个性生产(定制式)，有的要求规模化生产，等等。除了技术层面的需求外，非遗产品还承载着思想、心灵、精神方面的诉求愿望。

文化产业的企业化、集约化，特别是可复制性特征，使得文化产品在面向市场的推导时，是以尽可能的产品数量最大化为目标的。在这样的条件下，产品蕴含的精神价值因而也就变得甚为重要和关键了，与其说文化产业是在制造文化产品，倒不如直接确认它是在生产和提供一种精神、一种价值。可复制性只是文化产业的技术性特征，与其技艺和技能是不矛盾的。作为一种"符号化""概念化"的非遗产品，俨然已成为商业标签、身份标签，已经偏离了非遗核心价值传承的初衷。

(四)传播空间的"垄断化"

传统社会，民间匠人们以"祖传秘方"得以生存；当代社会，企业以"专利技术"获得保护式的发展。产业化时代，在企业这样一个新的非遗传承传播空间，"祖传秘方"与"专利技术"渐成"垄断"的代名词。

1. 产业化时代，技艺权利转移问题

在笔者访谈的企业中，技艺权利基本是属于企业的。大多数生产性保护企业，在对各自的产品进行研发的过程中，有的开展了一些专题讨论会，也有同行之间的交流，但是，基本还是以原有的产品研发为基础，不轻易变更，以保持各自的特色。这种以减少交流、"保密式"的发展模式，同样也是不利于文化传播与传承的。

包括后续传承人的选定，都有企业管理者来决定。传承人，只要做好自己岗位内的工作即可。在传统社会，手工艺人尽管没有"技艺权利"的概念，但保护自己"铁饭碗"的意识还是很强的。在城市手工作坊或农村家庭作坊中，师徒保持着较强的血亲关系，以便技术秘密通传，在家族间或小范围村落中传承。对于无血亲关系学徒的吸收和管理则相当严格，各行会有各自的行规，一般学徒需要可靠的介绍人或担保人，与业主订立严格的习艺合同(契约)，多数情况下，这类合同都有人身依附色彩。产业化时代，技艺不再是艺人独有的秘方。以笔者所调查的上海雷允上药业有限公司为例，传承人和企业要签订保密协议。这里存在着一个

先行的"技艺权利转移"问题，从个人转移到企业。与家庭式小作坊经营相比，产业化生产，市场是会刺激技术更新，还是会因为过度的产权意识导致新一轮的技术保守甚至是知识垄断？这需要时间的检验。

2. 政策倾斜导致的政策垄断

有学者强调："现行行政申报的方式违背非遗传承的自然规律，有可能导致传承人的'独占'地位，造成'政策垄断'。"[①]据笔者了解，即便没有行政上的要求，企业自身也都已经意识到非遗申报的重要性。按理说这应该是一件好事，但是企业积极申遗的背后确有值得反思的地方。在政府倡导的产业化开发过程中，被认定的各级代表性传承群体在贷款融资、政策倾斜、市场开发、产品宣传等各个环节都会享受到不同程度的政策倾斜，凭借这些政策支持，代表性产业化传承群体所依托的企业往往会在市场经济中领先一步，而其余的传承人实施产业化开发时就很难得到政府的政策倾斜；更为严重的是，即使其他经济个体不依靠政策倾斜，以独立身份实施产业化开发，也会遭遇代表性传承人的"政策垄断"而无法公平竞争。尽管名录及传承人制度保护了相对重要或完整的非遗，但也造成其他一些同类型民俗文化的边缘化和被忽视。

都市背景下，产业化传承群体与企业不仅仅是"鱼和水"的关系那样简单，在整个非遗产业化传承生态链中，我们要紧紧抓住"传承人""传承技艺""产品""企业空间"这四个基本要素进行有效的传承与科学生产。我们不能孤立地理解产业化，而是要将其与经济生活相关的制度、政策、生产关系、原材料、市场竞争、人才培养机制等联系在一起。通过分析产业化传承群体的传承困境，为实现市场经济体制下文化生态的平衡，我们要反思："如何保持传承人文化传承群体的身份？""如何保持核心技艺的创新性传承？""如何展示产品的核心价值？"在非遗的产业化实践中，传承群体与传承空间有着极为复杂的关系。企业不是中心，传承群体也不是中心，如何消除他们之间过分的依附关系甚至对立关系，以在平等的对话中实现两个主体的发展，从而共同促进非遗的传承与传播，是我们需要在实践中继续探索的问题。

（作者简介：苏长鸿：华东师范大学社会发展学院博士）

---

① 鲁晓春：《非物质文化遗产产业化中的权力归属研究——以手工技艺类为例》，《东岳论丛》，2011年第4期。

民间资本参与东莞新篮球中心运营与管理研究

张斌华

　　大型公共体育场馆是开展竞技体育训练比赛、全民健身活动、大型文体活动及大众休闲娱乐活动的重要基础设施，是促进体育事业和体育产业发展、刺激体育消费、带动区域经济发展的重要物质保障。一座设计独特、功能齐全的大型体育场馆往往能够成为一座城市的地标性建筑，运营开发得当可以扩大整个城市文化体育消费市场，辐射带动周边区域经济快速发展，提升城市文化实力，促进当地公共文化服务体系的建设。

　　2014 年 10 月 20 日，《国务院关于加快发展体育产业促进体育消费的若干意见》(国发〔2014〕46 号)正式发布，《意见》首次将体育产业提升到国家发展战略层面的高度，同时就体育产业发展过程中培育多元市场主体、吸引社会资本参与、破除行业壁垒和扫除政策障碍等方面提出了政策性的指导意见，为民间资本进入大型体育场馆建设及运营，促进体育场馆运营模式发展和变革提供了千载难逢的良机。

　　坐落于广东省东莞市寮步镇东部快速路与松山湖大道交会处的东风日产文体中心于 2014 年 8 月 31 日正式开馆，标志着寮步镇文化体育产业发展迈上了新台阶。寮步镇党委政府以《国务院关于加快发展体育产业促进体育消费的若干意见》《文化部关于鼓励和引导民间资本进入文化领域的实施意见》等相关文件为指导，坚持改革创新，把握历史机遇，以东风日产文体中心为抓手，发挥市场作用，吸引民间资本，加快发展文化体育产业，培育新的经济增长点，满足人民群众多样化的文化体育需求，保障和改善民生，弘扬民族精神、增强地区的凝聚力和文化竞争力。寮步镇党委政府重点探索民间资本参与文化体育产业，积极发挥市场作

　注：本文部分文字资料通过官方网站搜集整理。

用，拓宽文化体育产业投融资渠道，充分激发市场活力，探索出一条民间资本参与大型文化体育场馆运营和管理的实践之路。

一、东风日产文体中心的基本情况

东风日产文体中心坐落于全国篮球城市——东莞。2009 年 9 月 28 日，东莞篮球中心(东风日产文体中心前称)动工，2014 年 1 月 20 日，东莞篮球中心竣工。占地面积约 26.7 万平方米，建筑面积约 6 万平方米，总投资约 7.1 亿元，可容纳观众 1.6 万人，其中设计两层共 98 个 VIP 包厢，提供 1747 个停车位。球馆设有 3333 个移动座位，可分别转换为 1.4 万座、1 万座、0.9 万座、0.67 万座的剧场。整个场馆可以根据演出内容在大小、形态，甚至在 360 度空间中进行三维组合，为各类演出提供巨大的舞台设计空间、艺术创意和想象空间。它既能成为一个长 61 米、宽 30 米的椭圆形冰球场，也可以缩小为长 28 米、宽 15 米的奥运标准篮球场，还可以转换成各种形状的舞台，能满足大中型综艺演出、体育赛事、集会庆典等多功能的使用要求，是华南地区标志性的建筑。

图 1　东莞新篮球中心效果图(一)

（图片源自网络）

场馆造型新颖独特，外形由钢结构和玻璃幕墙组成，酷似"篮网"造型，馆内橘红色混凝土墙又似"篮球"，整体造型就像篮球入网那一瞬间的特写；屋面是一个马鞍型的"双曲面"，整个设计迸发出篮球运动独有的魅力和激情。东风日产文体中心坚持与世界接轨，努力打造华南体育、文化、休闲娱乐中心等多业态中心，融汇体育文化、娱乐文化、休闲文化等众多元素，开启东莞乃至华南地区新文化之门。东风日产文体中心聚集多方力量(政府和民间)，释放东莞运动文化、蓄力东莞娱乐文化，打造东莞新文化中心，助推"活力东莞""幸福东莞"建设，促进东莞早日高水平崛起。

图 2　东莞新篮球中心效果图(二)

(图片源自网络)

东风日产文体中心同时也有"华南地区文体娱乐新中心"的美誉。文体中心有世界顶尖的各类硬件设施，璀璨的灯光效果和豪华的舞台设计，能为观众提供最

图 3　东莞新篮球中心活动场景图(一)

(图片源自网络)

完美的视听盛宴。东风日产文体中心作为华南顶级的体育娱乐场馆，打造成为华南地区文体娱乐新中心。中心目前已经成功举办王杰——世界巡回演唱会、巅峰巨星（邓紫棋、林志颖、蔡妍、金莎、信）演唱会、张信哲演唱会、魅力东莞群星（王力宏、曹格、容祖儿、苏醒、弦子）演唱会、"快乐玉米"关爱儿童演唱会、黄子华栋笃笑（东莞站）、陈慧娴30周年个人演唱会（东莞站）、孙楠"乐在其中"演唱会、梁静茹演唱会（东莞站）、左麟右李十周年中国巡回金曲演唱会等大型国内外演艺活动，人气火爆，效果良好，为寮步镇、东莞市乃至整个珠三角地区提供了优质的文化产品，提升了区域公共文化服务的整体水平。

图4　东莞新篮球中心活动场景图（二）

（图片源自网络）

东莞日产文体中心自正式运营以来，就充分引进、吸收、发挥民间资本的参与和合作。目前，东莞市东世宏实业发展有限公司（简称："东世宏"）拥有东风日产文体中心的运营权。东莞市东世宏实业发展有限公司于2014年5月14日由宏远集团、世纪城集团、东实集团联合出资组建，拥有雄厚的综合实力和本土资源优势以及多年体育产业管理经验，2014年7月正式开始运营东莞篮球中心（"东风日产文体中心"前称）。

民间资本是东风日产文体中心运营的主要力量。"东世宏"公司取得运营权后，遵循市场规律，建立现代的企业管理制度，随即推进民间资本冠名项目，东风日产汽车与"东世宏"一拍即合，球馆冠名项目很快落地，这是 CBA 场馆首次被冠名，也是国内车企首次冠名体育场馆。中心以"东风日产文体中心"的新名字启航，开创国内球馆商业冠名速度之先河，也就是说，东莞篮球中心将能与北京的五棵松万事达中心、上海的梅赛德斯奔驰中心一样，成为国内为数不多拥有冠名赞助的大型体育馆，体现了"东莞速度"和"海乃百川、厚德务实"的城市精神。可以说，民间资本大大促进了中国体育文化事业的发展和地方城市文化提升。

二、国内大型体育场馆的运营现状及困境

我国大型体育场馆一般伴随着大型赛事的举办而兴建，其运营管理一直是一个备受关注的问题。大型体育场馆的融资模式是大型场馆运营管理模式的重要组成部分，解决好融资问题有利于场馆运营健康良性地发展。大型体育场馆具有占地广、投资大、闲置风险高、运营管理难等特点；由于高额的维修保养费用，很多大型场馆的赛后运营极其艰难，给国家和地方财政带来很大的经济负担。因此大型体育场馆投融资模式作为大型体育场馆运营模式中极其重要的一部分，受到各级政府部门及相关专家学者的极大重视。以 2008 年北京奥运会为例，作为第29 届奥运会的举办地，北京市共建有 31 个奥运场馆，其中有 12 个新建场馆、11 个改建场馆和 8 个临建场馆。除鸟巢、水立方以及修建在高校内的体育场馆使用率较高外，其他场馆使用率偏低，部分冷门项目的奥运场馆遭遇经营难题，有些场馆已经完全闲置，如小轮车赛场内杂草丛生、皮划艇赛道中看不到一滴水，沙滩排球馆墙纸大面积脱落。

在大赛举办之后，国内绝大部分场馆由体育部门管理，东部发达地区的部分场馆由国资委下属国企管理，政府行政管理思路影响下的管理模式，严重制约了场馆运营发展的活力。而由于大型公共体育场馆存在着"两高一低"的难题，即建设成本高、运营维护费用高、开发利用率低，很多场馆除了成为城市的地标性建筑这样一个"陈设品"，非但不能收回投资、实现其社会效益和经济效益，反而因为其高昂的运营维护费用以及低下的使用效率，成为当地政府长期卸不掉的财政包袱，造成极大的国有资产浪费。

就我国而言，大型公共体育场馆因投资费用高昂且回报率不高，加之国家初期对于资本介入的种种限制性要求，使民间资本望而却步，所以绝大多数场馆尤其是大型体育场馆主要是由国家投资兴建，事业单位负责运营管理，仅部分发达

地区的场馆和部分新建场馆是由国资委下属国企管理或以 PPP（Public-Private Partnership，公私合作）模式进行运营管理。由传统事业单位负责运营的场馆，由于沿袭了计划经济"大锅饭"的管理体制，重管理、轻运营，市场化程度较低且缺乏激励机制，运营成本及职工工资完全由国家财政支付，绩效考核缺失，这就造成了场馆运营的积极性和创新性不足，往往入不敷出，依靠国家资金扶持勉强度日。

三、民间资本参与大型场馆运营的理论依据

民间资本参与我国公共体育场馆运营的过程，相对于资本的持有者来说是一个投资的过程，其追求的是利润的最大化。而对资金的需求者，即负责公共体育场馆的运营者来说，民间资本参与我国公共体育场馆运营的过程，是一个融资的过程，场馆的运营主体在筹到资金后，经过转化运用，尽可能地使资本增值，最后将资本回偿给投资方。

（一）投资理论

所谓投资是指一定的经济主体为了获取预期不确定的效益而将现期的一定收入转化为资本。其包含以下几个要点：

1. 投资过程是一定主体的经济行为。包括投资所有主体、投资决策主体、投资实施主体和投资存量经营主体。投资所有主体负责提供投资的资源或者负责偿还负债，并享受资产收益；投资决策主体负责方案的具体确定；投资实施主体负责按已经确定的方案，组织投资的具体实施，将资源转化为资本；投资存量主体负责运用已经形成的资本。

2. 投资的目的是为了获取一定的效益。投资是投资主体的经济行为，而投资主体总是出于一定的目的才进行投资。投资效益的内涵十分丰富，如微观经济效益和宏观经济效益，直接效益和最终效益的利润。

3. 投资收益是不确定的预期效益。投资所可能获得的效益是对未来时期的一种预期效益，是不确定的，投资是资本的垫付活动，从垫付资本到获利需要一个较长的时期。在这个比较长的过程中，由于政治、经济、技术、自然、心理等众多因素的变化，投资的预期收益不确定，投资者面临有亏本甚至破产的可能性。可见，投资具有风险性。

4. 投资必须花费现期的一定收入。在投资之前必须要有一定数量的资金。

总的来看，投资资金有两种来源：一是投资者自己的收入；二是通过各种途径介入的资金。后者最终是要以自己的收入来偿还的。所以，投资必须花费现期的一定收入。

5. 投资所形成的资本有多种形态。一般说来，投资所形成的资本可以分为真实资本及金融资本。所谓真实资本指能带来收益的有形实物，如设备、房地产、黄金、古董等；金融资本指能带来收益的无形权证，如定期存单、股票、债券等。

(二)融资理论

融资，就是通过各种方式融通资金的过程。一般来讲，融资有广义与狭义之别，广义的融资指资金在持有者之间流动，以余补缺的一种经济行为，它是资金双向互动的过程，不仅包括资金的融入，也包括资金的融出，也就是说，它不仅包括资金的来源，还包括资金的运用。狭义的融资主要指资金的融入，也就是通常所说的资金来源，具体是指经济体根据自身的资金运用状况出发，经过科学的预测和决策，通过一定的渠道，采取一定的方式，从资金的富余方融入资金，从而保证经济体正常运作的一种经济行为。归纳起来，融资是指融资主体根据资金余缺融通的客观需要，运用一定的融资形式、手段和工具，实现资金的筹集、转化、运用、增值和回偿等活动的总称。融资活动所产生的经济关系，在本质上是一种货币信用关系。所以，一般意义上的无偿性征集和筹集资金活动，及其资金的收支，不属于严格意义上的融资范畴。在融资过程中有五个重要环节，即资金的筹集、转化、运用、增值和回偿，它们依次相连，缺一不可，构成融资活动的系统性主体环节。

四、国内三种主要大型体育场馆运营模式分析

目前，国内的大型体育场馆运营模式主要有三类，分别是事业单位运营型、国企运营型、PPP 型。

(一)事业单位运营型

事业单位运营的大型公共体育场馆能够实现公益性与营利性的兼顾，提供低价和免费的公共体育服务，但也容易因为运营意识和运营手段的缺失而成为当地政府的财政负担。传统事业单位也就是全额拨款事业单位运营的大型公共场馆，很容易表现出"计划经济"体制下的特征，即在运营过程中往往重公益、轻效益，

重管理、轻运营，主要依靠政府财政支持度日。所以能够高效执行上级政策指令，完成大型赛事及体育训练任务，但在发展体育产业、促进体育消费、开展多元化经营方面存在一定的"惰性"。事业单位体制改革后出现的差额拨款事业单位及自收自支事业单位在运营方面有所改善，但管理者"政绩导向"的发展观念及政府政策和财政支持在其整体收入中的重要占比，完成上级指令任务仍是其工作重心所在，开展运营的根本动机并非实现盈利，而是实现单位及管理者的"政绩"。

(二)国企运营型

国企运营的场馆主要受当地政府及国资委管辖，而与体育行政管理部门无上下级隶属关系。由于大型公共体育场馆投资巨大、投资风险高且收益较低，非国有资本无法或者不愿意介入该领域。目前，国内委托经营模式的大型公共体育场馆主要为国企运营。国企运营能够按照企业化要求开展，运营目的更注重营利性，运营范围广泛，不仅仅局限于体育活动。

(三)PPP 型

PPP 模式，即公私合作模式运营，是借鉴了国外公共部门和私人部门合作提供公共产品或服务的融资、建设和经营管理模式。其中包括 BOT(私营部门投资建成后在特许期内开展运营，特许期结束后移交给公共部门)、BTO(私营部门建成后移交给公共部门，再同公共部门签订相关协议，负责项目运营)、LBO(私营部门租赁公共部门设施资源，对设施进行改扩建后负责项目运营维护)、TOT(私营部门租赁或购买公共部门设施资源，改造后开展运营，租赁期满后归还公共部门)及公共部门与私营部门签订协议，由私营部门负责运营维护或提供公共服务等模式。目前，随着国家逐渐放开民间资本进入体育产业及场馆建设运营领域的限制，PPP 模式因其可以降低政府投资成本、引入市场化的运营管理方式等特征，而成为新建大型公共体育场馆融资、建设和运营的一种新的重要模式。

总体来说，三种运营模式各具优劣势，面对类似的外部环境变化，其机遇和挑战主要源于各自的体制。市场化运营的专业化、运营成本的控制、绩效的实现方面，PPP 模式和国企运营型都处于较高水平；市场变化应对灵活性方面，PPP模式要高于国企运营型，而国企运营型要高于事业单位运营型；内部管理的统一性和执行力方面，事业单位运营型和国企运营型要高于 PPP 模式；而政府资源的综合支持方面，事业单位最能够获得更多的优势。

五、东风日产文体中心运营模式分析

东风日产文体中心所在的珠三角，是我国改革开放的先行地。东莞和寮步镇政府部门顺应市场规律，主动寻求民间资本参与运营，积极释放市场活力，让民间资本成为运营的主导力量，具体以目前比较流行的国企运营模式为主，辅以PPP模式。这就使该类大型体育场馆的运营能够按照企业化要求开展，运营目的也更倾向于营利性，运营范围也不再受到必须以体育活动为主的限制。所以，东莞日产文体中心从一开始就定位为是集体育、文化、休闲娱乐等综合性服务于一身的场馆。

(一)国企运营模式的优势

1. 高度运营自主权。由于国企运营的大型公共体育场馆不受体育行政管理部门管辖，作为企业法人完全按照市场要求开展各项运营工作，较少受到政策规定和上级指令的限制，这一点是国企运营型场馆的根本性优势，其他优势绝大多数由此衍生而来。

2. 运营方式灵活。作为企业，其业务范围、运营方式、服务价格、组织机构设置等方面均依照自身实际情况及外部现实环境以盈利为主要目的开展，结合巨大的场馆资源这一开展各项运营活动的有力支撑平台，让其在市场竞争中占据了明显的有利地位。

3. 人才优势。由于有了高度的自主权，国企运营的大型公共体育场馆能够通过较高的薪资水平和合理的绩效设计，招揽专业的场馆运营人才，激发企业内部活力，通过业务拓展和服务创新不断增加其竞争力。

(二)国企运营模式的劣势

1. 运营维护成本高。由于国企运营完全实行自负盈亏，大型公共体育场馆的巨大体量在为其带来竞争优势的同时，也带来了高昂的日常运行成本和场馆维护维修费用，这使得国企运营的大型公共体育场馆长期处于巨大的经营压力之下。

2. 服务价格高。由于企业追求利润的天性及沉重的运营成本压力，往往造成国企运营的大型公共体育场馆的健身价格和场地租赁价格较高，在与其他模式运营的场馆及俱乐部的竞争中处于相对劣势地位。

3. 赛事资源少。由于国企运营的大型公共体育场馆不受体育行政管理部门管辖，与体育界接触相对较少，这就不利于其获得大型体育赛事的举办权，也就导致了来自赛事门票、赞助及政府专项补助收入较少。

上述劣势是此运营模式的总概况，因不同场馆而异，并无绝对性，如东风日产文体中心不存在劣势三。

简言之，东风日产文体中心在市国资委的统一管理下，由东莞实业投资控股集团有限公司（简称"东实集团"）负责统筹。东实集团是东莞市属国有独资企业，主要负责市属重大基础设施的资产归集和运营发展工作。东风日产文体中心在具体的运营过程中，集合了国企运营模式和PPP模式的优点，避免了相关劣势，既保证了高度的运营自主权，方式灵活，聚集了人才，又降低了政府投资成本，引入了市场化的运营管理方式。东风日产文体中心围绕公共文化体系建设，提供优质的公共文化活动服务，满足了东莞乃至华南地区广大人民群众的文体需求。

六、民间资本进入、参与东风日产文体中心运营的实践

近年来，寮步镇在市政府支持下，大力打造文化硬件强、文化事业强、文化产业强、文化人才强、文化软实力强、文化形象好的"五强一好"的文化名镇战略，推动文化体育产业大发展大繁荣，促进寮步镇公共文化服务体系建设上新台阶，成为有力的新的经济增长点，为广大人民群体提供优质的体育与文化产品。东风日产文体中心作为落户寮步的东莞重大项目，其公共文化设施全国一流，推动了当地及周边地区的文化、体育、旅游、休闲等诸多产业，不仅有一流的国际国内顶级赛事，还有国内顶级的文化演出和活动，极大地丰富了寮步镇香市文化内涵，满足了广大人民群众的文化、体育需求。

东风日产文体中心作为大型体育文化场馆，其准公共产品属性、准经营性、外部性等注定了单纯由政府部门或单纯由私人（民间）部门提供投资都具有很大的缺陷，应当将两者结合起来，加强政府部门与私人部门的合作，实现优势互补。寮步镇党委政府高度重视民间资本参与公共文化服务体系的建设工作，大力扶持和引导民间资本参与东风日产文体的运营和管理，解放思想，大胆创新，打破过去单一的财政投融资体制，鼓励民间资本投资，形成多元化的投融资体制，并在政策、赋税、金融、土地等方面给予民间资本支持，最终实现双赢或者多赢局面。具体实践表现在以下几个方面。

（一）东风日产文体中心概况及运营模式

东风日产文体中心位于寮步镇香市文化产业园内的核心区域，由政府投资修

建，隶属东莞市政府国资委，不属体育行政管理部门管辖，它们之间没有上下级管理关系。由民间资本组成的东莞市东世宏实业发展有限公司，作为企业法人完全按照市场要求开展各项运营活动，很少受到政策规定和上级指令的限制。东风日产文体中心拥有高度的自主权，运营和管理完全按照企业方式操作，通过激发企业内部的活力，拓展和创新服务范围，不断增加其竞争力，确保盈利。内部架构也完全按照企业化配置和运行，其组织架构如下：总经理1名，负责文体中心的全面工作，设副总经理1名，总经理助理1名，下面设有综合处、人力资源处、安全保卫处、设备技术处、市场开发处及场馆管理处等6个部门，公司架构简单，效率高效，目前是一支共有200多人的专业团队。

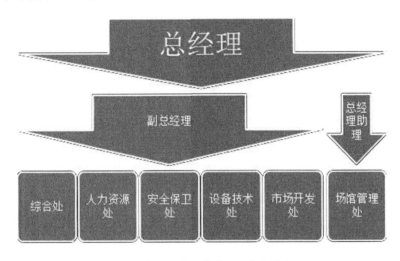

图5　东风日产文体中心组织架构图

由民间资本组成的东莞市东世宏实业发展有限公司主要运营职责：一是负责场馆基础设施、机械设备、动力系统、体育器械和配套设施的管理维护工作；二是承办国际、国内重大体育赛事，为优秀运动队训练和大型社会活动提供场地和服务，如第14届苏迪曼杯世界羽毛球混合团体锦标赛、2016东莞松山湖国际马拉松赛等；三是发挥场馆公益和文化功能，推广普及开展全民健身活动，长期举办公益性文化活动，提高全民健身服务水平，促进寮步乃至东莞的公共文化服务体系建设；四是负责场馆的运营开发工作，拓展体育产业功能和文化休闲功能；五是负责中心国有资产的运营管理，确保保值增值；六是承担市政府交办的其他事项。具体工作由东风日产文体中心总经理负总责，副总经理分管综合处、人力资源处、安全保卫处、设备技术处、市场开发处，总经理助理负责场馆管理处，

6 大部门负责具体活动的实施。

(二)成立"东世宏"公司，全权负责文体中心的运营和管理

东风日产文体中心自 2014 年 8 月 31 日正式开馆以来，一直由东莞市东世宏实业发展有限公司（简称："东世宏"）负责运营。"东世宏"于 2014 年 5 月 14 日由宏远集团、世纪城集团、东实集团联合出资组建，其中东实集团是东莞市委市政府下的国有独资企业，宏远集团和世纪城集团是具有多年体育产业管理经验的民营企业。东实集团通过股权购置和资产重组，采取 PPP 等多种融资渠道和手段，引导社会资本投入东风日产文体中心，发挥民间资本的力量，确保国有资产的保值和增值。宏远集团和世纪城集团都是东莞优质的民营企业，且具有深厚的体育产业管理底蕴。

"东世宏"依托在体育文化演出行业长期经营积累的卓著品牌影响力和专业的管理团队，以及稳定的国际体育组织、单项运动协会、世界著名场馆、知名体育及演出运营机构的合作网络，建立了以实体项目经营管理、运营模式咨询与培训、品牌授权与共同开发为核心业务内容的全面体育场馆管理及运营模式。开馆以来，东风日产文体中心逐渐建立起涵盖高水平赛事、文化演出及活动的举办、体验式旅游接待，商务文化交流服务的商业发展模式，成为国内场馆运营的成功典范。通过东莞"东世宏"实业发展有限公司对东风日产文体中心进行市场化的运营和管理，东风日产文体中心的地标形象和品牌效应得到了进一步提升，同时也缓解了地方财政压力，激发了市场和民间资本的活力，在为地方体育文化产业做出贡献的同时，也确保了国有资产的保值和增值。

(三)创新商业开发，打造东风日产文体中心新商道

按照"政府主导、社会参与、企业运作"的原则，东风日产文体中心的大型活动、商业开发在经营总收入中所占比重已形成 5：5 的产业格局，经营现金流平衡并已实现盈利，场馆得到了充分利用，实现了场馆的持续、健康发展。东风日产文体中心凭借一流的场馆设施建设及良好的运营服务双重优势，积极探索大型活动运营新思路，创新发展新模式，成为华南地区顶级赛事、演出活动场地的供应商。结合季节特点和场馆经营特色规划管理大型活动档期，举办具有较高赛事级别的大型体育赛事和较高文化艺术品位的文化演出活动，将东风日产文体中心打造成举办国际国内顶级赛演活动的平台。

东风日产文体中心积极探索，发挥企业化运营的活力与创新意识，对场馆的

商业资源进行开发，同时积极完善相关产品及配套服务，提升自身品牌价值。截至 2016 年年初，东风日产文体中心开发了肯德基、必胜客、华为、红牛、大麦网、中国银行、广东宏远篮球俱乐部等多家优质客户。"东世宏"在获得东莞篮球中心运营权后，立刻启动引进民间资本进行体育场馆的冠名工作。东风日产作为中国龙头车企，在中国汽车市场中始终处于领先地位，其积极参与体育文化事业的建设，进一步与世界接轨。东风日产作为国内领先车企，一直不断创新体育营销新形式，并且积累了相当多值得借鉴的经验。2006 年组建东风日产基亚车队，以日产骐达 TIIDA 作为比赛用车征战中国房车大师赛，让更多的 TIIDA 车主感受运动赛车的魅力。同时，东风日产致力于推进中国高尔夫球的发展，从 2009 年的欧米茄中巡赛，到 2010 年的中国职业高尔夫球挑战赛，再到已成功举办三届的"东风日产杯中国——亚太职业高尔夫球队际对抗赛"，都取得了喜人的成绩，成功嵌入企业"人·车·生活"的品牌理念，实现了品牌形象与文化品位的双提升。目前中心还在继续与多家有实力的企业进行洽谈，争取引进更多的优质民间资本，最终实现多赢的局面。

东风日产文体中心将继续以"CBA 第一馆""华南演艺中心"高端品牌为立足点，结合建筑独特外观的艺术性，构建以高端会展、广告发布、体育休闲、餐饮、商务服务为主的国际化商务交流空间。

(四)创新运营模式，实施可持续发展

"东世宏"公司自 2014 年接手该场馆的运营权，立即组建了 200 多人的专业团队。"东世宏"运营权的方式主要是 ROT(重构—运营—移交)，即政府交给企业将场馆进行改造升级，并给予企业一定的使用年限，到期后场馆再移交回当地政府。这种模式在一定程度上缓解了大型场馆维护费用的高昂给地方政府造成的财政压力。"东世宏"的文体产业模式是"轻资产、重运营"的模式，具体来说，这种模式是从场馆平台入手，进而进行全产业链运营的一种"四驱"经营模式：第一，场馆投资，通过参与政府公开招标，投资获取场馆管理运营权。第二，竞赛表演产业的运作，以场馆为平台，通过专业的市场化运作，举办顶尖体育赛事和大型文艺演出，开拓商务赞助、商业广告、活动门票、电视及互联网转播、衍生产品经营等多元收益。第三，健身推广，"东世宏"旗下场馆常年开放，支持开展球类、游泳等大众健身活动；策划开展城市公益活动、品牌文化活动，助力全民健身运动推广和城市文化水平提升，提升寮步和东莞的文化软实力。第四，配套

升级，根据场馆实际建设情况，引入酒店、餐饮、培训等服务与设施，完善场馆配套，进行商业运营。

"东世宏"掌握了从场馆平台到竞演内容，从产业上游内容开发到中下游活动推广、衍生商业经营等在内的全产业链资源，坚持多业态发展，形成包含策划、创作、投资、招商、营销、经纪、推广、后勤保障等在内的产业生态圈。在场馆运营的基础上，"东世宏"将重点发力影视剧、艺人经纪、音乐产业、高端赛事开发等业务，打造自有版权内容，在产业上游树立牢固优势。

东风日产文体中心将继续引入民间资本，打造文化中心项目，通过对周边预留空间进行改造，总建筑面积约0.8万平方米，主要定位于众筹空间孵化平台及文化体育交流平台，可用于会议会展、公关活动、沙龙论坛、工作坊和路演交流等，还能举办精品演出、特色节庆、艺术婚庆等大众文体休闲以及公益性文化惠民活动。

（五）东风日产文体中心引进民间资本参与管理的困境及对策

目前，东风日产文体中心在引进民间资本参与运营的过程中，会遇到以下一些困境。

1. 观念和体制障碍。社会惯性地认为体育场馆设施是纯公共产品，应由政府投资建设并免费提供以体现其公益性，实现其社会效益，民间资本的进入将影响其公益性的发挥。在这种观念的指导下，一方面，民间资本的作用被忽视，民间资本的投资主体地位一直得不到确立；另一方面，民间资本本身对参与大型场馆的积极性不高。此外，我国体育体制改革和文化体制改革一直滞后于我国经济体制改革，体现在文体场馆方面，我国体育场馆一直被视为体育行政部门的下属单位，采用行政部门指导下的事业单位体制，其管理活动基本上是政府行为的延伸，其日常活动不是为了满足民众的体育需求和实现经营效益，而是服从于行政工作的需要。而与体育场馆密切相关的体育赛事和文化活动，其市场化的步伐也走得相当缓慢。这些，都成了民间资本介入的障碍。

2. 法规制度依然不完善。目前虽然我国已出台了不少鼓励民间资本投资的政策法规，第十届全国人大通过的《宪法修正案》也把《宪法》第十三条改为"公民合法的私有财产不受侵犯"。但我国仍没有一部完整的有关民间投资资本权利义务的法律，现有的法律法规立法内容模糊，缺乏可操作性。法规制度的不完善，使得民间资本投资缺乏有力的权益保障，抑制了民间资本投资的积极性。从目标上看，资本追求的是利润最大化，为了实现这一目标，民间资本主体要求建立的是一种产权清晰、权责明确、政企分开、管理科学的现代企业制度。而当前我国公共体育场馆的经营管理现状与这种要求相去甚远，民间资本在当前我国公共体育场馆的制度框架下，利益得不到保证，这就影响了民间资本参与的积极性。

3. 当前体育消费需求欠缺。受社会经济发展水平的制约，现阶段我国有效的体育消费需求整体上不足。由于传统观念的束缚，我国整体上体育消费的意识不强。功能设置上弊端颇多，许多公共体育场馆未能向大众完全开放，现有的参与性体育消费需求不能从中得到有效满足，而观赏性的体育消费需求，由于目前整个体育竞赛和文化表演市场仍处于政府管制状态，人们也不可能从公共体育场馆得到充分满足。可见，现阶段我国的公共体育场馆整体处境尴尬，其自身的功能受整个体育市场环境的限制得不到充分开发，市场的利润空间有限，从根本上影响了民间资本对我国公共体育场馆的建设、运营的参与。

上述困境，既是我国体育场馆面临的一般性困境，也是东风日产文体中心亟待解决的问题。如何破题，建议如下。

1. 创新观念，确立民间资本的投资主体地位。体育场馆设施具有准公共产品属性和可经营性，有一定的收费机制和资金流入，这种收费机制和资金流入正对应了民间资本的价值补偿要求，是民间资本投资的重要理由。东莞市和寮步镇的政府部门应重新审视东风日产文体中心设施的产品属性，正视其可经营性的一面，确立民间资本的投资主体地位，积极引入更加多元的民间资本，提高经营效益，确保国有资产的保值和增值。各级政府部门借助《国务院关于加快发展体育产业促进体育消费的若干意见》（国发〔2014〕46 号）、《关于在公共服务领域推广政府和社会资本合作模式的指导意见》（国办发〔2015〕42 号）等纲领性文件颁布实施的东风，遵循产业发展规律，完善市场机制，积极培育多元的市场主体，吸引社会资本参与，充分调动全社会的积极性与创造力，提供适应群众需求、丰富多样的体育文化产品和服务。

2. 权益保障，完善民间资本投资体育场馆设施的法规制度。民间资本投资首先要求安全性，这是民间资本投资的前提。而健全的法律制度是民间资本投资安全性的重要保障。任何行政文件和大量的指导原则都代替不了细致的、可操作的专门的法律条文。在发达国家和地区，都曾颁发过大量的针对民间投资的市场准入法规。可喜的是，2015 年东莞正式获得地方立法权，可以先行先试，尽早完善民间资本投资体育文化场馆设施建设的相关法规制度，使其更具有系统性和可操作性，以法律来规范政府和民间投资企业之间的权利和义务，使民间资本能"依法投资"，实现民间投资权益的真正保障，建立健全法律法规体系，从法律上保障民间资本投资主体的权益。改革竞技体育管理体制，引导体育和文化产业，尤其是体育竞赛表演业的发展，推动高水平竞赛项目和文化演出的职业化进程。

3. 政策扶持，建立体育场馆设施的盈利机制和风险应对机制。"追逐利润"是民间资本的天性，"风险规避"是民间资本的本能，民间资本投资体育场馆设施，最为关注的就是盈利和风险两大问题。东莞市及寮步镇人民政府应制定各种优惠政策，向东风日产文体中心倾斜，提高体育场馆设施的营利性，降低体育场馆设施的投资风险，对东风日产文体中心在土地审批、税收、融资等方面制定优惠的政策。第一，税费优惠。即对东风日产文体中心的民间投资者，经营期在一定年限以上，经有关部门批准，自获利年度起，寮步镇的国税和地税部门可以返还全部或部分企业所得税。另外，在东风日产文体中心配套设施建设过程中，会涉及拆迁管理费、城市规划管理费、占道费等大量费用，寮步镇政府可考虑免交或减半，切实减轻民间投资者的负担。第二，土地补偿。在符合城市规划和土地供应总量的前提下，对东风日产文体中心配套设施的建设用地，无偿或以优惠价格出让。第三，针对东风日产文体中心具体项目能给予非竞争性保证、商业自由保证、行政许可保证、政治风险补偿保证、土地、原材料、后勤设施介入或互联互通保证等。

4. 优势互补，探索多种形式的民间资本投资模式。东风日产文体中心是准公共产品，兼具公共产品和私人产品的部分属性，单纯的政府投资和私人投资容易造成政府失灵或市场失灵，通过公私合作，加大东莞市及寮步镇政府与民间资本的合作，发挥各自优势，以保证东风日产文体中心社会效益和经济效益双丰收，实现政府部门和民营企业的双赢。东莞及寮步镇政府与民间资本可以进行LBO（租赁—建设—运营）、BBO（购买—建设—运营）、TOT（转让—运营—转让）、BTO（建设—转移—运营）、BOT（购买—运营—转移）、BOO（建设—拥有—运营）等多种合作模式。可根据东风日产文体中心的特性、融资和经营难度、建设形式、投资各方的期望目标等因素，选择适当的合作关系。

总之，在东莞市委市政府的大力支持下，寮步镇党委政府及相关文化体育职能部门积极组织宣传党中央、国务院关于鼓励、支持和引导民间资本健康发展的方针、政策和措施，以《国务院关于加快发展体育产业促进体育消费的若干意见》（国发〔2014〕46 号）、《关于在公共服务领域推广政府和社会资本合作模式的指导意见》（国办发〔2015〕42 号）等相关纲领性文件为指引，以东风日产文体中心为抓手，客观、公正地评价民间资本在促进体育、文化发展方面的积极作用，营造有利于民间资本进入文化、体育领域的舆论氛围。在推进民间资本参与东风日产文体中心运营的过程中，逐项落实鼓励和引导民间资本进入文体中心的各项政策措施，研究制定具体扶持办法，加大财政、税收、金融、用地等方面的扶持力度，完善民间资本进入文化体育领域的政策保障机制，切实保护民间资本的合法权益，积极推动民间资本成为体育文化发展的新引擎，创新公共文化服务方式，保障人民基本文化权益，努力在初步取得实效的同时，进一步提升东莞寮步镇香市的城市文化软实力。

（作者简介：张斌华，东莞理工学院文传学院讲师）

民间文学资源的传承与创新

——以"老鼠嫁女"故事为个案

鄢玉菲

民间文学资源具有极强的生命力，但是随着经济、科技的飞速发展，民间文学资源的传统传承方式和传播途径已不适应当前社会的发展，迫切需要着根于新的土壤，焕发新的活力。本文以"老鼠嫁女"这一民间故事为个案，在对故事内涵有一定的了解后，尝试探讨民间文学资源的传承与创新路径，为其他民间文学资源的发展提供有益的借鉴。

一、"老鼠嫁女"故事的内涵

（一）"老鼠嫁女"故事的生活史

作为经典民间故事形态，"老鼠嫁女"故事具有鲜活的生命力和传承力量，衍生出多种异文。这一古老的民间故事在东亚、南亚地区都流传甚广，广为人知。据相关文献记载，最早的"老鼠嫁女"故事出现在印度的《五卷书》中。书中记载的故事情节大致为：一个善良的僧人从老鹰口中救下一只小老鼠，然后用法力把它变成了一个漂亮的小姑娘。待小姑娘长大后，僧人想要为她招一个最强的女婿，他依次找了太阳、云、风和山等对象，最后才发现，最强的居然是老鼠。于是，僧人又把小姑娘变回了老鼠，使他们成婚。

后来故事从印度流传到中国，发生了变异，产生了诸多异文，但是故事的大致情节都得到了保留。丁乃通先生的《中国民间故事类型索引》一书中把"老鼠嫁女"故事标注为 AT2031 类型，定义为"连环故事"，并记载了包括"耗子嫁女""老鼠嫁囡""老鼠做新娘"等在内的大约 20 多个文本。这些故事基本都是围绕"嫁女"这一核心，采用循环结构来讲述故事。但是实际上，在流传过程中，"老鼠嫁女"故事因为时间、空间的影响，已经变异出多种类型的文本，并不局限于丁先生定义的 AT2031 类型。《中国民间故事集成》中包括云南、海南、湖南、湖北、浙江、安徽、山西、山东等多个省份的约 20 篇文本,故事内容、结构都发生了极大的变化,加入了"猫""人"等形象和与其相关的情节,具有本土特色。

著名学者马昌仪教授在广泛搜集"老鼠嫁女"故事各地异文的基础上,将其分为"民俗型"和"招婚型"两大类型。民俗型鼠婚故事是对人鼠关系的反映,表现了诸多民俗俗信,招婚型鼠婚故事的核心是"老鼠嫁女",通过循环招婚来确定女婿对象。民俗型"老鼠嫁女"故事的基本情节为:

(1)老鼠准备在腊月二十四这一天办喜事嫁女儿;

(2)老鼠所在的人家因为过年操办年货,惊扰了老鼠女儿的婚礼;

(3)老鼠于是派小老鼠前去劝阻这户人家,却遭到拒绝;

(4)老鼠因此很是生气,决定明年在这户人家闹上一整年;

(5)这户人家果然第二年受到老鼠祸害。

因此人们决定从此腊月二十四不推磨,不春碓。招婚型"老鼠嫁女"故事的基本情节为:

(1)老鼠想为女儿找个最好的女婿;

(2)先找到太阳,太阳却说云更厉害,因为云会遮住它;

(3)然后找到云,云却说风更厉害,因为风会吹散它;

(4)再找到风,风却说墙更厉害,因为墙会挡住它;

(5)接着找到墙,墙却说老鼠更厉害,因为老鼠打洞会掏空它;

(6)最后发现原来老鼠最强,于是把女儿嫁给了老鼠;

(7)由于婚期正值腊月二十四,人们为了不惊吵老鼠的婚事,因此不推磨,不春碓。[①]

"老鼠嫁女"故事流传地域广泛,历史悠久,是较受我国民众喜爱的民间故事之一。从故事的产生、发展、流传过程可以发现,故事具有极强的生命力。可以结合不同地方、不同民族、不同时代的风俗习惯和讲述方式,而生成不同的异文文本,并具有独特的艺术魅力和审美情趣。

(二)"老鼠嫁女"故事的文化内涵

"老鼠嫁女"故事的文化内涵十分丰富,从最早的崇鼠、媚鼠,到后来用鼠寄

---

① 王丹:《湖北西部"老鼠嫁女"故事研究》,《中南民族大学学报(人文社会科学版)》,2008 年第 3 期。

托生命繁衍的愿望，再到后来对辟除鼠患的祈愿，"老鼠嫁女"这一题材的表现和运用，都体现了人对鼠认识的多重性。

1. 化生万物、敬畏友好的"鼠"崇拜

最早，人们对"鼠"是敬畏且崇拜的，认为它有开天辟地、化生万物的法力。这一思想在很多文本中都有表现。如在佛经故事中，有文字记载说在古时候，菩萨曾经投胎为鼠，具有无上智慧，有众多老鼠跟随其后；彝族神话《葫芦里出来的人》中记载，人类起源于葫芦，而葫芦原是密封的，是鼠在葫芦上咬开一个洞，人类才得以出世；瑶族神话《谷子的传说》中记载，是鼠帮助人类取来了稻种……[1]这些传说均反映出古人对鼠的崇拜与信仰。在他们看来，鼠是智慧、吉祥、生命力的化身。因此，也有学者认为，"老鼠嫁女"故事与"鼠"崇拜思想之间是紧密联系的。

2. 辞旧迎新、阴阳相交的自然规律

"老鼠嫁女"故事多发生在辞旧迎新的新年期间，这是因为这一时间是人们的农闲时节，也是民间男婚女嫁时间最为集中的时段，故事的背景时间自然而然与人的活动时间相符合。另外，也是因为这一时间正处于岁末年初，也是一年阴阳相交的关键时刻。而"鼠"与"子"对应，子时正处于阴阳相交的分界线上，这也使得子鼠成为阴阳交接的象征。因此，"老鼠嫁女"故事不仅暗合了阴阳相交的自然规律，还表达了人们对辞旧迎新的美好祝愿。

3. 多子多孙、生命繁衍的思想观念

中国人向来祈求多子多孙，而鼠作为繁衍能力最强的动物之一，因其旺盛的生命力而被古人所重视。在我国民间信仰中，鼠这一形象一直是生命繁衍的象征。同时，因为"子鼠"的"子"和"子孙"的"子"又是同一字，使得人们很容易把二者联系在一起。除却"老鼠嫁女"故事，民间的传统剪纸、年画等艺术正是通过"老鼠嫁女"这一形式，借老鼠的旺盛生命力和繁衍能力来比拟人的婚姻和子孙传承。因此，"老鼠嫁女"实际上体现了人们祈求多子多孙，生命繁衍的思想观念。

4. 辟除鼠患、祈求丰收的美好祝愿

由于农耕文明发展的需要，风调雨顺、农业丰产一直是人们所追求和希望的，与人们的生活、生产息息相关。而老鼠自古以来，却是农业生产的一大危

---

① 陈志璐、陈晏中：《中国传统鼠文化的题材史研究——以〈老鼠嫁女〉为例》，《魅力中国》，2011年第7期。

害，古代典籍对于鼠害的记载屡见不鲜。例如，《诗经》曰："硕鼠硕鼠，无食我黍……硕鼠硕鼠，无食我麦……硕鼠硕鼠，无食我苗!"其中就表达了人们对老鼠毁坏粮食的厌恶。于是人们要采取各种方式来消灭老鼠。后来，"老鼠嫁女"故事中"猫"的形象的加入，可以说就是现实生活中"猫"与"鼠"对立形象的反映，同时也表现了人们希望辟除鼠患的现实需求。由此可见，"老鼠嫁女"故事随着人们需求和认识的改变，也在不断增添着新的内容，表达着人们辟除鼠患、祈求丰收的美好祝愿。

"老鼠嫁女"故事反映了人们的多种心理需求，蕴含着多重文化内涵。它不仅反映了人鼠关系的复杂性，也反映了人和大自然关系的多样性。它通过生动活泼的形象、新奇有趣的结构，传达出人类最普遍和最深刻的情感。

二、综合性表达："老鼠嫁女"故事的传承形态

在中国的传统文化和民间生活中，"老鼠嫁女"不仅是扎根于民间的一种故事类型，同时还是一种蕴含有丰富民俗因子，涵盖多种多样民俗艺术形式的民俗活动。"老鼠嫁女"这一题材除了文学性的表达方式外，还有多种多样的物质呈现形式，如年画、剪纸、织锦等民间艺术方式。

(一)"老鼠嫁女"故事的文学表达

"老鼠嫁女"虽然以民间故事的形态广为流传，但是在传播的过程中也以多种形式出现在各种文学体裁的作品中，经过艺术性地加工，进行了文学性的表达。印度的梵文经典《五卷书》中虽有"老鼠嫁女"故事的最早记载，但是此时更多的是作为一则寓言故事而存在，目的是为了借故事劝诫国王。文本中几乎没有民俗方面的内容。后来流传到中国后，扎根于中国民间生活的土壤，因而也具备了民俗的内涵。比如清代钱泳所著的《履园丛话》一书中记载的"鼠食仙草"这一故事，就描绘了热闹喜庆的鼠婚场景，从侧面介绍了当时的婚礼习俗，使故事增添了民俗色彩。

当然，"老鼠嫁女"故事除了在文学著作中以民间故事形态记述外，还被诸多文人作为题材进行文学性创作。比如，清代学者梁玉绳在《清白士集》中根据民间花鞋作轿习俗写了一首嫁鼠词：

今夕何夕是除夜，里俗喧传鼢鼫嫁。

大鼠奔忙群鼠贺，东西跳掷高复下。

或处屋后墉，衔尾至前舍，或居室旁壁，缘足徒层榭。

偷米盗肉充嫁资，穴中轰轰不得暇。

合好定知时在子，以履为车鼠子迎。

…………

梁玉绳用幽默的笔触描绘了鼠婚场景和老鼠们欢脱热闹的行为。除此之外，在民间歌谣、儿歌等较为口语化的文学创作中，对"老鼠嫁女"故事的运用就更为广泛。比如，朗朗上口的民间歌谣——

大红喜字墙上挂，老鼠女儿要出嫁。

女儿不知嫁给谁，只得去问爸和妈。

爸妈都是老糊涂，争来争去才定下：

谁最神气嫁给谁，女儿自己去挑吧！

…………

鼠女听罢猛想起，老鼠的天敌是猫咪，

看来猫咪最神气，我要与他定婚期。

婚期定在初七夜，鼠女出嫁忙不迭，

大红花轿抬新娘，群鼠送亲喜洋洋。

新娘刚到猫咪家，猫咪一口就吞下。

猫说新娘怕人欺，为保平安藏肚里。[1]

歌谣以押韵的形式对"老鼠嫁女"故事的基本情节做了生动形象的描写。与歌谣形式类似的还有语言更为通俗浅显的儿歌。比如：

哩哩啦，哩哩啦，敲锣鼓，吹喇叭，老鼠家里办喜事，有个女儿要出嫁。

女儿嫁给谁？妈妈问爸爸。爸爸是个老糊涂，他说："谁神气就嫁

---

① 陈志璐、陈晏中：《中国传统鼠文化的题材史研究——以〈老鼠嫁女〉为例》，《魅力中国》，2011年第7期。

给他。"

爸爸就去找太阳，太阳说："乌云要遮我，乌云来了我害怕。"

…………

太阳怕乌云，乌云怕大风，大风怕围墙，围墙怕老鼠，老鼠怕谁呀？

爸爸乐得笑哈哈："原来猫咪最神气，女儿应当嫁给他。"

…………

女儿在哪？女儿在哪？

猫咪说："我怕人家欺负她，啊呜一口就吞下。"

…………①

"老鼠嫁女"故事凭借其有趣的情节内容和丰富的文化背景，以诗词、散文、歌谣等多种文学形式出现，在丰富文学题材的同时，也为民间故事的传承提供了多样的途径。

（二）"老鼠嫁女"故事的工艺表达

"老鼠嫁女"以其风趣的情节大量流行于剪纸、年画、织锦等艺术创作之中，在丰富这些艺术品文化内涵的同时，也为故事的传承和传播开拓了更为广阔的土壤。其中最为典型的是剪纸工艺。剪纸作为较为普及的一种民间艺术形式，传递着民俗的精髓，传承着文化的内核，同时更展现着人们祈求美好生活的愿望。作为民间流行的剪纸题材，"老鼠嫁女"图案中往往描绘着娶亲仪仗的热闹景象，老鼠们憨态可掬，让人感到一种愉快幽默的情趣，同时在图画背后也蕴含着人们对多子多孙的美好愿望。这里，老鼠以象征的形式从侧面表现人们对美好生活的追求。同时，"老鼠嫁女"的剪纸作品因地域因素而具有不同的艺术风格，并且结合当地风土人情，表现着不同的民俗因子。以山东地区为例，剪纸艺人范祚信于1985 年创作的《老鼠娶亲》，作品中一共有109 只老鼠，通过这些老鼠手中极具本土特色的兵器、乐器、家具，身上的服饰，整个婚礼仪式等，完整地展示了当地古代婚俗的风貌。当然，类似的作品不胜枚举。

除却剪纸艺术外，年画一直以来也是表现"老鼠嫁女"民俗的重要形式。尤其在清代，"老鼠嫁女"题材的年画数量种类繁多，风格各异。比如说较为出名的四

---

① 汪冬兰：《民间游戏在幼儿园教育中运用的探索》，《都市家教（下半月）》，2011 年第 6 期。

川绵竹和夹江、天津杨柳青、潍坊杨家埠、湖南隆回和邵阳等地，这一题材的年画十分普遍，随处可见。但和剪纸不同的是大都在迎亲队伍的前列出现了猫的形象。另外，各地年画对迎亲场景的表现也大不相同，苏州桃花坞的"老鼠嫁女"选取了《西游记》中玉鼠精向唐僧逼婚大办喜事的情节，并把猫请为贵宾。四川绵竹年画中的老鼠轿夫执事都作差役打扮，身穿官服的鼠新郎身后打着"大学士正堂"的显赫官衔，十分威风。河北武强年画的迎亲场面最为新潮，新娘乘坐的是新式马车，前边有老鼠组成的西洋鼓乐队，已是民国年间文明结婚的形式。从这些年画图案的内容，可以明显地看到时代、地域赋予"老鼠嫁女"故事的新内涵和新的年画表现形式。

土家族的织锦文化中也经常会有"老鼠嫁女"的身影。土家族本地流传的传说就有要求小孩子晚上不要乱跑，以免惊扰了"老鼠嫁女"这一说法。"老鼠嫁女"这一图案属于土家族织锦基本式样之一，图案因土家族人民想象力的丰富而显得光怪离奇，色彩的极致搭配也使得视觉感染力极强，体现活泼的同时也带有神秘色彩。当然，土家族织锦中"老鼠嫁女"图案的别致有趣不仅在于其形式的独特和其依托的故事情节，而且也在于其背后蕴含的文化内涵。像其他织锦图案一样，这些土家族传统图案是土家族妇女们对自然的感知和理解的体现，也是土家族人们祈求好运的美好表达。

可见，这些反映"老鼠嫁女"故事的民间艺术创作是适应民俗活动产生的。当然，除了剪纸、年画、织锦等传统艺术形式外，"老鼠嫁女"故事也以邮票等现代传播手段为载体，来进行展示与传播。加拿大邮政 1997 年为参加在香港举办的世界邮展，发行中国生肖纪念邮票。其中，"老鼠嫁女"邮票就参考了中国民间故事，52 分邮票图案为穿褂裙、戴凤冠的鼠新娘，右手提小银包，左手举华盖小伞。可见，"老鼠嫁女"故事已经走出国门，通过传播范围更广的方式进行更为广泛地流传。

(三)"老鼠嫁女"故事的民俗表达

"老鼠嫁女"故事所传达出来的民俗因子受到地域的影响而各具特色。就中国而言，"老鼠嫁女"故事主要流传于华北、华南、华东等地区，这些区域以农耕文明为主，故事中的民俗也是以这些地区的文化为土壤。例如，对"老鼠嫁女"的日期的选择就极具地域特色——四川地区大都在除夕这一天，湖南一带一般是在二月初四，苏南地区是在正月初一，当然还有在腊月二十四、正月初七、正月初

十、正月二十五等不同日期的地区。概而论之，日期大都集中在腊月二十三到二月初这一个多月的时间里，因各地风俗的不同而有不同的选择。与此同时，在不同日期选择中又都有着相似的禁忌，例如：不舂不磨；不用针、剪，忌开箱；早睡，不喧哗，不言鼠事……某些地区比如陕西忌食米粥，河北蔚县忌食米饭等。[1] 由此也可以发现，同一风俗在不同地区有着不同的呈现，这恰恰体现了民间文学和民俗的变异性特征。

另外，从"老鼠嫁女"故事所展示的习俗中我们也可以看到，由于地域的不同，各地对待老鼠的态度和方式也不同。一种以讨好老鼠为主：比如人们要在"老鼠嫁女"日的晚上，在屋子里点上蜡烛或者灯来照亮鼠婚队伍行走的道路；同时，还要准备一些食物放置在老鼠经常出没的地方，作为老鼠嫁女的新婚贺礼。另一种以驱除老鼠为主：比如说在"老鼠嫁女"日里贴上有猫的形象的剪纸或者年画，以此来威吓老鼠；或者创作一些内容为辟除鼠患的儿歌和歌谣来沿街传诵。[2]

这些"老鼠嫁女"的民俗，因地方差异而各具特色，但又都反映了人们对老鼠又敬畏又排斥的复杂的心理活动。同时，这些民俗活动不仅形式生动活泼，还蕴含着深刻的文化内涵。

透过这些自发的民间活动，我们可以看到，"老鼠"被赋予了人的特征，"老鼠嫁女"故事被赋予了地域差异，其中蕴含着人们丰富的自然情感。而正是这些内容才使得"老鼠嫁女"故事能够在文学、艺术、民俗等领域得到不同程度的表达和讲述，进而得以继续传承和发展。

三、"老鼠嫁女"故事的当代创新

随着经济的飞速发展，传统的生活模式和思想观念都在不断改变，传统民间文学诞生和发展的文化土壤和社会环境也日新月异，民间文学资源的当代发展面临着严峻的挑战。因此，党的十七大报告明确提出"运用现代科技手段开发利用民族文化丰厚资源"[3]对开发利用民间文学资源具有重要的指导意义。在这里，笔者以"老鼠嫁女"故事为例，对民间文学资源的当代运用提出新的可能性尝试。

---

① 孙发成：《"老鼠嫁女"年画的意义解读》，《北京理工大学学报(社会科学版)》，2008 年第 3 期。
② 黄阳艳：《"老鼠嫁女"故事及其相关习俗的文化内涵》，《湖北民族学院学报(哲学社会科学版)》，2006 年第 1 期。
③ 刘永涛：《论开发利用民间文化资源的手段创新》，《时代文学》，2008 年第 10 期。

（一）强化传统艺术的创新

把"老鼠嫁女"这种以文字为主要表现手段的民间故事，与民歌、戏曲这种以表演为主要方式的传统艺术形式相结合，既是对民间艺术内容的一种丰富，也是民间文学资源传播手段的一种延续性发展和创新。这里以民歌和粤剧两种传统艺术与对"老鼠嫁女"故事的创新运用为例来说明。

由王志信作曲、刘麟作词的歌曲《老鼠嫁女》，就是一个良好的传统与现代、形式与内容的尝试。这首现代民族声乐作品，是以民间故事"老鼠嫁女"为题材，结合民歌和民族乐器而创作的。作品在内容方面大体沿用"老鼠嫁女"故事的基本情节，歌词着重对婚礼的热闹场景进行了描述，台词生动有趣，人物塑造幽默立体。在形式方面，在普通话演唱为主的基础上掺杂了有趣的湖南地方方言，同时很好地运用了民间乐器和传统民间音调，使得整个歌曲热闹活泼，同时具有民族语言特色。不仅细致地表现了主人公的心理变化，还渲染了老鼠嫁女的热闹氛围。形式与内容的统一，使得歌曲更具有艺术感染力，同时也对"老鼠嫁女"这一传统民间故事进行了新的诠释。

粤剧《老鼠嫁女》是由省南宁市粤剧团排演的儿童剧，是传统戏曲与民间文学资源的良好结合，也是传统艺术为适应新时代发展所做的一次大胆尝试。内容上，这一作品是在传统"老鼠嫁女"故事的基础上改编而成的，讲述了老师为了给自己的女儿寻找优秀的女婿，分别找到了乌云、大风、围墙、黑猫、白鼠，然而最后还是发现老鼠最强，最后让自己的女儿嫁给了老鼠。形式上，通过对现代流行音乐与传统音乐的结合，对丰富多样的灯光道具的运用，对人物服装的卡通化处理以及夸张的表演形式的选择等手段，增强了舞台效果，渲染了故事氛围，也使得人物性格更加鲜明。除此之外，故事还赋予老鼠、猫、乌云、大风等以人的形象和思想，通过讲故事对唯利是图、恃强凌弱的价值观进行了讽刺和批判，深化了故事主题，使艺术与生活紧密联系。同时，还通过在剧本后面增加寓言式的结尾，使故事结构更加出彩。粤剧对"老鼠嫁女"这一故事的改编与创新，使其适应了时代价值观念，找到了合适的生存土壤，也为其他文化资源的传承提供了思路。

（二）融合现代艺术与技术的创新

中国的民间文化具有丰富的内蕴和极强的再生能力，而其传播能力是传承传统民间文学资源的重要因素。因此，要把目光放到现代传播方式上，寻找民间文学资源新的传播载体。这里以动漫艺术、AR 技术(增强现实)、交互娱乐方式对"老鼠嫁女"故事的传播为例，尝试展示现代艺术与技术对民间文学资源的创新性传承。

民间文学与动漫艺术都充满着想象、夸张、幻想、狂欢色彩。动漫以其科技和艺术兼具的特点，适合将民间文学资源整合创新，转化为动漫创意文化产品。以"老鼠嫁女"故事为例，20 世纪 80 年代上海美术电影制片厂成功创作了剪纸动画片《老鼠嫁女》。内容上，作品保留了传统"老鼠嫁女"故事的核心情节和大致结构，但对"嫁女"的情节做了重新改编，以使其适应现代人的逻辑思维。同时，加入了对中国传统"门当户对"婚姻价值观的表达和对"嫌贫爱富"思想观念的批判。形式上，对故事的场景、细节等都进行了大幅度改动和想象性添加，作品中出现了大量相片、蛋糕等现代化物品以及活泼有趣的口语化台词，使得故事更加贴近生活。可见，运用现代动漫设计技术与创作理念，对民间美术造型与民间文化观念进行重新认识和再创造，不仅可以提升动漫的品位与质量，也可以保持民间文学资源的活力。将民间文学资源、民间艺术形式与大众的审美心理相融合，将本土文化精髓与现代动漫形式相结合，会让民间文学资源焕发出新的生命力。

在大力发展数字文化产业的背景下，深度挖掘民间文学资源的文化内涵，对其进行合理的产业化开发和利用，已成为世界各国共同关注的热点。借助 AR 技术对民间文学资源进行数字产业化开发，可以弥补传统传播手段的缺陷。以"老鼠嫁女"故事为例，内容上，AR 技术通过对故事内容、主题、文化内涵进行深度挖掘，提炼出"老鼠嫁女"故事的精神内涵。形式上，AR 技术利用数字图像绘制、数字动画等手段，形成故事对应的数字内容，并叠加在相关的文化旅游商品、手工艺品、字画等现实环境中。这样"老鼠嫁女"这一民间文学资源就可以不受时间、空间的限制，随时随地呈现给想要了解它的受众人群。可以说，利用 AR 技术对民间文学资源的数字文化内容进行开发，将为民间文学资源的传承和发展提供一种新的思路和技术手段。

另外，在科技日益普及背景下应运而生的交互娱乐也成为民间文学资源可以利用的一种创新方式。"所谓交互娱乐是指在交互设计的创作过程中融入游戏的元素，以此增强交互作品的表现力，借助一定的技术手段和传播媒介，为用户营造良好的虚拟环境并创造便捷的交互体验。"①以交互娱乐设计作品《老鼠嫁女》为例。在内容方面，故事情节进行了扩展和创新，针对不同角色设计了不同情节内容，并且角色之间相互联系。同时，设定了不同的文化背景，不同的人物、情节具有不同的文化背景选择。在形式方面，依照故事情节，设计多个连环任务模式，然后，根据特定的文化背景，采用不同的视觉、听觉效果，使用户在完成任务的同时，也在接受着"老鼠嫁女"故事内容和价值观念的洗礼。交互娱乐设计手段通过一定的娱乐体验使大众在互动或游戏中了解民间文化，有趣的交互手段可以加深他们对民间文学资源的记忆。这一形式可以大大增强民间文学资源自身的影响力，吸引更多人的注意力，为民间文学资源的传承和发展做出有益的尝试。

"老鼠嫁女"故事，作为民间故事，它有着极为丰富的内涵和巧妙的结构；作为民俗活动，它反映着民俗、民情和民意，表现了民众所关心的生活内容。这些都使得故事在文学、艺术等传统领域得到了综合性的表现，促进了故事的传承。但是，在现代科技飞速发展、传播手段日新月异的时代背景下，"老鼠嫁女"故事在传统艺术和现代艺术与技术等方面也进行了诸多可能性尝试，为其他民间文学资源的传播提供了新的思路。

民间文学资源要想得到更为长远的传承与发展，必须进行内容与形式上的创新。在内容上，民间文学资源在保持其核心精神内涵不变的基础上，要结合大背景下的时代价值观和当代人的审美取向，对其内容、情节、主题不断进行扩充和改编，使之具有更加鲜明的时代特色、地域特色和生活特色，让人们产生审美的心理共鸣，这正是民间文学资源创新的灵魂和实质之所在。另外，也不能忽视形式的重要性。民间文学资源在保持与传统艺术形式紧密联系的基础上，要不断进行大胆的尝试，与现代艺术与技术进行融合，寻求新的发展方式。这样才能为民间文学资源的当代发展找到更为多样的发展选择。

参考文献

[1]蓝鸿恩搜集整理：《神弓宝剑》，中国民间文艺出版社，1985年版。

[2]民族事务委员会等主编：《老鼠子嫁姑娘》，《鄂西民间故事集》，中国民间文艺出版社，1989年版。

———————————

① 刘派：《交互娱乐设计作品〈老鼠嫁女〉创作手记》，《美术向导》，2009年第5期。

[3]左汉中：《中国民间美术造型》，湖南美术出版社，1992年版。

[4]钟敬文：《中日民间故事比较泛论》，《中日民俗的异同和交流》，北京大学出版社，1993年版。

[5]马昌仪：《鼠咬天开》，社会科学文献出版社，1998年版。

[6]江帆：《意趣多端鼠嫁女——"老鼠嫁女"故事解析》，刘守华主编：《中国民间故事类型研究》，华中师范大学出版社，2002年版。

[7]贾否：《动画创作基础》，清华大学出版社，2003年版。

[8]刘锡诚：《中国民间故事中的鼠观》，《民俗研究》，1996年第3期。

[9]马昌仪：《中国鼠婚故事类型研究》，《民俗研究》，1997年第3期。

[10]李敏：《鄂西南土家族织锦文化遗产保护》，《中南民族大学学报（人文社会科学版）》，2003年第6期。

[11]黄永林、徐金龙：《民间文学与国产动漫的不解之缘》，《民族艺术研究》，2011年第6期。

[12]赵丽敏：《经典动漫对民间故事的借鉴》，《新闻界》，2012年第8期。

[13]王娟：《浅析高密剪纸艺术之"老鼠娶亲"》，《理论探讨》，2012年第9期。

[14]林超俊：《老鼠的选择和粤剧的突破——谈谈新编粤剧〈老鼠嫁女〉》，《戏剧文学》，2013年第3期。

[15]余日季、唐存琛、胡书山：《基于AR技术的非物质文化遗产资源产业化开发研究——以黄鹤楼传说为例》，《湖北社会科学》，2014年第4期。

（作者简介：鄢玉菲，华中师范大学文学院博士）

盖茨比形象的电影接受史分析

严前海

　　如果接受现代文艺理论的某些看法，那么一部小说比如《了不起的盖茨比》自发表以后，它就不再与作者有关系了，而且它的存在必须经过读者这个终端，其作品意义才得以完整。更有趣的是，在现代传播条件下，小说不仅与读者发生着关系，也与电影发生关系，而电影又与观众发生关系，于是，一个新的解释关系产生：读者对小说进行解释，电影对小说进行解释，观众对电影进行解释，观众还会与读者在某些时刻融为一体，对电影与小说做出互文解释，最终，以颠覆人们解释惯性的逆循环得以完成：小说回过头来对电影也构成了解释关系，这便构成了解释的完整循环过程。于是，如何"在一个更大的整体中按照一个更正确的尺度去更好地观看这种东西"①，就出现了今天这个广为人所见却并不广为人所知的"电影解释学"。

图1　《了不起的盖茨比》剧照②

---

　　① ［德］汉斯-格奥尔格·加达默尔著，洪汉鼎译：《真理与方法——哲学诠释学的基本特性》(上卷)，上海译文出版社，1999年版，第392页。
　　② 本文所有图片均通过官方网站搜集整理。

《了不起的盖茨比》自发表至今，已经不再是一个文学领域的话题，而是文化的话题，也有不少人将它看作是一个国家话题，在一些批评家那里它则是一个不折不扣的神话话题。一旦成为国家或神话的话题，它的分量自然超越了文学自身的叙事性意义。虽然叙事性是这部小说成就的基础，也是它之所以被关注的出发点。有效的叙事性是传播久远与影响力持续的前提，不管它是一种艺术叙事还是政治、哲学或社会学叙事。它的有效性在今天同样表现在它成为电影目标，成为电影事件。当文学事件成为电影事件，电影事件又加深了文学事件自身含义多重性的同时，盖茨比的个人遭际就很奇妙地跟美国的国家遭际（哪怕是回忆或者是想象）绑在了一起。

这还要从小说自身说起。

一、《了不起的盖茨比》，一部被宽容的杰作

1925 年的最后一天，T. S. 艾略特给美国作家弗朗西斯·司各特·基·菲茨杰拉德的信中写道："（你的《了不起的盖茨比》）我已读了三遍。我可以说：好些年来，不管是英国的也好，美国的也好，这是我所见到小说中最令我喜欢和起劲的新作品。等到我有空时，我愿意更详细地向你说明：这本书究竟好在什么地方，为什么这么出色。事实上，我认为这是美国小说自从亨利·詹姆斯以来的第一部代表作……"①

图 2　2000 年版影视版的盖茨比与黛西

---

① 林以亮：《菲茨杰拉德和〈大亨小传〉》，见弗·司各特·菲茨杰拉德著，乔志高译：《大亨小传》，上海三联书店，2013 年版，第 1 页。

想想艾略特在他著名的长诗《普鲁弗洛克的情歌》(1915)和《荒原》(1922)中表现的那些富贵之家的优越、内心的骚动不安以及最终给人的"荒原"印象，再想想《了不起的盖茨比》(1925)里的豪华与死亡，它们之间具有惊人的相似性，这也就不难理解艾略特何以做出如此高的评价，与其说这样的评价是给他人，不如说是给自己。从这个意义上说，《了不起的盖茨比》就是美国小说版的《普鲁弗洛克的情歌》和《荒原》。但不同的是，虽然菲茨杰拉德并非如盖茨比那样出身贫寒，但也没有如艾略特那样名门望族的出身，因此，艾略特的沉思他是不会有的，更何况美国人的朝气蓬勃以及对财富追求的无穷动力更绝非与英国的暮气沉沉一般，所以《了不起的盖茨比》尽管最后笼罩在死亡的意象之中，却依旧色彩缤纷。

但艾略特绝对想不到《了不起的盖茨比》会取得如今这样的地位，这是亨利·詹姆斯也难以望其项背的成就。尽管艾略特用了溢美之词，但他绝对不会拿菲茨杰拉德的这部作品来和《哈姆雷特》相提并论，让他意想不到的只是，随着经典的不间断传播与强化作用，如今，盖茨比之于美国，犹如哈姆雷特之于英国。"盖茨比"所取得符号化意义，象征性地寓意了个人在美国的一场或长或短或总体印象或浮光掠影的身体与精神的双重经历。可以说，没有哪一位美国作家，无论是威廉·福克纳还是海明威，无论是威廉·斯泰伦还是索尔·贝娄，他们的任何一部作品中的任何一个人物，都无法取得盖茨比对于美国如此重要的象征意义的文学地位。

但正是这个盖茨比，这个象征意味远远大于形象意味的盖茨比，跟美国一流作家的代表作中的人物相比，从技巧与刻画的角度来说，却显得不圆满、模糊，甚至可以说：幼稚。难怪评论家凯丝琳·舒尔茨在《纽约杂志》上说："《了不起的盖茨比》在美学上被高估了，心理上的空洞，道德上的自满。"当然，这样的说法肯定要招来不满，所以美国作家乔伊斯·卡罗尔·欧茨马上反唇相讥："讨厌《了不起的盖茨比》这部小说就像是往大峡谷里吐口水。它不会很快消失，但你会。"

舒尔茨是对的，因为连作者本人也承认作品的缺陷："书里最糟的缺陷，我想是个很大的缺陷：从盖茨比与黛西重逢，到大祸临头，我始终没有就他俩的情感关系做出详尽的解释(对这种关系我全无感觉，浑然不知)。然而这一缺陷却为对盖茨比过往的回溯，以及绝妙的行文所狡猾地掩盖，以致无人察觉——尽管人人都感到了这一缺陷，然后给它起上错误的名号。"①不止于此，盖茨比的财富、动因仍有不少不明朗的地方，当时菲茨杰拉德的好友帕金斯也说："所有的读者都会对盖茨比能有这么多的钱感到困惑，也觉得应该有所解释。"②菲茨杰拉德给帕金斯的回信中说："第七章（酒店那一幕）总是达不到要求——我已经操够了心，我不太知道该让黛西怎么反应才好。不过我能稍加改进。……不拘的构想偶尔能带来创意，但这章是不可能有这种创意的。"比如与《尤利西斯》和《达洛维夫人》那样几乎完美的文本相比，《了不起的盖茨比》这部并不长的小说确有不尽如人意的地方，但这并不能阻挡它成为美国历年来最受欢迎文学作品排名的榜首，原因在于它列入了美国中学生的阅读书目，具有教育背景的先天优势，而且，它的行文也没有《尤利西斯》《达洛维夫人》或《赫索格》那样难懂。盖茨比的活力与梦想，他的永远年轻的定格，他的率真和天真，赢得了更多普通读者的喜爱，他的突然而至的死亡，也令许多人为他惋惜但又不至于心碎。

总之，这是一个介于严肃与通俗读本之间的故事，哪怕像纳博科夫《洛丽塔》那样有着诱奸和犯罪噱头的杰作，但其隐喻与绝妙文采非一般读者所愿花脑筋细细领略，所以《了不起的盖茨比》拥有再多的读者与人气，并不令人奇怪，它的影响力非大部分美国文学杰作所能比也很自然不过，从这个意义上说，欧茨也是对的。

这是一部被宽容的杰作。它略带通俗性的写作风格赢得了初入文学殿堂的人的喜爱，它韵味丰厚的内涵展现出丰富的社会万象，它语言上故意造就的"灵晕"虽然使得它的理念并不深刻，然而却意味深长；它是一篇提供了人物范本，可以供无数读者进行无尽想象与解读的作品，一个在传播过程中可以生发出积极歧义的时代的结晶体，一座接受者愿意从自我角度以自身经历进行重构并与之共舞的梦工厂。

二、正循环与逆循环的解释

哈姆雷特死了，盖茨比也死了。"有一千个读者就有一千个哈姆雷特"，这句

---

① 马修·布鲁德里克：《"爵代"风华》，转引自［美］F. S. 菲茨杰拉德著，巫宁坤译：《了不起的盖茨比》，上海译文出版社，2010年版，第20页。

② 马修·布鲁德里克：《"爵代"风华》，转引自［美］F. S. 菲茨杰拉德著，巫宁坤译：《了不起的盖茨比》，上海译文出版社，2010年版，第14页。

话很有意思。因为，就剧本的本来用途而言，它是用来演的，而且莎士比亚写《哈姆雷特》也不是用来读的，尽管他的后期剧本的确案头的成分（可读性）要大于舞台的成分。由此，当哈姆雷特站在舞台上时，是不是也会"有一千个观众就会有一千个哈姆雷特"就成了疑问。因此，当我们说"有一千个读者就有一千个盖茨比"时，这句话大体是对的，因为小说本来就是用来读的，不是用来演的。当然，时代不同了。盖茨比同样可以搬上舞台，可以拍摄成影像供万人鉴赏，这已经完全超越了小说的界限；而由于影像技术手段的变化与更新，由于演员面孔的不断更替，我们更愿意说，不同时代、不同制作团体有不同的盖茨比。如同赫尔德所说，"通过思辨而先天地建构具有普遍性的历史是根本行不通的，所谓对历史的认识与理解，本质上是在历史中的人的自我理解"①，当电影《了不起的盖茨比》来到中国，有意无意地，也是要中国人对盖茨比这个普泛化的文学与文化符号做出自己的理解。据说地球还可供人类生存 17 亿年②，如果人类可以将这段时间用尽，那么，银幕上出现一千个盖茨比应当不成问题，到目前为止，银幕上出现盖茨比的面孔共有五个，需要预先提醒的是，这五个，不能简单地归结为理解的总和③。

《了不起的盖茨比》发表的第二年即 1926 年，好莱坞就将它搬上银幕，不过这个黑白胶片现在已经不知去向；1949 年，派拉蒙公司制作的同名电影问世，但它是以尼克为中心，盖茨比反而成为一个次要人物，与原作偏离太大，它几乎马上就会被忘记；又过了 25 年即 1974 年，弗朗西斯·福特·科波拉编剧、杰克·克莱顿导演、罗伯特·雷福德和米亚·法罗主演的同名电影上映；时隔 26 年即 2000 年，电视电影版的作品推出，由罗伯特·马尔科维奇导演；又过了 13 年，导演过《罗密欧与朱丽叶》《红磨坊》《澳洲乱世情》的巴兹·鲁曼，将盖茨比的故事再度搬上银幕，这次，莱昂纳多·迪卡普里奥扮演盖茨比，凯瑞·穆丽根扮演黛西，托贝·马奎尔扮演尼克。

首先我们要能够很好地去理解电影与小说之间建立的这种超级解释关系。我们不能将电影仅仅归类为小说的被动解释者，即所有有关盖茨比的电影都是对小说的解释，都是每一个时代的理解力的表现。试想，当一个人看完电影之后觉得

---

①　潘德荣：《西文诠释学史》，北京大学出版社，2013 年版，第 231 页。

②　http://news.zol.com.cn/article/164052.html.

③　王炳文：《解释学的两个来源》，《哲学译丛》，1990 年第 3 期。

这个故事可以引起更多的探索兴趣，于是找来小说阅读，这个过程，未尝不能理解为是小说对电影的解释。原著成为解释者，成为电影的解释者，是自然的发生过程。对于今天的绝大部分人而言，《了不起的盖茨比》的经验是从电影而非小说得来，因此电影带来的第一印象很可能就在观众的心目中建立起一个"整体的观念预设"①，而接下去的阅读或者找其他电影版本再观看，就是预设观念的展开，因为只有对影像细节的理解和对小说细节描写的理解达到预设中的满足，理解过程才会显出非同一般的活力。看过四个版本电影和小说的受众（对中国读者而言，不同的译本带来的阅读效果又会有很大的不同，据统计，总共有 20 多个中文译本②），与只接受某一特定媒介从而接触盖茨比的受众相比，肯定有区别，而且，电影给人的整体性当然要优于小说，可是小说的语言诗意却是迄今为止任何一部电影所不及的。正因为如此，这个互为创造的过程带来的解释学景观，才是现代文化所专有的浪漫现象。从这个意义上说，我们可以将它理解为正循环与逆循环的解释学现象。

正循环解释与逆循环解释两种现象，是文学与电影的特殊关系，是文学与电影传播过程中的交互交往、对话对抗。正循环解释，就是当读者阅读完小说文本，在自己的意念中构成或模糊或清晰的想象谱系，之后，通过影视作品，目睹了自己心目中的形象的他人重构，得知了他人的影像式解释，从而形成的判断与印象；逆循环解释则相反，受众首先是从影像中获得对一部文学作品的印象，因为这一印象的刺激，便找来相关文学作品，印证、扩展、否定或肯定自己的影像经历，同时也印证、扩展、否定或肯定自己的小说想象。如果观众只是观看了电影（或小说）而没有进一步找来小说（或电影）进行阅读（或观看），而不论是否知道它来自于小说（或电影）文本，就不会形成所谓的循环关系。

循环关系的产生，是隔空、隔时对话的结果。它首先建立在不同作者对同一题材的创造之上，因此在这个意义上，《了不起的盖茨比》既是菲茨杰拉德 20 世纪 20 年代的产物，是杰克·克莱顿的产物，是罗伯特·马尔科维奇的产物，同样是当今巴兹·鲁曼的产物。没有克莱顿和鲁曼等人及背后制片公司的努力，在

① ［德］阿斯特·施莱尔马赫：《诠释学》(1808)，见洪汉鼎主编：《理解与解释》，东方出版社，2001年版，第 2 页。

② 孙毅泓：《对〈了不起的盖茨比〉多次重译的评析》，《云南农业大学学报》，2010 年第 Z 期，第 85—89 页。

文学界之外，《了不起的盖茨比》可以获得巨大的影响力，但可能不会这么广泛，在瞬息之间成为世界性的传播与娱乐现象，而且也是在瞬息之间，产生了如此有趣的层出不穷、意旨相左的解释。所以，这既可以说是菲茨杰拉德引爆了近一个世纪后的一个娱乐现象，也可以说是巴兹·鲁曼再次引爆了人们对小说原作的阅读兴趣。如果说美国中学将这部小说列为必读书目（它更是大学文学专业的精读对象），许多美国人是正循环地接受《了不起的盖茨比》现象的话，在中国则可能更多的是先电影再小说，是逆循环的接受过程，而且，不少读者还可能会对小说略感失望，它没有电影来得那么热烈奔放，没有电影那么富有强烈的节奏感，没有电影来得那么画面绚丽铺张。这恰恰表明电影自身的创造力已经超越了原本的电影对小说的还原性状态，它变得更加自由、更加富于想象力，它已经不再满足于再现，已经完全可以"借花献佛"，专注于自己风格化的表现，即作品的内涵解释已经不再是第一位，电影可以在某种程度上尊重原作的内容，但是电影将更专注于自己的表现手法，或者说，更专注于自己的视觉效果，更专注于音画效果对观众的震慑力。

图3　盖茨比举办的晚会

很可能，正是这种风格表现上的注重，反而更贴近一部作品的时代性传播或时代性解释的要点。事实上，当我们在读小说《了不起的盖茨比》时，情节本身并不重要，或者说这个情节（内容）其实有点老套：一个穷家子弟爱上了富家小姐，他通过个人奋斗，终于有机会可以向已为人妇为人母的昔日情人讨得欢心，不料世事难料，自己却落得个人亡财散的结局。所以，我们为小说所吸引并不是情节本身，而是作者似是而非的讲述语气，是叙事支点的多重变幻，是精妙的文字组合方式，是诗意的氛围营造，是残酷生活的间接性揭示。然而，哪怕是鲁曼的这部电影，我们依旧可以挑出诸多不满，难道迪卡普里奥纵欲般的脸庞有盖茨比的纯真吗？难道穆丽根有黛西金钱般笑声的气质吗？难道20世纪20年代的纽约真的有今天都难以企及的绚烂豪华吗？这些在传统电影中极力追求的标志性"真相"在今天反而并不那么重要了，重要的是电影必须满足人们业已形成的挑剔的视觉奇观，必须满足人们在烦躁世界中依旧可以辨别出的有力且动人的声响（音乐、人声）节奏，必须满足人们对某位明星的符号般的想象。这才是当今的电影解释，这或许也才是许多年轻人愿意由电影再到小说的游历历程。

三、"了不起"与盖茨比的死亡真相

在中国知网上键入"盖茨比"，竟然有3600多条与之相关的文章。如果能看到有这么多的中国学者对他感兴趣，盖茨比可谓"死而无憾"。提到盖茨比，当然要提到他的死。因为这个死，几乎涵盖了所有论文要论及的方方面面，这些论文也在各自的思路中展开对盖茨比死亡意义的争夺：形象（包括黛西等人）、艺术形式（技巧）、象征性、模式（神话或其他）与原型、主题（美国梦之类）、叙事视角、空间与色彩，等等。盖茨比有这样的价值，成为诸多话题的中心，成为一个谜，不是因为他这个人本身，而是因为他的死，他的死铸就了解读的无数可能性，正如同如果没有安娜和默尔索的死，就没有《安娜·卡列尼娜》或《局外人》的价值一样。于是，盖茨比的死，可以成为我们关注的重心。

如同无数个《哈姆雷特》的演出版本都不能回避哈姆雷特的死亡一样，《了不起的盖茨比》中盖茨比的死亡也是无论哪一个版本都无法改变的事实。盖茨比以他的死亡，造就了如此宽广的意义、如此深刻的影响力；没有他的死亡，作为完美的小说结局将不复存在，故事高潮将归于平淡。

许多人将盖茨比的死与美国梦的破裂联系在一起，将盖茨比的死称之为悲剧，美国梦的悲剧。这种观念扎根之深、影响之广，甚至成为对这部小说的第一印象，这当然是牵强附会，因为正是美国才让盖茨比成就了自己百万富翁的梦想，让自己有机会走进黛西的世界，对黛西所代表的阶层发起挑战，哪怕他是钻了美国政府禁酒令的空子（贩卖酒精等在当时属犯法行为）。而盖茨比的死只是一次意外，谈不上悲剧。悲剧的重要构成元素是人物必须预知或意识到其行为的后果，或者他可以想象其行为必有的后果而依然执着前行。盖茨比对他自己的死是没有预知的，更何况他对黛西的爱依然执迷不醒；再者，他对自己预想的结果充

满了期待，如果真会有什么不幸的结果发生，那么他可能会采用另外的方法。简言之，悲剧性必须有一个目标，有一个主人公预知其严重后果的目标，你要么实现它，要么它会毁灭你，于是，如果主人公行动了，结果是毁灭，这才是悲剧。盖茨比的死不满足这个要求，他的死只是威尔逊在布坎南误导下的一次报复行为的无辜牺牲品而已。当然，盖茨比的死令人伤感。伤感有时要比悲剧更加意味深长，至少盖茨比的令人伤感之死并不比悲剧缺乏意味。

1974 年版与 2013 年版的电影都没有对盖茨比的死做大量铺垫，这不仅淡化了死亡前的不祥，甚至可以说死亡是在美好的遐想中得以完成。1974 年版雷福德演的盖茨比在游泳池中躺在漂流气垫上，他背后豪宅中的窗纱在时不时地飘动，盖茨比幻觉着是黛西来找他，还间隔性地亲切地叫了几声"黛西"，而当枪声响起时他是却听不见了；2013 年版则更加美好，盖茨比听到池边的电话铃响，以为是黛西打来的，他满心欢喜地登上池梯去接，而就在此时子弹射入了他的胸膛；2000 年版则将死亡直接作为导火索：在电影的开头就呈现盖茨比被枪杀的画面，但这个呈现是无力的：盖茨比平静地躺在泳池中，手中握着他与黛西的信物，枪响，信物落入水中。它以一次莫名的凶杀开始，就像是平庸的电视剧在开端制造的噱头，却既无寓意，也无凶险。可见，这三部电影对盖茨比的死的解释都没有评论家来得那么严肃，那么自以为的意味深长，要么直接处理为廉价的凶杀场面，要么处理为美幻的不留遗憾的突然终结。从这些解释角度来说，它们直接体现为人与人之间的关系，而不是人与社会的关系，因此这与美国梦无关，只与那些个人梦有关：盖茨比的拥有黛西之梦，布坎南的保护家庭之梦，威尔逊的报复之梦，以及叙述者尼克的无梦之梦（"明天，我们跑得更快一点，将臂膀伸得更远一点"）。

既然没有必要过度解读盖茨比之死与美国梦破碎的关系（这削弱了许多"主题说""象征说""神话说"的意义），那么盖茨比的死与"了不起"又是什么关系？也就是说，这部作品如果不与批判性的社会意义结合在一起，作品本身的"了不起"体现在哪里？盖茨比的"了不起"又体现在哪里？赵梅认为："与盖茨比外在平庸与内心浪漫形成鲜明对比的是黛西的外在浪漫与内心的平庸""这份坚韧、顽强，这种以生命为代价的追求永远值得人类尊重。盖茨比对爱的执着，就像海明威笔下的那个与大海搏斗的老人一样坚韧，两者之间共有的一种内在气质上的浪漫——

追求、搏斗、失败，哪怕永远失败，也决不屈服。"①巴兹·鲁曼认为："在我理解，菲茨杰拉德的'了不起'所指大概是一切引导着这个社会前进的力量，比如盖茨比出生在一贫如洗的农民家庭，但他从不觉得自己注定从属于那个世界，他有自己的梦想，并且勇敢地去追逐它、实现它，拒绝一切旧有的社会阶级、分工，也就是所谓的美国梦。即便梦想最终跌落在爱情的执迷中，也正像尼克冷眼旁观的那个摇曳闪亮的纽约，或者这些都是了不起，即便因为显得缺乏意义中心而近乎虚无，所以菲茨杰拉德的了不起不是真正的伟大，而是一种更为青春的鲜活的生命情绪。"②

用一般常识就可感知，盖茨比其实并没有什么了不起，特别是他为一个不愿为他献身的女人献出自己的生命，实在是命非所值。这样的看法当然是站在尼克以及读者对黛西的清醒认识之上，要知道，盖茨比可不这样认识黛西，尽管到后来他似乎有所醒悟，但他还是一往情深，对黛西的执着追求几乎是他生命的终极目标或终极幸福。可是，难道人类的"了不起"不正是此类常识所认为的非清醒状态吗？这种了不起是堂吉诃德大战风车以及为那个他意念中的情人，一个再平庸不过的女人而仍与人决斗那么多次的"了不起"；是哈姆雷特明知苟且的安宁，却选择去挑战定会带来不安与牺牲的"了不起"；甚至也是《圣经》中的耶稣爱世人，却被世人钉上十字架的"了不起"。按照尼克的说法，"他的父母是碌碌无为的庄稼人——他的想象力根本从来没有真正承认他们是自己的父母。实际上长岛西卵的杰伊·盖茨比来自他对自己的柏拉图式的理念。他是上帝的儿子——这个称号，如果有什么意义的话，就是字面的意思——因此他必须为他的天父效命，献身于一种博大、庸俗、华而不实的美"。③ 也就是说，杰伊·盖茨比——Jay Gatsby，Jay 对应 Jesus，Gatsby 对应 God's boy。事实上，盖茨比如果像常人那样计较爱情的得失、算计黛西爱情的真伪与分量，那么，我们就不会那么喜欢盖茨比。盖茨比正是带着这种迷狂的酒神般的对情欲的执着而不计后果，以自己碧海青天般的爱铺泄而不顾现实的冷漠与残酷，为人类精神世界树立了一个情圣形

① 赵梅：《平庸与浪漫——读菲茨杰拉德〈了不起的盖茨比〉》，《美国研究》，1992 年第 6 期。
② 《专访〈了不起的盖茨比〉导演巴兹·鲁曼》，《三联生活周刊》，2013 年第 36 期。
③ ［美］菲茨杰拉德著，巫宁坤译：《了不起的盖茨比》，上海译文出版社，2010 年版，第 101 页。需要指出的是，乔志高的译本《大亨小传》(上海三联书店，2013 年版，第 130 页)将"sprang from his Platonic conception of himself"译为："是他自我幻想中塑造出来的人物"，"a son of God"译为："天之骄子"，采用了意译与中文话语相融的原则，但在本人看来，却难以传达"杰伊·盖茨比"这个名字的"了不起"之处。

象。正是因为在现实中，人类的爱情屡屡在金钱面前败下阵来，而盖茨比的一路狂奔、试图重筑过去的情欲追求就显得更加弥足珍贵。盖茨比成为现代社会爱情的代偿性符号：怀疑者可以从他的死得到解脱，执着者可以从他的理念得到确证。——借助于小说中难以改变的结构性情节，几部电影对此都颇为"忠实"，差别在于追求过程的气质表现。

图 4　2013 年版电影中，重逢后的黛西与盖茨比

如果就电影表现形式事件主体的单一特性而言（第四部分详述），尼克并非必定的存在，即就这个故事而言，完全可以撇开尼克，直接以盖茨比和黛西为主线展开，副线是布坎南和威尔逊夫妇即可。事实上，我们在电影中，也看不出尼克或者贝克小姐对事件的主要推动作用（"安排约会"的情节细细想来就是有些矫揉造作）。但在小说中，尼克与贝克小姐之重要，就不一样了，因为他们是参照性的另一种男女关系标本（盖茨比与黛西的梦想性关系、黛西与汤姆的现实性关系、汤姆与威尔逊夫人的淫乐性关系、威尔逊夫妇的压抑性关系、尼克与贝克的逢场作戏性关系）。于是，电影中同样无法舍弃尼克，它承接着小说中尼克这个人物的暗示性结构：他是盖茨比的另一半，或者说，有了他，才使得盖茨比获得完整性。其一，尼克与盖茨比之间的高度认同，正互补了他们各自的缺陷，也完成了一个完整个人的构造。尼克没有的冒险与成功，盖茨比来完成；盖茨比没有的冷嘲与未来，尼克来完成；尼克的西部情怀，盖茨比来替他抒发；盖茨比所没有的内心世界，尼克来替他道白。因此，盖茨比的身体消亡换来了尼克的精神新醒，尼克虽然在财富上无法与盖茨比相提并论，而文本中财富的虚妄性也成为尼克的嘲讽对象，正因为如此，身份平平的尼克反而是洗去铅华的盖茨比，盖茨比摇身一变成为尼克。其二，在事实生活中，菲茨杰拉德为妻子泽尔达的不忠行为深感绝望，这是将自己与盖茨比幻化为一体的内在原因；同时，菲茨杰拉德在长岛租房期间，遇到了许多有头有脸的人物，就他当时微不足道的身份而言，与尼克的默默无闻并无二致。由是，小说中的盖茨比与尼克，本身就是事实中的菲茨杰拉德的分裂。其三，在结构上，《了不起的盖茨比》的人物经历是对《圣经》的戏仿，也是耶稣死而复活的现代翻版：在神话结构中，死人可以复活，在写实结构的小说中，死人的复活以另一种精神高度认同者的生的延续、陈述、重生（清醒）为手段。可见，在几个版本中，哪怕只是以单一事件为主体的电影，也不能去掉尼克，为的就是盖茨比的"死"而"未死"。

将尼克与盖茨比理解为合二为一，盖茨比的死而未死，纳博科夫在他的小说《塞巴斯蒂安·奈特的真实生活》中表述得极为有趣："不要过于相信可以从'现在'的口中了解'过去'。要小心那最诚实的中介人。要记住，别人给你讲的故事实际上是由三部分组成的：讲故事的人整理成型的部分，听故事的人再整理成型的部分，故事中已经死去的人对前两种人所隐瞒的部分。'谁在谈论塞巴斯蒂安·奈特？'我意识里的那个声音又说。是谁在谈论呢？我还是没有见到塞巴斯蒂安，或者至少没有在他活着的时候见到他。可是我倾听了我以为是他的呼吸的声音，那几分钟完全改变了我的生活；若是塞巴斯蒂安在临终前跟我说了话，同样会完全改变我的生活。不管他的秘密是什么，我也了解到了一个秘密，那就是：灵魂不过是存在的一种方式——不是一种恒久的状态，因此任何灵魂都可能是你的灵魂，如果你发现了它的波动并进行仿效的话。'来世'可能是一种有意识地生活在任何选择中的灵魂或任何数量的灵魂里的完全的能力，所有这些灵魂都没有意识到它们的可互换的负担。因此——我就是塞巴斯蒂安·奈特。"①

也正因为如此，我们便可以理解为什么尼克的视角带有片面性。比如，为什么黛西不愿离开布坎南，除了众所周知的推测原因，就不能是黛西已经怀上了布坎南的第二个孩子，而这只是黛西没有机会告诉尼克或者盖茨比？偏执的尼克又怎么可能愿意以全知的视角来看待黛西他们？和我们一样，尼克的确是用两只眼睛看世界：只是一只眼睛是他自己的，另一只眼睛是盖茨比的罢了，它既不是黛西，也不是布坎南，或者威尔逊夫妇。而 2000 年和 2013 年版的电影结尾倒真的

———————————

① ［美］弗拉基米尔·纳博科夫著，谷启楠译：《塞巴斯蒂安·奈特的真实生活》，上海译文出版社，2013 年版，第 215 页。

采用了电影的单一性结束方式，以感伤告别观众；恰是 1974 年版的电影尊重了原小说的多义性：它结束于一群寻欢作乐者的悠游郊游。盖茨比的死并没有给这个世界带来不快；如果说它带来一定感悟的话，那只是告诫尼克（后盖茨比）们，生命的唯一真实，就是逆水行船。

所以，当艾略特称《了不起的盖茨比》为自亨利·詹姆斯以来的第一部代表作之后，如果真如其所说有如此重大的意义，艾略特当会另写文章好好陈述，但是他没有；也许，小说给人的第一印象的确是繁华之后的荒原，但再仔细阅读之后，却会发现，盖茨比并没有真正死去，或者说他的肉体已死但精神依旧活着，正因为盖茨比与尼克在精神上的承接性，也许让艾略特的"荒原"感倍受挫折，所以他避开了这个话题，并对这部小说报以漫长的沉默。

四、文本叠加与小说的电影解释学

根据小说拍摄的电影，自然是同一故事的文本叠加过程。只不过，因为小说与电影两种文本的各自表现形式的天然差异，又由于导演与演员的不同，甚至不同拍摄风格的存在，文本意义注定要发生微妙的变化。

当电影按照它的习惯只能关注主人公的一个主要行动（或动作，这来自于戏剧的 ACT 概念，只是中国将它翻译成"幕"，如 ACT1 翻译成"第一幕"）时，小说则自由得多，可以在不同的枝节上展开，再慢慢地进入主干。这个主要动作在几部《了不起的盖茨比》电影中就是他对黛西的执着追求，以至于同样一个场景，在电影与小说中却获得了截然不同的意义，比如这个故事开始时尼克来到黛西与汤姆家时给人的印象。在 2013 年和 2000 年版的电影开场中，要么开始于尼克对盖茨比死亡的抑郁，要么开始于盖茨比在泳池中的被枪击，因此，盖茨比已经不再是如小说那样慢慢被带出的人物形象，而是一个挥之不去的先在存在。这样，在 2013 年版的电影中，黛西与汤姆家的豪华，就不再只是有令尼克眼界大开的普通意义，而隐含着在这样一个坚固堡垒之中盖茨比要如何攻下的悬念。如果盖茨比的执着追求只停留在一次又一次的进攻中的话，那么，汤姆及其豪宅，就几乎是坚不可摧的阵地；这样的阵地，除非发生内讧，如黛西对汤姆法律意义上的背叛（黛西的所有言语只透露出一个女人的最普遍性的直觉与感性，没有更高更具破坏力的思想境界），否则，它将一如既往地屹立在那里。

与主要行动对应的，也是电影与小说的最大不同，就是电影事件的核心性。

也就是说，电影的所有场景都指向一个核心事件，而小说所展现的主要事件却是如花刺般指向各种不同的意义空间与意义可能。电影的特性规定了它在有限的时间内必须围绕一个核心展开，一般不允许多线索、多视角、多声部叙述，也就是说，欲望的对象必须明确，目标必须明确，思路必须明确，这几个"明确"汇聚而来的就是电影表达欲望对象的单纯或者单一。在这部电影中，只能聚焦为盖茨比试图重新得到黛西的行动与努力上。当然，尽管1974年版、2000年版和2013年版的电影都聚焦于此，但所体现出来的盖茨比的欲望方式和欲望风格还是很不一样的。

1974年版雷福德扮演的盖茨比，是一个优雅的、谦谦君子风度的盖茨比，他穿着严整又总是满头大汗，他的笑容坦率却不张扬，他举止风雅、谈吐有度，同时，他似乎还是一个心有所思、有所虑的英俊汉子，也许这源于他出身卑微而留下的烙印。他的失败更像是优雅与粗鄙的决斗，这种优雅在美国的不适，倒让人想起田纳西·威廉斯《欲望号街车》中病态优雅的布兰奇对粗俗狂放的斯坦较量中的失败。想想《欲望号街车》和《了不起的盖茨比》相距近三十年，看来美国社会的粗鄙一直难以改变。

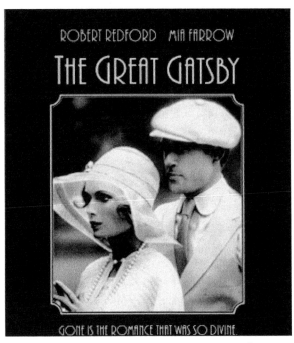

图5　1974年版《了不起的盖茨比》剧照①

①　http：//fashion. eladies. sina. com. cn/shopping/2013/0521/091137681. shtml.

2000年版托比·斯蒂芬斯扮演的盖茨比则是一个犹豫不决的男子，除了招牌式的微笑，除了满腹痴情，没有更多的魅力让人信服黛西为什么非要跟他走不可，更何况与其他几个黛西角色相比，这个黛西则温婉与可爱得多，更难以有大跨度的反传统行为。

图6 2000年版《了不起的盖茨比》剧照①

商业上最为成功的2013年版，迪卡普里奥扮演的盖茨比，则令人刮目相看，他热情狂放、焦虑紧张、暴躁直爽、友好侠义、造作神秘。在商业上，他时不时接听来自不同城市的电话，神秘不端（操作酒精买卖，为当时法令所禁），为的是能让观众对他商业成功背后产生多面想象；爱情上，他的执着与其说是对某个女人的追求，倒不如说是对他信仰和迷幻的狂热不懈；举止上，他时而单纯如西部刚出道的牛仔，时而如见过世面与经历大风大浪的大人物，时而是清醒的商人，可以不择手段获得利益（似乎不为他自己而是为了黛西），时而是发烧迷乱的情人奢华豪迈挥金如土。他奇迹般地不近其他女色，而只对其实已经正在色衰的黛西死心塌地，这使得他的行动，这个以夺取黛西为中心的事件更显得是一个童话故

---

① http://fashion.eladies.sina.com.cn/shopping/2013/0521/091137681.shtml.

事：加上电影所营造的奢华与梦幻交互出现的场景、电影梦幻般的风格化追求，盖茨比足足就是一个童话王子（这部小说成为杰作自然是在结构上它有一个反童话结局，黛西也绝非白雪公主，汤姆也不是邪恶的象征）。

图 7　2013 年版《了不起的盖茨比》剧照①

相反，情节本身在小说中固然是人们对盖茨比结局好奇的原动力，但在更普遍的意义上，却是小说自身所散发出来的诗意氛围，即小说叙事所体现出的情调与情绪的细腻描述，以及甚或冷嘲热讽与拳拳之心之间的交互出现造就的阅读张力构成了小说自身的魅力。人们经常会对从文学杰作那里得到的电影经验之所以不太满意，原因就在于小说是以语言意象为主体的文本，而电影则是以事件的直观性为主体的文本；前者需要想象完成，后者则只需要用眼睛观看完成。一个没

　　①　http：//fashion. eladies. sina. com. cn/shopping/2013/0521/091137681. shtml.

有看过 20 世纪 20 年代美国都市繁华电影或图片的人，是难以在小说中构造出纽约的繁华景观，一个在东方出生与成长且熟悉东方建筑的人，同样无法在意念中构建盖茨比与汤姆家的豪宅在外观与摆设上会是怎样的景观。

图 8　汤姆豪宅

图 9　2013 年版，盖茨比城堡

从物件意义上说，没有豪宅的展示，盖茨比的故事就失去了依托。想象虽然无边，依旧受到视野的限制。但是另一方面，情感意象或理念意象却可以不必依托物件，具有充分的自足性，这是非文字文本难以企及之处（虽然对它们的理解依旧受到教养与经验的制约）。小说开篇就是这样的道白（电影也在重复这段，只是观众并不在意）："我年纪还轻，阅历不深的时候，我父亲教导过我一句话，我至今还念念不忘。'每逢你想要批评任何人的时候，'他对我说，'你就记住，这个世界上所有的人，并不是个个都有过你那些优越条件。'"①读到这样的句子，读者可以掩卷回味，这样的话到底是真诚的呢（尼克的确善于倾听，否则他难以在黛西、汤姆、盖茨比、贝克小姐那里都有人缘），还是讽喻（所谓优越条件怎么又能和他在黛西家以及盖茨比家看到的、体验到的相比）？或者纯粹就是对世事万象难以断定的漂浮圆滑表达？但是电影不会等你想好了再继续。同样，在小说最后，尼克这样表述："他不知道那个梦已经丢在他背后了，丢在这个城市那边那一片无垠的混沌之中不知什么地方了，那里共和国的黑黝黝的田野在夜色中向前伸展。盖茨比信奉这盏绿灯，这个一年年在我们眼前渐渐远去的极乐的未来。从前逃脱了我们的追求，不过那没关系——明天我们跑得更快一点，把胳臂伸得更远一点……总有一天……于是我们继续奋力向前，逆水行舟，被不断地向后推，被推入过去。"②尼克的这个表述，语气上与开头没有差别，既真诚又嘲讽。因为尼克也不知道人到底是怎么回事，人为什么要这样。他不想有结论，但又不得不表述，这构成了小说叙事在语气上的奇妙色彩：但那既不是蓝色也不是黄色，不是绿色也不是金色，而是这些单一色彩的混搭。它并不想确切地表明什么，在这样的混搭色彩面前，如果想追问确切的表达，可能就显得愚蠢或者不合时宜。这正如盖茨比死后尼克面对他的豪宅和曼哈顿半岛："那些海滨大别墅现在大多已经关闭了，四周几乎没有灯光，除了海湾上一只渡船的幽暗、移动的灯光。当明月上升的时候，那些微不足道的房屋慢慢消逝，直到我逐渐意识到当年为荷兰水手的眼睛放出异彩的古岛——新世界的一片清新碧绿的地方。它那些消失的树木，那些为盖茨比的别墅让路而被砍的树木，曾经一度迎风飘拂，低声响应人类最后的也是最伟大的梦想，在那昙花一现的神妙瞬间，人面对这个新大陆一定屏息惊异，不由自主地堕入他既不理解也不企求的一种美学观赏，在历史上最后一次面对着和他感到惊奇的能力相称的奇观。"③同样，在这样的语句面前，我们已经无法断定小说在判断什么，荷兰水手眼中的异彩，成片倒下发出低语的葱郁树木，曼哈顿半岛的人类奇观，它们共同构成一个人类历史上最引人注目、最令人神往的欲望画面。于是，语气的雾化效果出来了：甚至盖茨比的死，也构成了画

　　①　[美]F. S. 菲茨杰拉德著，巫宁坤译：《了不起的盖茨比》，上海译文出版社，2010年1版，第3页。
　　②　[美]F. S. 菲茨杰拉德著，巫宁坤译：《了不起的盖茨比》，上海译文出版社，2010年版，第187页。
　　③　[美]F. S. 菲茨杰拉德著，巫宁坤译：《了不起的盖茨比》，上海译文出版社，2010年版，第187页。

面之内或之外的美妙部分。菲茨杰拉德与海明威干净准确的行文风格最大的不同，就是他行文意义的非确定性，是一种夜色气质的叙事，朦胧、深邃、飘忽不定，一种或明或暗的神秘感。这样的行文风格电影如何再现？

不过，除去这类情绪与意念交互作用的语句之外，对于小说中不少精妙的描写之处，由于当代电影特效的逼真能力，它创造出的画面想象力，与小说较精彩的描写部分相比一点也不逊色，甚至更令人赞叹。这是当代电影对小说解释的伟大成就。这样的解释与伟大成就，如果不是电影技术在今天的突飞猛进，根本就不可能。尼克初到黛西家，看到黛西家的房子："他们的房子比我料想的还要豪华，一座鲜明悦目，红白二色的乔治王殖民时代式的大厦，面临着海湾。草坪从海滩起步，直奔大门，足足有四分之一英里，一路跨过日晷、砖径和火红的花园——最后跑到房子跟前，仿佛借助于奔跑的势头，索性变成绿油油的常春藤，沿着墙往上爬。房子正面有一溜法国式的落地长窗，此刻在夕照中金光闪闪，迎着午后的暖风敞开着。汤姆身穿骑装，两腿叉开，站在前门阳台上。"[①]2013 年版电影中的表现力比这段美妙的描写更加动感：它从汤姆骑在奔跑的马上开始，景致往后拉，一个大全景快速出现，草坪奔跑的描写由汤姆奔跑的马带来，挥完一杆，汤姆飞身下马，跨上台阶，豪宅的近景矗立银幕之上。草坪、豪宅远景的逼真效果，正是特效之功，而在其他两部电影中，只能通过静态全景来呈现汤姆的房子，全然没有 2013 年这部视觉冲击力大。哪怕是菲茨杰拉德也会对如此流畅的视觉效果而发觉自己在文字场景表现方面的自愧不如，哪怕他的这段文字描写已经如此精彩。这也是电影对文学解释的卓越表现；这样的特效性表现，在这部电影中频频出现，如当尼克跟汤姆和威尔逊夫人到城里鬼混到深夜时，镜头朝向纽约市井展望与窥视时推与拉的交响，如盖茨比驾着黄色豪车在市里游龙走蛇时的场景，如盖茨比家晚宴时夜空与舞池色彩交融时的瑰丽……电影中的特效是人为制作出来的幻觉或者假象，但唯有逼真的假象才更可能取得预期效果。莱昂那多进入蓝幕棚内进行表演以便用计算机进行抠像，在后期制作中则将宴饮、夜空、焰火等场景合成在一起，于是盖茨比的出场与宴饮歌舞 party 引来的惊艳效果，得以令人满意地展现。正是电影特效，将纸醉金迷的世界与荒诞无情的纽约

---

① ［美］F. S. 菲茨杰拉德著，巫宁坤译：《了不起的盖茨比》，上海译文出版社，2010 年版，第 9 页。

天衣无缝地融合在一起，造就了比现实和小说更甚的梦幻感。

如果说电影特效是一种幻觉制造者，那么电影的特写则使电影的道具具有一种形而上的意味。电影特写使得物体脱离了小说中文字大小的平等性，从而被赋予视觉特权，获得瞬间的主体意义以及主导故事走向的象征性强力。特写，也可以称之为电影对小说解释的特权。如下面以电影里的电话为例来进行说明。

电影里的电话是一个举足轻重的叙述元素，这是我们阅读小说时无法想象的。一来小说对电话的作用并没有过分强调，二来哪怕菲茨杰拉德想强调这一物件，也无法像电影那样可以不着痕迹地占据着视觉中心，换句话说无法占据我们的注意力中心。在文字的叙述过程中，电话两个字与其他字的大小一样，不能而且也没有必要对其做过多的强调，但在电影中则不同，它可以有特权，这个特权就是特写。当尼克进入布坎南也是黛西的家中，它特写了两次；布坎南与威尔逊夫人的混乱关系，电影给了特写，其中有一次是声音特写；在尼克的眼中，盖茨比经常因为电话而起身离开，也有几个镜头用了盖茨比提电话筒的画面，只不过这些没有给特写；故事的高潮，电话占据着中心地位，这就是盖茨比在等黛西可能打来的电话，于是将电话搬到泳池旁，给它特写，这个场景的第二个特写是盖茨比遭枪击时话筒垂地。给电话在影像叙述上以如此重要的地位和特权，是小说文字本身无法做到的，它不能用"电话电话电话电话电话"或者字体加粗这样的方式来加以强调。不仅于此，在电影中，电话还改写了盖茨比死的意味：它让电话的铃声幻化成黛西的回心转意，而正是在盖茨比为此再次充满期望之时，他被击中。也就是说，在别人看来，他的死可能是个悲剧或令人伤感，但对他而言，他是在幻喜中死去的。谁能说这样的死不是一种令人满意的死法？（这与小说中对他死亡的描述也相去甚远）正是电影给电话以这样的地位，才使盖茨比突如其来的死亡意味发生了戏剧性的转变。

作为一个"流传物"（一个流传下来的历史文本），《了不起的盖茨比》发表至今已经90年有余，这期间它先后经历了反响一般、默默无闻到全美国最有影响文学读物第一名的奇特体验；它也被几次翻拍成电影，这些电影也同样起起伏伏，或被遗忘，或反响平平，或在某些国家取得高票房。《了不起的盖茨比》和与它衍生出的各种文本之间，也构成了"时间间距"（文本在时间上的距离），它们与有着电影经验的其他文学作品一样，构成了文学或小说"电影解释学"的景观。

以当代解释理论来看，菲茨杰拉德在他的这部杰作中到底表达了什么并不重要，读者也可以不在乎，重要的是基于这个文本自身接受者的理解与解释，而不是对作者原意的重复、复制，当然，这种理解或者解释必须具有确证性，必须完成自我塑造，必须具有源源不断的生产性。如果从影像表现的还原意义上来说，很可能 2000 年版的电影是最好的解释，在它那里，盖茨比的犹豫不决可以理解为一种难脱西部牛仔气的羞涩与自持，黛西的温婉可以理解为盖茨比对妻子想象的绝佳范本，而汤姆与盖茨比家的住宅远远谈不上豪华，但那正是尼克从小地方来到纽约所能见到的令他大开眼界的财富的象征性物体，而且就 20 世纪 20 年代而言，当时的豪华可能也就如此，没有今天声光电焰般的辉煌、炫目、夸饰。但是，接受者（包括本文作者）之所以对这个版本不满意，更多的是建立在对盖茨比故事的想象上，谁能够极尽奢华之想象，就成为对那个历史想象的确证，就是区别于低劣的"优越性解释"。这是因为对盖茨比故事的理解与解释，谁也无法担保主题本身判断的一致性，但是，却可以担保对主题理解范围的一致性，这才是不同时代的习性氛围、不同导演、不同演员、不同制作方式、不同音乐、不同影调对盖茨比故事能做出的最好解释与理解的效果历史。"真正的历史对象根本就不是对象，而是自己和他者的统一体，或一种关系，在这种关系中同时存在着历史的实在以及理解的实在。一种名副其实的诠释学必须在理解本身中显示历史的实在性。"①

在电影对小说的解释中，电影是主体，此时的小说是一个中间产品，是电影对小说理解事件中的一个阶段。因此，如果要对其整体过程进行评判的话，那也是评判电影自身"自我显现"的效果如何，而不是电影对小说的内容或形式呈现得如何、是否忠实与背叛。所谓的不同文本之间的"视域融合"，也不是理解与解释的简单叠加与重复，而是不同文本之间呈现出的不同视界共同构成的丰富的理解色域、解释空间。对电影作品的评判，只能回到电影本身上来，而不能拿着小说文本来指着电影说事，因为电影自身的特性决定了它自身的表现技法、表达方式与表述倾向。电影加入到对小说故事的发掘与再创作中来，是人类艺术史的全新

① ［德］汉斯-格奥尔格·加达默尔著，洪汉鼎译：《真理与方法——哲学诠释学的基本特征》（上卷），上海译文出版社，1999 年版，第 384—385 页。

现象，是文本的叠加过程，但它并不必然地意味着文本的削弱或文本的增强，它更多地意味着人类在更开阔的"视域"中能否有效地进行创造性的"融合"，如同"了不起"的峰峦间的并肩比列，而不是俄罗斯的"套娃结构"。

（作者简介：严前海，东莞理工学院文传学院教授）